U-BOOTE

DAVID JORDAN

U-BOOTE

DER U-BOOT-KRIEG VON 1939 – 1945

tosa

Bildnachweis
Aerospace Publishing: 80.
AKG: 6-7, 104 (u), 111, 113 (o), 172.
POPPERFOTO: 8, 10 (o), 14, 17, 51, 52-53, 62, 63, 64, 69, 70, 73, 74, 78-79, 81, 82, 90-91, 92, 95, 97, 104 (o), 108, 110, 122-123, 130, 138 (beide), 143, 146 (b), 149, 155, 156-157, 160 (o), 162 (o), 167.
Bruce Robertson: 13 (u).
Süddeutscher Verlag: 12, 13 (o),15, 16, 24 (beide), 30-31, 33, 34-35, 36 (o), 36-37, 42, 43, 49, 56-57, 59, 72, 83, 86, 101 (beide), 112, 113 (u), 117, 136, 146 (o), 148, 151, 169, 171 (o), 173.
TRH Pictures: 8-9, 10-11, 18, 19, 21, 22 (beide), 23 (beide), 25, 26-27 (beide), 28, 38, 40-41, 44, 45, 47, 50, 55, 58, 60, 61, 65, 71, 76, 85, 87, 89, 98-99, 100, 103, 107, 109, 115, 116, 118, 119, 120-121, 125 (beide), 126, 129, 133, 134, 135 (beide), 137, 139, 140, 141 (beide), 142, 144, 145, 147, 150, 153, 159, 160 (u), 162 (u), 164, 165, 168 (beide), 170, 171 (u).

Alle Illustrationen wurden zur Verfügung gestellt von: Aerospace Publishing & Tony Gibbons

Originaltitel: *Wolfpack*
Produktionsbetreuung: Print Company Verlagsgesellschaft m. b. H.,
Margaretenstraße 87, Wien
Übersetzung: commintern – communication by design, Achau

This translation of *Wolfpack* first published in 2002 is published
by arrangement with Amber Books Ltd. (* represents year of first publication)
Printed in Italy

INHALT

UM HAARESBREITE: U-BOOTE IM I. WELTKRIEG

Im I. Weltkrieg wurden die U-Boote zu wirksamen Waffensystemen. Sie hätten den Krieg beinahe zugunsten Deutschlands entschieden.

Der Auslöser für die Entwicklung von U-Booten zu einem strategisch bedeutenden Waffensystem war keine wichtige Seeschlacht, sondern das Zielvermögen eines zuvor unbedeutenden Mannes: Gavrilo Princip. Sein Mord am Thronfolger Österreich-Ungarns am 28. Juni 1914 löste jenen Prozess aus, der Europa und die Welt in einen über vier Jahre dauernden Krieg stürzte. Princips Tat war nicht Ursache, aber Stein des Anstoßes: Die Spannungen zwischen den europäischen Großmächten gipfelten in der Mobilisierung ihrer Streitkräfte. Das Ergebnis war der I. Weltkrieg.

Der I. Weltkrieg ist ein Stiefkind der Geschichtsforschung. Man meint, seine Folgen im Wesentlichen in fast unendlich langen Verlustlisten und der Beschreibung eines instabilen und verelendeten Europa zusammenfassen zu können. Auch dass Adolf Hitler in Deutschland die Macht übernehmen und die Welt in den nächsten großen Konflikt stürzen konnte, gilt, je nach Standpunkt, als direkte oder indirekte Folge. Der II. Weltkrieg ist trotz seiner Schrecken bei Historikern weit beliebter. Der

LINKS: Diese vor Anker liegenden U-Boote machten 1914 den größten Teil der deutschen U-Boot-Waffe aus. Ihre geringe Zahl war nahezu während des gesamten Krieges ein ernstes Problem.

Grund scheint, wenigstens bei den Alliierten der Zweck des Krieges zu sein: die Welt vom Nationalsozialismus zu befreien. Diese Beschreibung kratzt aber nur oberflächlich an den komplexen Abläufen beider Kriege. Trotz entscheidender Unterschiede in der Art der Kriegsführung gibt es viele Parallelen, die kaum ein Beispiel besser zeigt, als die Einschätzung der Deutschen in Hinblick auf das kriegsentscheidende Potenzial ihrer U-Boot-Waffe. Beide Male waren die deutschen U-Boote eine ernsthafte Bedrohung der Alliierten durch die Gefährdung lebenswichtiger Nachschubrouten, insbesondere Großbritanniens.

Die Erfahrungen aus den deutschen U-Boot-Kampagnen des I. Weltkriegs waren für die Entwicklung von Strategien im II. Weltkrieg entscheidend. Nur die Kenntnis der U-Boot-Einsätze zwischen 1914 und 1918 lässt uns die Erwartungen begreifen, mit welchen Deutsche und Alliierte die Seekriegsführung zwischen 1939 und 1945 planten. Vor dem letztlichen Ergebnis beider Kriege, dem Zusammenbruch Deutschlands, hatten sich deutsche Regierungen schon seit dem Anfang des 20. Jahrhunderts gefürchtet, wobei gerade diese Ängste jene Umstände begünstigten, die zum I. Weltkrieg führten.

Von allen Großmächten von 1914 stand Deutschland wahrscheinlich vor dem größten Dilemma: Das in den letzten 20 Jahren gewachsene Allianzsystem ließ im Ernstfall einen Zweifronten-Krieg gegen Frankreich und Russland erwarten – ein Umstand, dem die Deutschen kaum entspannt entgegensehen konnten. So entwickelten sie den, wie John Bourne meinte, brillantesten militärischen Plan seit dem Trojanischen Pferd. Dass sein Erfinder, Alfred von Schlieffen, dessen Umsetzung nie erlebte, scheint angesichts der Ereignisse für diesen allerdings besser.

Der Plan war kühn: Um einen Zweifronten-Krieg zu vermeiden, sollte Deutschland Frankreich in einem Blitzkrieg binnen weniger Wochen niederringen und im Anschluss alle Kräfte auf Russland konzentrieren. Dem dritten Mitglied der Tripel-Entente, England, würde so im Fall einer Beteiligung der Alliierte auf dem Kontinent fehlen. Überdies ließ Großbritanniens ziemlich bewegte diplomatische Vergangenheit (England hatte bis 1914 mit und gegen nahezu jede Nation außer Deutschland gekämpft) etliche französische Politiker befürchten, der „perfide Albion" könnte alle Beistandsverpflichtungen missachten. Zwar wären die Auswirkungen eines nach einem Sieg in Europa massiv gestärkten Deutschlands mit seinem ambitionierten Kaiser für Großbritsannien und seine imperialen Interessen kaum wünschenswert; in einen großen Krieg verwickelt zu werden war jedoch ebensowenig verlockend. Dennoch

RECHTS: Kaiser Wilhelm II. förderte den Aufbau der deutschen Marine in höchstem Maß. Der Kaiser war Marineenthusiast. Das 1897 begonnene Wettrüsten zwischen den Seestreitkräften Großbritanniens und Deutschlands ging im Wesentlichen auf seinen Wunsch zurück, eine starke Marine zur Sicherung des neuen Kolonialreichs zu haben, das er zu schaffen hoffte.

LINKS: Einheiten der Royal Navy bei einer Übung im Solent, Anfang 1914. Da Größe und Schlagkraft der Royal Navy unerreicht blieben, schienen U-Boote ein relativ billiges und effizientes Waffensystem zu sein, um ihre zahlenmäßige Überlegenheit zu bekämpfen, ohne die Kosten auf sich nehmen zu müssen, den Vorsprung Schiff um Schiff auszugleichen.

war es der Schlieffenplan, der alle diesbezüglichen Hoffnungen der Deutschen zerstörte: Zum Casus Belli wurde der Umstand, dass man durch Belgien vorstieß, um die französischen Stellungen zu umgehen.

Tatsächlich wurde die Verletzung des belgischen Territoriums für Großbritannien, das bereits 1839 eine Garantierklärung für die Neutralität Belgiens abgegeben hatte, zum Kriegsgrund. Vor der Kriegserklärung kam es aber noch zu einer lähmenden politischen Debatte, in der der Fall des tapferen kleinen Belgien letztendlich den Ausschlag gab: Am 4. August 1914 erklärte Großbritannien Deutschland den Krieg. Diese Entscheidung, die Folge eines Jahrzehntes steigender Spannungen zwischen beiden Mächten und ihren Verbündeten, verlangte von England

UNTEN: *U21* gehörte zu einer Klasse von vier ähnlichen Flottenbooten nach dem Vorbild von *U19.* Damit war *U21* eines der ersten U-Boote mit Dieselmotoren, welche den zuvor gebräuchlichen Petroleumantrieb ablösten. *U19* überlebte den Krieg, ging aber im Februar 1919 in der Nordsee auf Grund, als sie gemäß den Bestimmungen des Versailler Waffenstillstandsabkommens an Großbritannien überstellt werden sollte.

U21

Nation:	Deutschland	**Bewaffnung:**	ein 86-mm-Geschütz und vier 508-mm-Torpedorohre
Stapellauf:	Februar 1913	**Antrieb:**	Diesel- und E-Motoren, zwei Antriebswellen
Besatzung:	35	**Reichweite:**	aufgetaucht 9.265 km bei 10 Knoten
Wasserverdrängung:	650 Tonnen aufgetaucht, 837 Tonnen abgetaucht	**Leistung:**	15,4 Knoten aufgetaucht, 9,5 Knoten abgetaucht
Abmessungen:	64,2 x 6,1 x 3,5 m		

die Entwicklung völlig neuer Strategien. Die führende Seemacht der Welt sah sich gezwungen, ein Expeditionskorps nach Frankreich zu entsenden und damit ihre Landstreitkräfte auf eine Art einzusetzen, die man seit 1815 und der Schlacht von Waterloo erfolgreich vermieden hatte.

Britanniens Geografie und die Anforderungen imperialer Politik hatten das Land 1914 zur führenden Seemacht der Welt gemacht. Allerdings war bei Kriegsausbruch die Zielvorgabe, dass die Royal Navy so stark sein sollte wie die vereinigten Flotten der beiden nächstgrößeren Seestreitkräfte zusammen, noch nicht erreicht. Die Stärke zur See war notwendig, da Großbritannien die Handelslinien des Empires schützen musste, denn seit 1870 transportierten sie auch Lebensmittel, für deren Ersatz die Kapazität der britischen Landwirtschaft nicht ausreichte. Schon Napoleon hatte bei dem Versuch, England auszuhungern, versagt (die Royal Navy zahlte mit gleicher Münze, aber mehr Erfolg, zurück). Als 1815 die französische Bedrohung verschwand, schien nur wenig Englands Vorherrschaft zur See zu bedrohen – bis zum Zeitpunkt, als es zur Vereinigung Deutschlands kam.

Während des größten Teils des 19. Jahrhunderts war Stärke zur See nur von geringer Bedeutung für die deutschen Staaten. Preußens militärisches Ansehen beruhte auf seiner Armee, und keines der Länder hatte Interessen in Übersee, welche die Existenz einer Kriegsflotte erfordert hätten. Erst 1870/71, nach der Vereinigung,

OBEN: Admiral Alfred von Tirpitz (1849-1930), der Vater der kaiserlichen deutschen Marine. Er machte mit Unterstützung des Kaisers aus einer kleinen, zur Küstenverteidigung bestimmten Flotte eine hochseetaugliche, starke Marine.

RECHTS: Einheiten der deutschen Marine vor Kriegsbeginn bei einem Flottenmanöver in der Baltischen See. Die Größe der Hochseeflotte war zwar beeindruckend, ihr Potenzial durch die Stärke der Royal Navy jedoch beschränkt.

Deutschland

Nation:	Deutschland	**Bewaffnung:**	keine
Stapellauf:	März 1916	**Antrieb:**	Diesel/Elektrisch
Besatzung:	56	**Reichweite:**	aufgetaucht 20.909 km bei 10 Knoten
Wasserverdrängung:	1.512 t aufgetaucht, 1.875 t abgetaucht	**Leistung:**	12,4 Knoten aufgetaucht, 5,2 Knoten abgetaucht
Abmessungen:	65 x 8,9 x 5,3 m		

stellte das kaiserliche Deutschland eine Flotte auf, diese wurde aber von Generälen der Armee kommandiert und blieb klein. Kanzler Otto von Bismarck war der Ansicht, die geographische Lage Deutschlands erfordere starke Landstreitkräfte und einen behutsamen Umgang mit den Nachbarn. So schenkte man der Marine nur wenig Aufmerksamkeit, während die Armee immer mehr wuchs. Bismarcks pragmatische Sicht der Dinge war Kaiser Wilhelm I. recht, sein Sohn sah dies allerdings ganz anders.

Kaiser Wilhelm II. wollte Deutschland zur Großmacht erheben und wurde mit seinem Kanzler zunehmend unzufrieden. 1890 spitzte sich der Konflikt zu, Bismarck wurde entlassen und Wilhelm steuerte einen gänzlich neuen politischen Kurs. Auch er wollte Kolonien, die er als Zeichen der Größe einer Nation erachtete. Allerdings waren schon lange alle Orte erster Wahl von anderen, allen voran den Briten, kolonialisiert worden. Nur Afrika war noch weitgehend von imperialen Eroberungen unberührt, sodass sich das Interesse der Deutschen auf diesen Kontinent konzentrierte. Der folgende Wettlauf zwischen den Großmächten kann bestenfalls als würdelos bezeichnet werden, wobei Großbritannien diese Entwicklung als potenzielle Gefährdung des Empires und seiner Handelsrouten betrachtete: Sollten andere europäische Staaten an der afrikanischen Küste geeignete Marineeinrichtungen erwerben oder bauen können, hätte das schwerwiegende Implikationen für die eigene imperiale Politik.

Die Faszination, die der Kaiser für Marineangelegenheiten zeigte, war dabei kaum dazu angetan, das britische Unbehagen zu mildern. Wilhelm kam zu dem richtigen Schluss, dass eine starke Marine Voraussetzung für den ersehnten Großmachtstatus sei, daher erhielt die Kaiserliche Marine ab 1897 jene Aufmerksamkeit, die ihr zuvor versagt geblieben war. Im Brennpunkt standen die prestigereichsten Einheiten, die eine

OBEN: Das Handels-U-Boot *Deutschland* wurde gebaut, da man das Potenzial großer Frachtboote als effektive Blockadebrecher gegenüber der Royal Navy erkannte. Sie war ein demilitarisierter U-Kreuzer, der zweimal auf Handelsfahrt nach Amerika ging, bevor die Vereinigten Staaten in den Krieg eintraten. Danach wurden Fracht-U-Boote nutzlos und man rüstete sie wieder zur militärischen Verwendung um. Die Deutschland (U155) wurde 1922 in England abgewrackt.

Marine besitzen konnte: Schlachtschiffe mit großkalibrigen Kanonen. In Marineminister Großadmiral Alfred von Tirpitz fand er einen willigen Helfer. Tirpitz „Risikotheorie" forderte einen forcierten Ausbau der deutschen Flotte, die so groß sein müsse, dass Großbritannien seine Royal Navy nicht der Gefahr der Vernichtung in einer Auseinandersetzung mit Deutschland aussetzen würde. Für den Fall eines britischen Sieges sollte der Preis dafür so hoch sein, dass die Engländer das Risiko, danach der französischen und russischen Flotte unterlegen zu sein, nicht eingehen würden. Tirpitz sah in dieser Lösung die richtige Strategie, um die Briten von einer Behinderung der imperialen Pläne Deutschlands abzuhalten.

UNTEN: Die deutsche Hochseeflotte im Manöver. Die in Kiellinie laufende Abteilung verdeutlicht die Stärke der vom Kaiser aufgebauten Flotte. Aber selbst diese geballte Macht wurde von jener der Royal Navy übertroffen.

Allerdings führt Williamson Murray private Aufzeichnungen Tirpitz an, die weit aggressivere Pläne enthüllen. Er glaubte, Deutschland könne ein Wettrüsten gegen England gewinnen: Die weltweiten Verpflichtungen der Briten eröffneten die Möglichkeit, durch die Konzentration der deutschen Hochseeflotte in der Nordsee einen Sieg zu erringen und die britische Vorherrschaft auf See zu brechen. Dies beruhte auf der Annahme, England, Frankreich und Russland würden, einer Übereinkunft unfähig, das deutsche Marine-Aufrüstungsprogramm unbeantwortet lassen. Doch England wurde dadurch ebenfalls zu einem ehrgeizigen Bauprogramm herausgefordert.

1906 verschärfte sich der Wettbewerb, als die Royal Navy mit der *HMS Dreadnought* ein gänzlich neues Konzept für Schlachtschiffe vorstellte. Die deutsche Kaiserliche Marine reagierte umgehend und baute ebenfalls Schlachtschiffe, das Rennen ging ungebremst weiter. Daraus ergab sich die bemerkenswerte Situation, dass die Britische Regierung erst vier Schlachtschiffe bewilligte, während die Admiralität auf mindestens sechs bestand. Als „Kompromiss" einigte man sich auf acht Einheiten, vier sollten sofort gebaut werden, weitere vier, sobald der Bedarf akut würde. Daneben entstanden, da jede Nation auf See überlegen sein wollte, auch Einheiten aller anderen Typen, vom Schlachtkreuzer bis zum Torpedoboot für Operationen in Küstennähe.

England befürchtete bei einem Vorsprung Deutschlands desaströse Konsequenzen für die Versorgung mit Nahrungsmitteln und Rohstoffen. Die Deutschen wussten, dass ihnen eine effektive Blockade durch die Royal Navy jede Chance auf einen leichten Sieg nehmen würde. Ein Blick auf die Handelsflotten beider Nationen verdeutlicht die Bedeutung der Herrschaft über das Meer: England führte mit 47,9 % der weltweit vorhandenen Tonnage, Deutschland lag mit 11,9 % an zweiter Stelle. Die Schifffahrt war für beide Staaten lebensnotwendig, der Gedanke, ein Feind könnte den Seehandel behindern, für die politische Führung in London und Berlin unerträglich.

Leicht erkennt man, dass die nummerische Überlegenheit der britischen Grand Fleet für die Deutschen ein ernstes Problem darstellte, zusätzlich verschärft durch Erfolge der britischen Diplomatie. 1902 stieg die Stärke der Royal Navy in der Nordsee, da es ein Bündnis mit Japan erlaubte, Geschwader aus dem Fernen Osten in die Heimatgewässer zu verlegen. 1904 begründete man die Entente mit Frankreich, drei Jahre später schloss man einen ähnlichen Beistandspakt mit Russland.

LINKS: Die Hochseeflotte im Hafen. Es war den deutschen Ambitionen kaum förderlich, dass die Zahl ihrer einsatzfähigen Schiffe während des gesamten Kriegs nur allzu bekannt war. Die Flotte lief nur selten aus, um sich nicht der Gefahr einer Niederlage durch die Briten auszusetzen. Selbst die Schlacht vor dem Skagerrak, in der die Hochseeflotte mehr Schiffe versenken konnte, als sie selbst verlor, wurde für Deutschland zur strategischen Niederlage, da es nicht gelang, die britische Vorherrschaft auf dem Meer zu brechen.

Diese Entwicklung hielt Tirpitz von der Suche nach Wegen zu einem Sieg über die Grand Fleet der Royal Navy aber keinesfalls ab. Er meinte, die Royal Navy würde eine Nahblockade vor der deutschen Küste errichten, wodurch seine Hochseeflotte die Grand Fleet in der Schlacht stellen könnte. Voraussetzung für den Erfolg dieser Strategie: die nummerische Parität. In diesem Szenario nahm man an, dass die Royal Navy sie durch ihre gewohnt offensive und aggressive Taktik unwissentlich unterstützen und die Hochseeflotte in der Bucht von Helgoland angreifen würde. Noch bevor die Briten die Hauptkampfeinheiten erreicht hätten, sollten sie von einem in drei Angriffslinien gestaffelten gemischten Verband angegriffen werden. Die äußere Line sollte aus Zerstörern bestehen, die als Frühwarnkette die Ankunft der Briten melden und die feindlichen Kräfte in Reichweite der zweiten Linie locken sollten. Diese bestand aus U-Booten, die an Ankerbojen warten, beim Eintreffen der Briten abtauchen und ihre Torpedos einsetzen sollten. Gemeinsam mit den Torpedos der Zerstörer und den Torpedobooten, welche die dritte Angriffswelle bildeten, sollte die zahlenmäßige Überlegenheit der Grand Fleet gebrochen werden. Überdies erhöhe die Tatsache, dass man auf einen zermürbten Feind treffen würde, die Erfolgschancen der Hochseeflotte.

Bei dieser Taktik kam den U-Booten eine Schlüsselrolle zu. U-Boote waren ein relativ preiswertes Mittel zur Küstenverteidigung, doch obwohl erste Einheiten bereits im amerikanischen Bürgerkrieg im Einsatz gewesen waren, wurden sie erst aufgrund der technologischen Entwicklung im späten 19. Jahrhundert zu brauchbaren Waffen. Der Antrieb war eine der Hauptschwierigkeiten für die Konstrukteure. Interne Verbrennungsmotoren lieferten zwar ausreichend Kraft, verbrauchten aber den Sauerstoff im Schiff und begrenzten damit die Fähigkeit, auf Tauchfahrt zu bleiben. Etwa um 1870 wurde mit der Entwicklung der ersten effektiven Batterien die Verwendung von Elektromotoren möglich. Damit hatte man die Frage des Sauerstoffverbrauchs beim abgetauchten U-Boot gelöst, die Motorleistung und die Ausdauer waren aber unbefriedigend. Die Lösung, eine Kombination aus Verbrennungs- und Elektromotoren, war allerdings aufgrund der Eigenschaften des ursprünglich verwendeten Petroleums problematisch. Erst mit der Einführung von Dieselmotoren bekam man diese Probleme in den Griff.

Einmal praxistauglich, wurden U-Boote zu einem relativ billigen Instrument der Seekriegsführung, mit dem man auch einer

UNTEN: *U1* auf See. Da Zweifel hinsichtlich des Wertes von U-Booten bestanden, wurde das erste deutsche Kampf-U-Boot erst 1906 fertiggestellt. Da *U1* noch mit Kerosinmotoren fuhr, war sie für den operativen Einsatz ungeeignet. Sie wurde während des gesamten Krieges für Versuche und als Schulschiff eingesetzt, 1919 verkauft und als Museumsschiff ausgestattet.

UC74

Nation:	Deutschland	**Bewaffnung:**	ein 8,6-cm-Geschütz; drei 508-mm-Torpedorohre und 18 Minen
Stapellauf:	Oktober 1916	**Antrieb:**	Diesel- und E-Motoren, zwei Antriebswellen
Besatzung:	26	**Reichweite:**	aufgetaucht: 18.520 km bei 10 Knoten
Wasserverdrängung:	410 Tonnen aufgetaucht, 493 Tonnen abgetaucht	**Leistung:**	11,8 Knoten aufgetaucht, 7,3 Knoten abgetaucht
Abmessungen:	50,6 x 5,1 x 3,6 m		

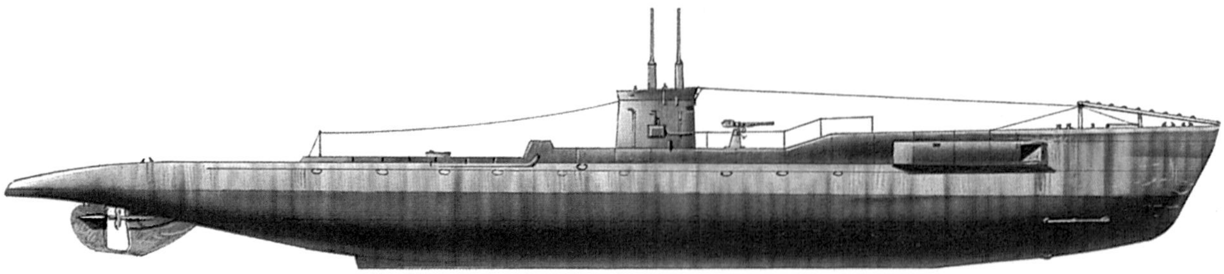

OBEN: UC74 war eines von sechs als Minenleger eingesetzten U-Booten. UC74 wurde bei Kriegsende in Spanien interniert, danach an Frankreich ausgeliefert, wo sie 1921 abgewrackt wurde.

überlegenen Flotte begegnen konnte. Tirpitz zeigte anfangs nur wenig Interesse, er zog den Bau von Hochseeschiffen vor. So gab die Reichsmarine erst 1904 den Auftrag für ihr erstes Unterseeboot. Die diplomatischen Erfolge der Briten ließen jedoch bald die anfängliche Zurückhaltung ins Gegenteil umschlagen, U-Boote wurden zum wichtigen strategischen Element bei den Plänen zur Bekämpfung der Grand Fleet. Zum Unglück der Deutschen reagierte die Royal Navy aber nicht wie erwartet. 1914 war es den Briten längst klar, dass U-Boote und Torpedoboote eine Nahblockade extrem gefährlich machten. Daher entschloss man sich für den ständigen Druck einer Fernblockade. Diese würde den Deutschen Seehandel unterbinden und die Hochseeflotte dazu zwingen, auszulaufen und sich auf hoher See dem überlegenen Feind zu stellen. Im Gegenzug überlegte sich das deutsche Marineoberkommando eine aggressivere Strategie für den U-Boot-Einsatz.

Im August 1914 besaßen die Deutschen insgesamt 28 U-Boote, weitere 16 befanden sich in verschiedensten Stadien der Fertigstellung. Die allerersten vier U-Boote waren zu klein und uneffektiv und wurden daher nur zur Ausbildung verwendet. Aus den 24 operativen U-Booten, auch Frontboote genannt, bildete man zwei Flottillen. Diese Frontboote sollten, entsprechend ihrer Offensivrolle, auf Patrouillen die britischen Überwasser-Blockadekräfte ausspähen und jedes aufgespürte Großschiff angreifen, um die nummerische Überlegenheit der Grand Fleet zu reduzieren.

Am frühen Morgen des 6. August 1914 verließen U-Boote der 1. Flottille den Hafen von Helgoland zum ersten dieser Einsätze. An den ersten beiden Tagen entdeckten die in einem Abstand von elf Kilometern

UNTEN: U15 passiert den Kaiser-Wilhelm-Kanal. Bemerkenswert die großen Auspuffrohre an Deck, die vor einem Tauchgang demontiert und verstaut werden mussten.

nebeneinander nach Nordwest laufenden U-Boote kein Schiff. Zur Mittagszeit des 8. August sichtete *U15* drei Schlachtschiffe. Das U-Boot tauchte zum Angriff ab, konnte aber nur einen einzelnen Torpedo auf die *HMS Monarch* abfeuern. Der Torpedo verfehlte sein Ziel, die drei Schlachtschiffe brachten sich außer Sichtweite. Am Abend erreichten alle U-Boote die Nordgrenze ihrer Patrouillenstrecke und wendeten in Richtung Deutschland. Diese Fahrt wurde unterbrochen, man befahl den U-Booten, auf jenem Breitegrad zu stoppen, der den Süden der Orkney Inseln durchschneidet. Dort warteten sie aufgetaucht 39 Stunden in der Hoffnung auf Einheiten der Grand Fleet, die versehentlich ihren Weg kreuzen und damit angreifbar sein würden. Zum Verständnis sei ausgeführt, dass das Bild von leise und knapp unter der Oberfläche kreuzenden U-Booten falsch ist, daher versuchten ihre Kommandanten, so lange aufgetaucht zu bleiben wie nur irgend möglich. Sie befahlen nur dann Tauchfahrt, wenn sich daraus Vorteile, wie etwa Überraschungseffekte, ergaben, oder - noch wichtiger für die Besatzung - das U-Boot einem Angriff und der Gefahr der Versenkung entzogen wurde.

Dieser Aspekt des U-Boot-Kriegs in der ersten Hälfte des 20. Jahrhunderts wird oft vergessen. Zwar konnten die U-Boote unter Wasser operieren, dabei ergaben sich aber zahlreiche Nachteile. Geschwindigkeit und Reichweite waren so beschränkt, dass die Verfolgung des Feindes fast unmöglich war. Auch waren Ziele schwer aufzuspüren, da diese nur von dem Mann, der das Periskop mit seinem begrenzten Gesichtsfeld bediente, lokalisiert werden konnten. Über Wasser hielten auf der Brücke viele Augenpaare Ausschau, wobei das flache Profil der Boote eine Entdeckung sehr unwahrscheinlich machte. Selbst bei Sichtkontakt war ein Angriff von der Oberfläche vorzuziehen, da die höhere Geschwindigkeit schnelles Zuschlagen und raschen Rückzug erlaubte. So befahlen Kommandeure wann immer möglich, einen Angriff aufgetaucht zu beginnen, wobei sie zusätzlich die Möglichkeit nutzten, Ziele, für die sich der Einsatz eines Torpedos nicht lohnte, mit der Deckkanone anzugreifen. Die wichtigste Eigenschaft der U-Boote war daher ihre Fähigkeit, sich im Notfall unterhalb der Wellen zu verstecken und keinesfalls, im Allgemeinen auf Tauchfahrt zu sein oder immer Unterwasserangriffe zu starten. Entscheidend war, dieses Mittel zur rechten Zeit einzusetzen, falsch angewendet wurde es leicht zur Gefahr für Boot und Besatzung.

Für *U15* aber, die um 3.40 Uhr vom Kreuzer *HMS Birmingham* gesichtet wurde, brachte die Entscheidung, aufgetaucht zu bleiben, das Verderben. Die *Birmingham* hielt direkt auf das U-Boot zu, wo man die Gefahr nicht erkannt haben dürfte. Die *Birmingham* verpasste *U15* einen Streifschuss am Heck und ging in eine enge Wende, um eine Breitseite abzufeuern. Während die *Birmingham* drehte, versuchte *U15* abzutauchen, tat dies allerdings so quälend langsam, dass sich der Kreuzer in Position bringen konnte. *U15* wurde von der Birmingham mittschiffs gerammt und in zwei Teile zerschnitten. Beide Hälften des getroffenen U-Boots blieben nur kurz an der Oberfläche und versanken anschließend in den Wellen. Die ganze Besatzung war verloren. Wenig mehr als eine Stunde später erhielt *U18* die Chance, das Ergebnis auszugleichen: Sie sichtete einen weiteren britischen Kreuzer, der jedoch in einer vorüberziehenden Regenbö verschwand. Dies war die letzte Feindbegegnung, bevor die Patrouille am Nachmittag des 12. August den Heimathafen anlief. Ein weiteres Boot fehlte. Irgendwann am Morgen war *U13* einfach verschwunden, ohne dass man jemals wieder von ihr hörte.

Dieses Ergebnis lässt wohl niemanden vermuten, dass U-Boote zu einer der wichtigsten Waffen des I. Weltkriegs werden sollten. Der eigentliche Fehler wäre, so berichtete man an das Oberkommando, dass die britischen Patrouillenlinien weit außerhalb der effektiven Reichweite der deutschen U-Boote lägen. Diese düstere Schlussfolgerung führte dazu, dass die U-Boote vorerst nur für Defensivaufgaben eingesetzt wurden. Der Rückzug war jedoch nur von kurzer Dauer: Als man am 30. August von schweren Schiffen erfuhr, die vor Rosyth ankerten,

OBEN: *U48* vor der Küste Sardiniens. Die Besatzung bemannt das Deckgeschütz, das die bevorzugte Waffe gegen Ziele von geringem Wert war, weil man sparsam mit den nur begrenzt vorhandenen Torpedos umgehen musste.

U9

Nation:	Deutschland	**Bewaffnung:**	vier 457-mm-Torpedorohre
Stapellauf:	1910	**Antrieb:**	Schwerölmotoren/Batterien, zwei Antriebswellen
Besatzung:	28		
Wasserverdrängung:	493 Tonnen aufgetaucht; 611 Tonnen abgetaucht	**Reichweite:**	aufgetaucht 6.019 km bei 10 Knoten
		Leistung:	14 Knoten aufgetaucht; 9 Knoten abgetaucht
Abmessungen:	57,3 x 6 x 3,5 m		

OBEN: ***U9*** **war, weil sie mit Schwerölmotoren von begrenzter Leistung angetrieben wurde, im Grunde schon vor Kriegsausbruch veraltet, trotzdem erzielte sie den ersten wichtigen Erfolg eines U-Boots im Einsatz. Danach wurde sie zu Ausbildungsaufgaben abgezogen. Sie wurde 1919 verschrottet.**

entsandte man am 2. September zwei Boote, die in die Mündung des Forth einlaufen und jedes Kriegsschiff angreifen sollten.

Drei Tage später sichtete *U21* unter dem Kommando von Otto Hersing den kleinen Kreuzer *HMS Pathfinder*, der vor St Abb's Head patrouillierte. Trotz rauer See fand Hersing eine ausgezeichnete Position für das Abfeuern eines einzelnen Torpedos. Der Torpedo traf das Magazin der *Pathfinder* und sandte sie auf Grund. Vierzehn Tage später gelang *U9* ein noch bedeutenderer Schlag. Im Morgengrauen des 22. September alarmierte der Wachoffizier Johannes Spiess den Kommandeur der *U9*, Otto Weddigen. Er hatte im Süden eine Mastspitze und eine Rauchfahne entdeckt. Weddigen entschied, auf Periskoptiefe zu tauchen und sich langsam an die Rauchfahne anzupirschen. Nachdem sie vorsichtig aufgeschlossen hatten, konnte Weddigen mehrere Maste unterscheiden: Er hatte drei Kreuzer vor sich, die

RECHTS: Otto Weddigen und die Besatzung von ***U9. U9*** **erzielte am 22. September 1914 mit der Versenkung von drei britischen Kreuzern den ersten großen Erfolg eines U-Boots im I. Weltkrieg.**

ihre ruhige Fahrt entlang der Patrouillenlinie beibehielten. Etwa 50 Minuten später kam *U9* an das mittlere der drei Schiffe in Schussweite heran. Weddigen warf einen letzten Blick durch das Periskop und befahl, einen einzelnen Torpedo abzufeuern. Dieser lief gut und traf sein Ziel, den Panzerkreuzer *HMS Aboukir*, der nahezu unmittelbar danach kenterte. Seine Begleiter, die *Hogue* und die *Cressy*, wendeten, um Überlebende aufzunehmen – eine sehr verantwortungsbewusste, aber riskante Tat.

Während seine Mannschaft nachlud, brachte Weddigen die *U9* in Zielposition für das zweite Schiff, die Hogue. Aus nur 350 Meter Abstand ließ er aus beiden Bugrohren feuern und befahl volle Fahrt zurück für beide Motoren, um einer Kollision mit dem Ziel auszuweichen. Da *U9* noch ohne die Torpedoballasttanks späterer U-Boote im Einsatz war, brach ihr leichter gewordener Bug durch die Oberfläche, wodurch die *Hogue* die Chance erhielt, das Feuer zu erwidern. Weddigen reagierte umgehend, korrigierte die Lage des Bootes und brachte es unter Wasser, bevor die Briten das Ziel erfassen konnten. Innerhalb von nur fünf Minuten waren sowohl die *Aboukir* als auch die *Hogue* versenkt worden.

Unglaublich, die *Cressy* verhielt sich keinesfalls so, als wären ihre Begleiter von einem U-Boot angegriffen worden, und setzte den Versuch, Überlebende zu retten, fort. Weddigen befahl Rohr zwei mit dem letzten Torpedo zu laden und manövrierte sein Boot in Angriffsstellung für den Abschuss der Hecktorpedos, die er aus einer Entfernung von 1000 Metern abfeuerte. Obwohl diese zu sehen waren, konnte die *Cressy* nur einem ausweichen, der zweite traf sie an der Steuerbordseite des Bugs. Da Weddigen unsicher war, ob der Treffer seinen Zweck erfüllen würde, wendete er wiederum und richtete den Bug auf das Ziel. Der letzte Torpedo traf die bewegungsunfähige *Cressy*, die über Steuerbord krängte und sank. Weddigen hielt nach Norden und tauchte etwa 15 Minuten, nachdem der dritte der unglücklichen britischen Kreuzer, die 1.460 Mann mit in den Tod genommen hatten, gesunken war, auf, um die Lage zu klären. Die Briten verdammten diesen Angriff als Beispiel für die Grausamkeit der Deutschen, aber diese moralische Wertung verdeckte schwerer wiegende Befürchtungen.

Schon vor dem dramatischen Erfolg von *U9* hatte die Sichtung eines Periskops in Scapa Flow den Commander in Chief der Grand Fleet, Admiral Sir John Jellicoe, veranlasst, die Flotte nach Loch Ewe an der Nord-

OBEN: Admiral Sir John Jellicoe kommandierte die Grand Fleet, bevor er das Oberkommando der Royal Navy übernahm. Bereits an seinen Befehlen bei der Schlacht vor dem Skagerrak gab es Kritik: Er hätte diese ob seiner angeborenen Vorsicht mangelhaft geführt. 1917, als die Bedrohung durch U-Boote ihren Gipfel erreichte, führte sein Widerwille gegen das Konvoisystem zu beträchtlichen Verlusten. Auch wenn Jellicoe dem Konvoisystem letztendlich doch noch zustimmte, wurde er von seinem Posten entfernt, weil er das Vertrauen der Politiker verloren hatte.

RECHTS: Ein Handelsdampfer sinkt, nachdem er von einem deutschen U-Boot angegriffen wurde. Allein fahrende Handelsschiffe waren U-Boot-Angriffen schutzlos ausgeliefert und bescherten diesen, sogar zur Zeit des beschränkten U-Boot-Krieges, eine reiche Beute.

UNTEN: *U151* diente kurze Zeit als Front-U-Boot, bevor sie, im gleichen Programm, das *U155* zur *Deutschland* machte, zum Handels-U-Boot umgerüstet wurde. Da Fracht-U-Boote überflüssig geworden waren, nachdem Amerika Deutschland den Krieg erklärt hatte, wurde *U151* wieder zum Frontboot umgerüstet und diente als schwer bewaffneter Untersee-Kreuzer. Nach dem Krieg wurde sie an Frankreich ausgeliefert, wo sie als Zielschiff verwendet und 1921 versenkt wurde.

westküste Schottlands außer Reichweite der U-Boote zu bringen. Die Sichtung stellte sich als Fehlmeldung heraus, belegt jedoch, wie ernst Jellicoe die Bedrohung durch U-Boote nahm. Drei Tage nach dem dreifachen Erfolg von *U9* kam es zu einem weiteren (ebenfalls unrichtigen) Bericht über die Sichtung eines Periskops. Jellicoe befahl der Flotte, mit Richtung Loch Swilly in Irland auszulaufen. Erst Anfang November kehrte sie nach Scapa zurück und erlitt noch im gleichen Monat einen weiteren unangenehmen Schock. Am 23. November gelang es *U18*, alle Verteidigungseinrichtungen vor Scapa zu durchbrechen, fand allerdings – anders als erwartet – nur verlassene Ankerplätze. Als sie wieder davonschleichen wollte, wurde ihr Periskop gesichtet und das

U151

Nation:	Deutschland	**Bewaffnung:**	zwei 150-mm- und zwei 86-mm-Kanonen; zwei 509-mm-Torpedorohre
Stapellauf:	April 1917	**Antrieb:**	Diesel- und Elektromotoren, zwei Antriebswellen
Besatzung:	56	**Reichweite:**	aufgetaucht 20.909 km bei 10 Knoten
Wasserverdrängung:	1.512 Tonnen aufgetaucht; 1.875 Tonnen abgetaucht	**Leistung:**	12,4 Knoten aufgetaucht; 5,2 Knoten abgetaucht
Abmessungen:	65 x 8,9 x 5,3 m		

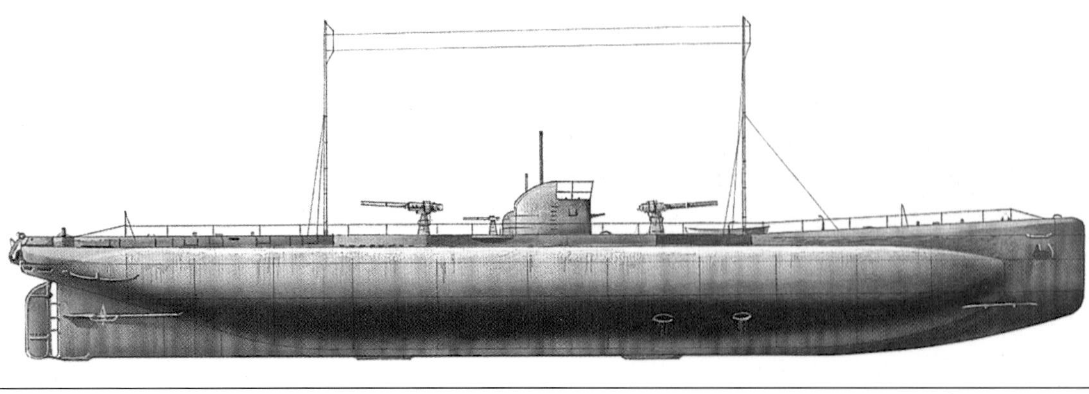

U-Boot erst von einem bewaffneten Trawler und dann, folgenschwerer, von einem Zerstörer gerammt. Die beschädigte und bewegungsunfähige *U18* wurde von der Ebbe vor die Skerries gezogen, wo die Mannschaft ihr Boot versenkte.

In Hinblick auf die versenkte Tonnage schienen die U-Boot-Einsätze von 1914 aus deutscher Sicht wenig erfolgreich. Die versenkten Schiffe waren ältere Einheiten, die nicht zur Grand Fleet gehörten, für die man selbst jedoch mit dem Verlust von U-Booten bezahlt hatte. Schwerer wogen die Auswirkungen auf die Moral der Royal Navy. Ein Feind, der in Scapa Flow eindringen konnte, versetzte der Admiralität einen gewaltigen Schock und bestärkte Jellicoes Einschätzung der U-Boote als ernste Bedrohung. Eine kleine Flottille hatte die mächtigste Flotte der Welt zweimal von ihrem Ankerplatz vertrieben und kurzzeitig das strategische Gleichgewicht verschoben. Doch alle wichtigen Kriegsschiffe waren intakt geblieben, die Kaiserliche Marine den Briten zahlenmäßig immer noch weit unterlegen, und die Routen der Zivil- und Handelsschifffahrt schienen geschützt. Kaum beachtet zu diesem Zeitpunkt lieferte ein Vorfall am 20. Oktober den ersten Hinweis auf die wichtigste Rolle der U-Boote im I. Weltkrieg.

Der mit Kohle beladene Dampfer *Glitra* war auf der Fahrt nach Stavanger von *U17* abgefangen und aufgebracht worden. Ein Prisenkommando versenkte ihn auf Befehl des Kommandanten der *U17*, Feldkirchner, durch Öffnen der Ventile. Zuvor gestattete Feldkirchner der Besatzung des Handelsschiffs, die Rettungsboote zu besteigen und schleppte diese sogar näher an die Küste, um ihre Überlebenschancen zu erhöhen. Dieses ritterliche Vorgehen stand in krassem Gegensatz zum dem Bild raubgieriger U-Boote, die bedenkenlos und ohne Rücksicht auf die Besatzungen unbewaffnete Handelsschiffe versenkten. Tatsächlich gingen in den ersten sechs Kriegsmonaten nur zehn Handelsschiffe verloren, und die Angriffe verliefen im Wesentlichen rücksichtsvoll und ohne Verluste von Menschenleben.

U-Boot-Angriffe erfolgten aufgrund der „Prisenordnung", die besagte, dass ein als Ziel gewähltes Schiff eindeutig identifiziert sein musste. Daher mussten die Boote auftauchen und das Opfer entern. Erst wenn sich der U-Boot-Kommandant davon überzeugt hatte, dass das Schiff ein dem Seekriegsreglement entsprechender Feind war, durfte er dieses versenken. Der Besatzung war die Möglichkeit zu geben, das Schiff rechtzeitig zu verlassen. Diese Vorschriften machten jeden Überraschungseffekt zunichte, sodass das deutsche Marinekommando der Meinung war, bei diesem Vorgehen würde auf alle taktischen Vorzüge der U-Boote verzichtet. Daher maß man alles in allem diesem Teil des U-Boot-Kriegs nur geringe Bedeutung zu. Die Ansicht von Konteradmiral Alexander Duff, Deutschlands U-Boote könnten die Handelsschifffahrt kaum behindern, schien völlig schlüssig.

UNTEN: Die Besatzung eines versenkten Handelsschiffes wird von der Mannschaft der *U35* vernommen. Obwohl oft behauptet wurde, U-Boote wären Terrorwaffen, welche schutzlose Handelsschiffe aus dem Hinterhalt überfielen, sah die Wirklichkeit anders aus. Während des beschränkten U-Boot-Krieges waren die U-Boot-Fahrer verpflichtet, den Mannschaften der aufgebrachten Boote die besten Überlebenschancen zu ermöglichen. Sie versorgten deren Rettungsboote oft mit Nahrungsmitteln und Wasser und schleppten sie in einigen Fällen sogar bis in Küstennähe, um die Zeit, in der die Überlebenden auf dem Meer trieben, zu verkürzen.

U140

Nation:	Deutschland	**Bewaffnung:**	zwei 150-mm-Geschütze; sechs 508-mm-Torpedorohre
Stapellauf:	November 1917	**Antrieb:**	Diesel- und E-Motoren, zwei Antriebswellen
Besatzung:	62	**Reichweite:**	aufgetaucht 32.873 km bei 8 Knoten
Wasserverdrängung:	1.930 Tonnen aufgetaucht, 2.483 Tonnen abgetaucht	**Leistung:**	15,8 Knoten aufgetaucht, 7,6 Knoten abgetaucht
Abmessungen:	94,8 x 9 x 5,2m		

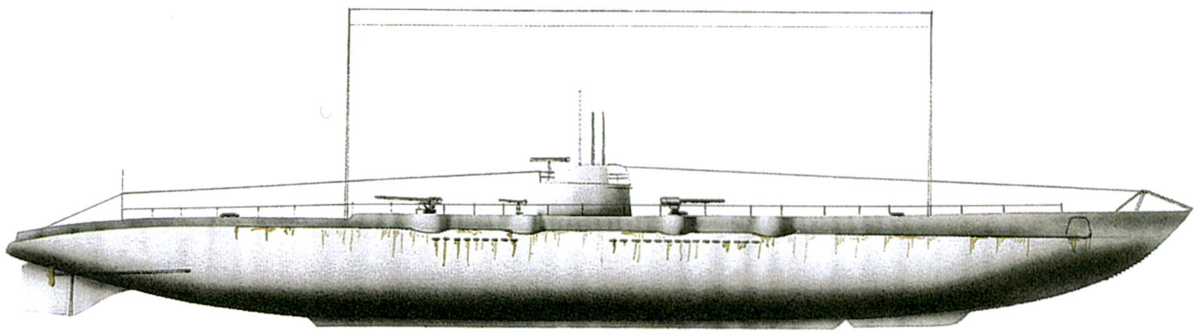

OBEN: Der U-Boot-Kreuzer *U140* war eines von wenigen U-Booten, die einen Namen erhielten. Er wurde zu Ehren von Kapitänleutnant Weddigen, dem Kommandanten von *U9*, auf dessen Namen getauft. Nach dem Krieg wurde die Weddingen an die Vereinigten Staaten ausgeliefert und dort als Zielschiff versenkt.

Duffs Einschätzung wurde jedoch bald die Grundlage entzogen, die deutsche Admiralität trat für eine aggressivere Form des U-Boot-Krieges gegen alle Handelsschiffe, auch jene neutraler Staaten, unbehindert von der „Prisenordnung", ein. Wenn die U-Boote abgetaucht angriffen und damit den Schiffen die Möglichkeit zu entkommen nähmen, würde die Effizienz der Attacken steigen. Anfangs gab es gegen diesen Plan einigen Widerstand, vor allem vom Kanzler des Kaisers, Bethmann Hollweg, und von Admiral von Pohl, dem Chef des Marinestabs. Sie befürchteten Konflikte mit neutralen Staaten, besonders mit den USA.

Wechsel zur uneingeschränkten Kriegsführung

Als England am 2. November 1914 die ganze Nordsee zum Kriegsgebiet erklärte, änderte sich Pohls Meinung. Jeder für Deutschland bestimmte Transport sollte gestoppt werden, selbst an Bord neutraler Schiffe. Dies hätte Deutschland zur Gänze abgeschnitten und auch Nahrungsmittelimporte verhindert. Der Versuch, Deutschland auszuhungern, verdiente eine deutliche Antwort, am besten in Form eines unbeschränkten U-Boot-Kriegs.

Das Vorgehen lag auf der Hand: Angriff und Versenkung ohne Vorwarnung. Dies bedeutete auch, dass die Besatzungen der Handelsschiffe nicht mehr darauf zählen konnten, dass U-Boot-Kommandanten auch nur irgendeinen Versuch machen würden, ihre Leben zu retten. Obwohl Bedenken bezüglich der Reaktion der USA weiter bestanden, erklärte Deutschland am 4. Februar 1915, alle Schiffe in der Nähe der Britischen Inseln würen ohne Vorwarnung angegriffen. England und Deutschland verfolgten nun dieselbe Seekriegspolitik, nämlich den Feind durch Zerstörung seines Seehandels auszuhungern. Die Auswirkungen waren für beide Nationen ernst, für Deutschland sogar desaströs. Außerdem bestätigten zahlreiche Vorfälle in den nächsten beiden Jahren die Bedenken Bethmann Hollwegs hinsichtlich der Reaktion der USA. Seine Ansicht, die Vereinigten Staaten würden Angriffe auf ihre Schiffe keinesfalls freundlich hinnehmen, wurde innerhalb von nur drei Monaten im Zusammenhang mit der Versenkung der *Lusitania*, dem berühmtesten U-Boot-Angriff der Militärgeschichte, bestätigt.

Die Amerikaner waren alles andere als glücklich über den unbeschränkten U-Boot-Krieg, fast hätten hektische diplomatische Aktivitäten zwischen Washington und Berlin der U-Boot-Kampagne noch vor ihrem Beginn ein Ende gesetzt. Die Gefahr eines amerikanischen Militärschlags rang Deutschland die Garantie ab, keine klar als neutral zu erkennenden Schiffe anzugreifen – was zu vehementen Protesten des Ober-kommandos der Marine führte: Ein Viertel der britischen Importe würde von Neutralen transportiert, eine Garantieerklärung würde somit der gesamten Kampagne die Grundlage entziehen. Überdies führen bereits viele britische Schiffe unter neutraler Flagge, um Angriffen zu entgehen, und es bräuchte nur wenig Vorstellungskraft, dies bald für die gesamte britische Handelsflotte zu vermuten. Zu guter Letzt sei das Ver-sprechen gegenüber Washington in der Theorie recht nett, wie jedoch ein U-Boot-Kommandant in der Praxis mit einem Blick durch ein Periskop ein Schiff eindeutig als neutral identifizieren solle, sei unklar. Unter diesen Umständen, argumentierte der Marinestab, müsse der Befehl zur unbegrenzten Kriegsführung zurückgezogen werden.

Als Ergebnis der Proteste der Kaiserlichen Marine folgte ein Kompromiss: Weder echte neutrale Schiffe noch Lazarettschiffe oder Flüchtlingstransporter der Belgian Relief Commission (die im Wesentlichen von den USA finanziert wurde) würden angegriffen. Diese Beschränkungen wurden aber durch die vertrauliche Information an U-Boot-Kapitäne relativiert, dass es für sie ohne negative Konsequenzen bliebe, wenn irrtümlich Schiffe attackiert würden, deren Sicherheit garantiert war. Hinter dieser Doppeldeutigkeit dürfte jedoch weniger Verschlagenheit oder Falschheit gestanden haben, sondern vielmehr die Einsicht, dass Identifizierungsprobleme zwangsläufig zu Fehlern führen würden.

Die Lusitania

Die unbeschränkte U-Boot-Offensive des Jahres 1915 wurde vor allem durch einen Mangel an einsatzfähigen U-Booten behindert. Der Spitzenwert lag bei zwölf, der Durchschnitt bei sieben Kampfbooten auf Feindfahrt pro Tag. Dies war zweifelsohne zu wenig, um das Empire in die Knie zu zwingen, doch die kleine Flotte versenkte über 750.000 Tonnen Schiffsraum. Unter den versenkten Einheiten waren zwei von besonderer Bedeutung, da sie zur baldigen Einstellung der Kampagne führen sollten.

Am 1. Mai 1915 wurde der amerikanische Tanker *Gulflight* torpediert. Er konnte noch einen Hafen erreichen, aber der Kapitän starb an Herzversagen und zwei Besatzungsmitglieder, die von Bord gesprungen waren, ertranken. Die ernsthafte Verstimmung Washingtons war jedoch im Vergleich zu der Erregung, welche die Versenkung eines britischen Dampfers nur sechs Tage später auslöste, eher harmlos zu nennen. Am frühen Nachmittag des 7. Mai sichtete *U20*, unter dem Kommando von Kapitänleutnant Walther Schwieger, in den Western Approaches einen Dampfer mit vier Schornsteinen in 22,5 km Entfernung. Man grenzte die Identität des Schiffes auf zwei Möglichkeiten ein: die *Lusitania* oder die *Mauritania*. Die bestmögliche Quelle, „Jane's Fighting Ships" aus 1914, bezeichnete beide Schiffe als bewaffnete Handelskreuzer. Überdies waren die Deutschen überzeugt, dass diese Schiffe Truppen transportierten, Schwieger wähnte ein legitimes Ziel vor sich. *U20* näherte sich dem Schiff mit Höchstgeschwindigkeit bis auf 700 m. Um 15:10 Uhr wurde ein einzelner Torpedo abgefeuert, der den Dampfer traf und stoppte. Der Kreuzer nahm Schlagseite nach Steuerbord und sank innerhalb von 20 Minuten. Immer noch unsicher, welches Opfer man getroffen hatte, verließ *U20* den Schauplatz.

Das Schiff war unbewaffnet gewesen und transportierte keine Truppen: Es war die *Lusitania*, besetzt mit 1.201 Passagieren, darunter 128 US-Bürger, einige davon prominente Mitglieder der Gesellschaft. Zwar nährte der schnelle Untergang des Schiffes Spekulationen, dass Waffen und Munition an Bord gewesen wären, heute ist man weitgehend sicher, dass die *Lusitania* auf ihrer letzten Fahrt ausschließlich zivile Güter mitführte. Die Auswirkungen waren enorm.

UNTEN: Ein U-Boot hat einen amerikanischen Dampfer gestoppt, um ein Prisenkommando an Bord zu schicken und seine Ladung zu inspizieren. So diese als Kriegsmaterial für den Feind eingeschätzt würde, durfte die Besatzung das Schiff vor dessen Versenkung auf ihren Rettungsbooten verlassen. Die internationale Seekriegsordnung schrieb diese Inspektion vor jeder militärischen Aktion vor. Erst der unbeschränkte U-Boot-Krieg machte dies unmöglich.

OBEN: Die *RMS Lusitania* ist das wahrscheinlich berühmteste Opfer des U-Boot-Kriegs. Die *Lusitania* wurde im Mai 1915 versenkt, nachdem sie *U20* irrtümlich als bewaffneter Handelskreuzer identifiziert hatte. Da ihre Versenkung zahlreiche Amerikaner das Leben kostete, reagierte Washington vehement. Die Möglichkeit eines Kriegseintritts Amerikas beendete die erste Phase des unbeschränkten U-Boot-Kriegs, da die Beschränkungen, die die deutsche Regierung der Marine auferlegte, dessen effektive Fortsetzung unmöglich machten.

Die amerikanische Reaktion war vehement, Präsident Woodrow Wilson forderte die sofortige Einstellung des unbeschränkten U-Boot-Krieges. Und einmal mehr kam es zu Differenzen zwischen dem deutschen Außenministerium und dem Marinestab. Die Marine, von den Vorzügen dieser Strategie überzeugt, wollte dem amerikanischen Druck widerstehen, das Außenministerium fürchtete jedoch den Kriegseintritt Amerikas und war kompromissbereit. Die Sache wurde durch die höchst effektive britische Propaganda, die der ganzen Deutschen Nation unterstellte, man fände Gefallen am Ertränken von Frauen und Kindern, nicht gerade erleichtert. Die Versenkung des Passagierschiffs *Arabic*, bei der am 19. August 44 Menschen, darunter zwei US-Bürger, ums Leben kamen, verstärkte die antideutschen Emotionen in Amerika noch zusätzlich.

In beträchtlichen diplomatischen Anstrengungen überzeugte der deutsche Kanzler Bethmann Hollweg am 28. August Wilson davon, dass die U-Boote in Zukunft keine Gefahr für Neutrale und Passagierschiffe darstellten. Admiral Bachmann, der neue Marinestabschef, argumentierte daraufhin, dass die Beschränkungen aus den Garantien gegenüber Amerika den Abbruch der Kampagne wegen Undurchführbarkeit zur Folge haben müssten. Bachmann ging davon aus, dass es der Kanzler nicht wagen könne, gegen den Willen der Öffentlichkeit die Kampagne einzustellen, übersah jedoch, dass dem Kanzler noch weitere Optionen

RECHTS: Die Mannschaft des Maschinenraums eines U-Boots bei der Arbeit. Da in einem U-Boot jeder Zentimeter Raum genutzt werden musste, waren die Verhältnisse äußerst beengt. Trotzdem gelingt es diesem Bild nicht, die äußerst schwierigen Umstände, unter denen die Mannschaften zu leiden hatten, zu vermitteln.

offen standen. Der entließ Bachmann und ersetzte ihn durch Admiral von Holtzendorff, der nicht nur ein persönlicher Freund des Kanzlers war, sondern auch die Bedenken Bachmanns für überzogen hielt.

Denn obwohl von Juli bis September 1915 360 Schiffe versenkt worden waren, hatte die Kampagne keinen großen Einfluss auf die Lage in Großbritannien gehabt. Neutrale Schiffe schreckten keineswegs vom Handel mit England zurück, und der ökonomische Druck war nie auch nur annähernd groß genug, um die Engländer ihrerseits die Blockade gegen Deutschland überdenken zu lassen. Möglicherweise hätten eine Fortsetzung der Kampagne und erhöhte Verluste die Lage geändert, aber am 6. September kippte die Balance zwischen den Parteien: In direktem Gegensatz zu den Versprechungen gegenüber Wilson wurde das Linienschiff *Hesperian* mit 32 Verwundeten an Bord versenkt, worauf Holtzendorff den sofortigen Rückzug der U-Boote von den Western Approaches und aus dem Ärmelkanal befahl. Überdies ordnete er an, dass Operationen in der Nordsee nur in Übereinstimmung mit der Prisenordnung durchgeführt werden dürften. Damit waren Angriffe ohne Vorwarnung unmöglich, von Pohl, nunmehr Kommandeur der Hochseeflotte, zog lieber alle U-Boote aus der Nordsee ab, als den Beschränkungen nachzugeben. Das bedeutete das Ende des ersten Versuchs eines unbeschränkten U-Boot-Kriegs.

Aber auch ohne die Entscheidung Pohls wäre die Kampagne wohl langsam zum Erliegen gekommen, und zwar aus Mangel an U-Booten: für jeden weiteren Versuch einer Blockade Großbritanniens würde man zusätzliche Einheiten benötigen. Auch stand außer Zweifel, dass Tauchangriffe weit effektiver waren als Attacken von der Oberfläche, da der Feind größere Chancen auf eine Flucht hatte: Während 54 % der Schiffe, die von aufgetauchten U-Booten angegriffen wurden, entkamen, gelang dies bei einem Angriff ohne Vorwarnung nur 42 %. Überdies wurden über Wasser viele Boote selbst von den Feinden angegriffen. Sieben von 15 Booten, die zwischen Februar und September 1915 verloren gingen, sanken aus diesem Grund.

Die britische Antwort

Alles in allem schätzten die Briten die erste U-Boot-Kampagne als nicht wirklich Besorgnis erregend ein. Die Deutschen hatten die Amerikaner ernsthaft verärgert, ohne den britischen Handel nennenswert behindern zu können. Aus diesem Grund betrachtete man ziemlich selbstgefällig die Erfolge der U-Boot-Abwehr. Tatsächlich aber hatte man noch keine wirksamen Maßnahmen gegen Unterwasserangriffe entwickeln können, es war nahezu unmöglich, U-Boote auf Tauchfahrt aufzuspüren. Im Mai 1916 fuhren etwa 450 Schiffe unterschiedlichster Bauart, vor allem bewaffnete Yachten oder Trawler und nur einige wenige Zerstörer, auf Offensivpatrouillen gegen U-Boote vor der Südküste Irlands. Diese scheinbar beeindruckende Zahl war in der Praxis jedoch nur wenig berauschend: Die Größe des zu sichernden Gebiets minimierte die Wahrscheinlichkeit, ein U-Boot aufzuspüren, und selbst dann hatten die Schiffe kaum die Möglichkeit, ein Frontboot zu stellen, da es auf Tauchfahrt nicht mehr zu entdecken war.

Während man die westliche Route vor der Südküste Englands solchermaßen unbefriedigend sicherte, setzte man bei der U-Boot-Abwehr im Ärmelkanal vor allem auf Minenfelder. Diese erschienen zwar als wirksames Abschreckmittel, aber auch hierbei unterschied sich die Praxis deutlich von der Theorie. Die vertäuten Minen konnten bei Niedrigwasser entdeckt werden, sodass es relativ einfach war, ihnen auszuweichen. Und selbst wenn ein U-Boot mit einer Mine

GANZ OBEN: Als Teil der britischen U-Boot-Abwehr rüstete man einige kleine Handelsschiffe mit getarnten Waffen aus, die ihnen Angriffe auf U-Boote ermöglichen sollten. Da diese Q-Schiffe keinen Torpedo wert waren, hoffte man, dass U-Boote auftauchen würden, um sie mit ihren Deckgeschützen zu versenken, sodass die Q-Schiffe ihrerseits ihre Waffen einsetzen könnten.

DARUNTER: Das versteckte Geschütz eines Q-Schiffs. Anfangs konnten Q-Schiffe einige Erfolge verbuchen, bald reagierten die Deutschen jedoch vorsichtiger, sie hatten diese Taktik durchschaut.

OBEN: Ein deutsches Propaganda-Plakat demonstriert das Missverhältnis zwischen der Tonnage versenkter und neu gebauter Handelsschiffe. Die Rechnung war einfach: Man müsse nur mehr Schiffe versenken, als die Briten bauen könnten, um diese von lebenswichtigen Importen abzuschneiden. So genügend Importe verhindert würden, könnte man die Briten zum Frieden zwingen.

kollidierte, waren seine Chancen gut, da die britischen Minen sehr unzuverlässig waren: Meist versagten ihre Kontaktzünder, auch neigten sie dazu, zu Boden zu sinken und so unwirksam zu werden, oder sie trieben einfach ab. Doch die mangelnde Qualität von Minen und Minenfeldern schien die Briten wenig zu beunruhigen, eine Einstellung, die sie noch bereuen sollten.

Hinter den Minen setzte man als zweite Verteidigungslinie Schiffe mit Suchnetzen ein. Sie brachten lange Netze mit Karbidfackeln aus, die aufleuchten sollten, sobald sich ein U-Boot darin verfangen hatte. Theoretisch sollte, sobald eine Leuchte die Position eines U-Bootes anzeigte, dieses vom Patrouillenboot angegriffen und durch Geschützfeuer oder Rammen versenkt werden. Dabei setzte man voraus, dass der U-Boot-Kommandant auftauchte, um sich aus dem Netz zu befreien. Blieb er unter Wasser, wurde die Sache deutlich schwieriger. Da es keine Unterwasserbomben gab, mussten die Patrouillenschiffe versuchen, das U-Boot mit Hilfe einer drahtgesteuerten Sprengladung zu versenken. Diese Methode war äußerst unpräzise nur bei einem einzigen U-Boot (*U8*) erfolgreich.

Nach dem Ende des unbeschränkten U-Boot-Krieges hatte man im Wesentlichen eine wirksame Abwehrmaßnahme: den Einsatz kleiner, mit versteckten Geschützen ausgestatteter „Q-Schiffe". Ihr Erfolg beruhte darauf, dass U-Boot-Kommandanten keine Torpedos an Einheiten dieser Größe verschwenden wollten und daher auftauchten, um das Schiff anhand der Deckgeschütze zu versenken. Dadurch war das U-Boot dem Q-Schiff lange genug schutzlos preisgegeben, um mit tödlicher Konsequenz getroffen zu werden. Q-Schiffe erwiesen sich zwar als relativ effektiv, erlitten aber im Zweikampf mit U-Booten auch erhebliche Verluste.

Der Mangel an effektiven Gegenmaßnahmen, der sowohl auf technischen Schwierigkeiten als auch auf einem gerüttelten Maß an Gleichgültigkeit beruhte, sollte in den letzten drei Kriegsjahren schwerwiegende Auswirkungen haben.

Die zweite Offensive

So die Briten gehofft haben sollten, dass die 1915 zu Ende gegangene Phase des unbeschränkten U-Bootkrieges das Ende ihrer Schwierigkeiten bedeutete, wurden sie enttäuscht. Gegen Jahresende brachten die Auswirkungen der Hungerblockade durch die Royal Navy die deutsche Führung unter Zugzwang. Am 30. Dezember schlug der Chef des Generalstabs, Erich von Falkenhayn, bei einer Konferenz zwei Lösungen vor: Die erste wäre ein Ausbluten der französischen Armee vor Verdun in einer massiven Offensive, die zweite sah eine Wiederaufnahme des U-Boot-Krieges in den Heimatgewässern vor.

Überdies änderte zu dieser Zeit auch Amiral von Holtzendorff seine Sicht des unbeschränkten U-Boot-Kriegs. Eine gut geführte Kampagne, meinte er, könne die Briten friedensbereit machen. Dieser Meinungsumschwung basierte auf der Auswertung der Kampagne des Jahres 1915. Könnte man in forcierten Angriffen etwa 160.000 Tonnen Schiffsraum im Monat versenken, so schloss er, wäre es den Briten unmöglich, die schweren Verluste – selbst durch ein angestrengtes Bauprogramm – zu

RECHTS: Eine an Land gespülte britische Mine. Anfangs waren britische Minen hoffnungslos unzuverlässig und explodierten nur selten. Erst die Kopie einer deutschen Mine erwies sich als effektiver, obwohl auch mit ihr das Ziel, große Gebiete für deutsche U-Boote unpassierbar zu machen, nicht erreicht werden konnte.

LINKS: König George V. und Edward, Prinz von Wales (später Edward VIII.), an Bord der ***USS New York***, im Jahr 1918. Ein Jahr zuvor, als es schien, dass die U-Boote die Versorgungslinien zwischen den Vereinigten Staaten und Großbritannien abschneiden könnten, hätten sie wohl nicht so breit in die Kameras gelächelt.

ersetzen. Obwohl sich Holtzendorff massiv für diesen Plan einsetzte, wurde er nicht sofort umgesetzt.

Bethmann Hollweg nahm auf die Haltung der Vereinigten Staaten Rücksicht und bezweifelte die Praxistauglichkeit der bestechend einfachen Rechenbeispiele. Da man zu keiner Übereinkunft kam, musste der Kaiser entscheiden. Wilhelm sah zwar ebenfalls voraus, dass sich die Vereinigten Staaten provoziert fühlen würden, war jedoch von von Holtzendorffs Berechnungen beeindruckt. Daher befahl er am 29. Februar 1916 eine neue Kampagne, aller-dings mit Einschränkungen. Feindschiffe innerhalb der Kriegszone sollten ohne Vorwarnung zerstört werden, außerhalb wurden Angriffe nur gegen bewaffnete Einheiten gestattet. Aus Rücksicht auf die USA dürften feindliche Dampfschiffe niemals von abgetauchten U-Booten angegriffen werden. Einmal mehr war die Marine mit den Einschränkungen unzufrieden, was sogar zum Rücktritt von Admiral Tirpitz als Staatssekretär des Reichsmarineamtes führte. Die Beschränkungen blieben trotzdem aufrecht, und mit Beginn des neuen Jahres startete man mit der Kampagne.

Obwohl ein Mehrbedarf an U-Booten offensichtlich war, lief am ersten Tag der Offensive nur ein einziges Boot aus. Die Aktion ließ sich dennoch gut an. Vorerst

UNTEN: Das Schwesternschiff von ***U140***, ***U139***, war auf den Namen Kapitänleutnant Schwieger getauft. Anders als ***U140*** erlebte U139 eine erfolgreiche Nachkriegskarriere, als Halbronn fuhr sie im Dienst der französischen Marine.

U139

Nation:	Deutschland	**Bewaffnung:**	zwei 150-mm-Geschütze; sechs 508-mm-Torpedorohre
Stapellauf:	Dezember 1917	**Antrieb:**	Diesel- und E-Motoren, zwei Antriebswellen
Besatzung:	62	**Reichweite:**	aufgetaucht 23.390 km bei 8 Knoten
Wasserverdrängung:	1.930 Tonnen aufgetaucht, 2.483 Tonnen abgetaucht	**Leistung:**	15,8 Knoten aufgetaucht, 7,6 Knoten abgetaucht
Abmessungen:	94,8 x 9 x 5,2 m		

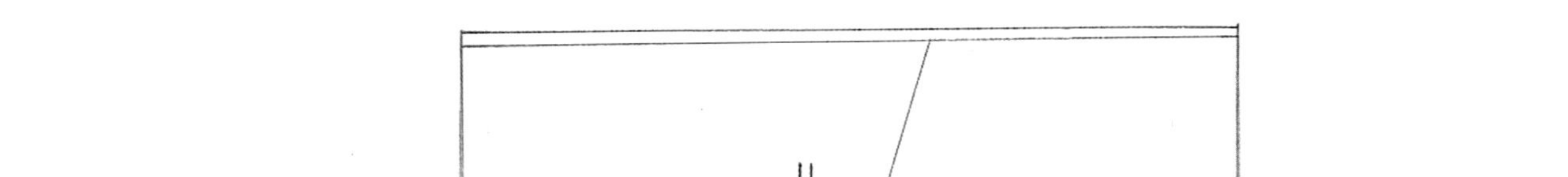

OBEN: Ein Boot der UC-1-Klasse verdeutlicht, wie klein die meisten U-Boote waren. Eindrucksvoll der überfüllte Turm, auf dem sich die Mannschaft drängt, um Frischluft atmen zu können.

erreichte man das von Holtzendorff errechnete Monatspensum von 160.000 t nicht, aber die Hoffnung, dass dies mit mehr U-Booten bald möglich sein würde, schien berechtigt. Zum Pech der Deutschen verhinderte ein neuer Zwischenfall jeden weiteren Beweis. Am 24. März sichtet *UB29* einen Dampfer vor Dieppe. Durch das Periskop erschien er als Truppentransporter, sodass ihn der Kommandeur als legitimes Ziel betrachtete und angriff. Es handelte sich allerdings um das Linienschiff *Sussex*, der Angriff kostete 50 Menschen, darunter einige Amerikaner, das Leben. Washington reagierte wütend. Zwar fehlte in der Note von Präsident Wilson das Wort „Krieg", aber eines war eindeutig: Eine Wiederholung hätte eine Kriegserklärung der USA zur Folge. Umgehend untersagte die deutsche Regierung Attacken ohne vorherige Inspektion des Schiffs, was das Ende aller Überraschungsangriffe und den Verzicht auf jeden taktischen Vorteil bedeutete.

Admiral Pohl war aus gesundheitlichen Gründen als Kommandeur der Hochseeflotte zurückgetreten, es war sein Nachfolger, Admiral Reinhard Scheer, der durch den Befehl zum Abbruch der Kampagne die Mißssbilligung der Marine zum Ausdruck brachte. Wieder dürfte dahinter die Hoffnung gestanden haben, die öffentliche Reaktion würde den Kanzler in Schwierigkeiten bringen – vergeblich: Die zweite Offensive endete, bevor sie die Chance bekommen hatte, das Kriegsgeschehen zu beeinflussen. Aber es dauerte nur kurz, bis man die Frage der unbegrenzten Kriegs-führung wieder aufgriff.

Wieder im Einsatz

Im Lauf des Jahres 1916 verschlechterte sich für Deutschland die militärische Lage. Die Schlacht von Verdun brachte keinen Erfolg, auch wenn sie so blutig war, wie Falkenhayn gewollt hatte, die Offensive der Briten an der Somme am 1. Juli setzte das

deutsche Heer weiter unter Druck und der Vorstoß Russlands gegen Österreich-Ungarn bedrohte Deutschland im Osten. Falkenhayn wurde ob des Versagens vor Verdun durch die Generäle Paul von Hindenburg und Erich von Ludendorff ersetzt. Beide Befehlshaber vertraten die Ansicht, der Druck auf England sei nur durch einen unbeschränkten U-Boot-Krieg zu erhöhen.

Bethmann Hollweg befürchtete zwar eine Kriegserklärung bisher neutraler Lände, wie der Niederlande und Dänemarks, akzeptierte jedoch erstmals, dass nur ein unbeschränkter U-Boot-Einsatz die Probleme durch die britische Blockade lösen könnte. Hindenburg schätzte die Reaktion der Neutralen ähnlich ein, zeigte sich jedoch den übrigen militärischen und politischen Führern Deutschlands gegenüber selbstbewusst: Er und Ludendorff wüssten schon, wann die Zeit für einen unbegrenzten Krieg gekommen sei. In der Zwischenzeit solle die begrenzte Kampagne fortgesetzt werden. Damit waren sich erstmals alle am strategischen Entscheidungsprozess beteiligten Parteien einig, dass die beste Chance zum Kriegsgewinn in einem rücksichtslosen U-Boot-Krieg gegen den Seehandel der Briten bestünde. Die Frage war nicht mehr ob, sondern nur wann. Die Antwort war: 1917.

Der unbeschränkte U-Boot-Krieg

Schon die beschränkte Kampagne schien den Deutschen einigen Erfolg zu bringen. Vor allem zeigte der Einsatz von U-Booten auf hoher See Wirkung: Zum einen drohte er die Schifffahrt im Golf von Biskaya zum Erliegen zu bringen, zum anderen operierte

LINKS: ***U25*** **übernimmt Torpedos auf dem Weg zu einem Einsatz im Mittelmeer. U-Boot-Einsätze um Italien waren weit weniger erfolgreich als erhofft – ein Schema, das sich auch im Zweiten Weltkrieg wiederholte.**

U53 sogar vor der Ostküste der Vereinigten Staaten und versenkte fünf leichte Dampfer vor Nantucket, was zu weiterer öffentlicher Erregung in den Vereinigten Staaten führte. Diese wurde jedoch von Berlin weniger ernst genommen, wahrscheinlich weil der Entschluss zur unbeschränkten Kampagne gefallen war. Der Erfolg der beschränkten Kampagne stieg im Laufe des Jahres parallel zur Zahl einsatzfähiger U-Boote, sodass Holtzendorff auf monatlich rund 600.000 t versenkten Schiffsraum hoffen durfte. Überdies sagte er voraus, dass sich die doppelte Tonnage an neutralen Schiffen vom Handel mit Britannien abhalten lassen würde.

Sollte diese Einschätzung halten, schloss Holtzendorff, würde der britische Seehandel binnen fünf Monaten auf ein für das Vereinigte Königreich kritisches Niveau sinken. Hindenburg und Ludendorff unterstützten diese Argumentation und stellten die Bedrohung durch die Vereinigten Staaten als vernachlässigenswert dar. Auch wenn der Ton Washingtons immer drohender werde, reiche die militärische Bereitschaft nicht aus, um binnen kurzer Zeit nennenswerte Truppenkontingente nach Europa zu entsenden. Diese könnten außerdem nur auf dem Seeweg nach Europa gelangen - der Gefahr durch U-Boote ausgesetzt. Waren im Juni 1916 noch kaum 30 U-Boote im Einsatz gewesen, nahmen im Oktober bereits 96 an der Offensive teil. 768 Schiffe waren versenkt worden, davon 500 neutrale.

Die direkten Verluste wurden noch von ihrer abschreckenden Wirkung auf neutrale Staaten übertroffen, sodass den Briten mehr als zwei Millionen Tonnen an Transportkapazität fehlte. Zugleich führten U-Boot-Warnungen zu erheblichen Verzögerungen, weil Schiffe in den Häfen zurückgehalten wurden. Beunruhigt durch die Auswirkungen der Blockade, insbesondere auf die Nahrungsmittelversorgung, stellte die Admiralität unter Rear-Admiral Duff eine Anti-Submarine Division (ASD) auf. Sir John Jellicoe, nunmehr First Sea Lord, sah drei Möglichkeiten, die U-Boote zu stoppen. Man konnte sie vom Auslaufen abhalten, sie versenken oder die Handelsschiffe selbst schützen, anstatt sie weiterhin ohne Eskorte auslaufen zu lassen. Obwohl Präzedenzfälle die Wirksamkeit von Konvois als Schutz gegen den Feind belegten, wollte die Admiralität diese Praxis nicht übernehmen. Allerdings währte es nicht lange, bis der unbeschränkte U-Boot-Krieg eine Revision dieser Einstellung erzwang.

Im Oktober begann die Blockade der Royal Navy gravierende Auswirkungen auf Deutschland zu zeigen. Nahrungsmittelengpässe waren absehbar, und tatsächlich wurde der Winter 1916/17 als „Steckrüben-Winter“ bekannt. Der Würgegriff war unter

UNTEN: Ein in Friedrichshafen gebautes Seeflugzeug bringt neue Befehle zur *U35*. Es ist wahrscheinlich, dass neben offizieller Post auch Feldpost für die Besatzung zu ihrer Last gehörte.

U160

Nation:	Deutschland	**Bewaffnung:**	zwei 104-mm-Geschütze; sechs 508-mm-Torpedorohre
Stapellauf:	Februar 1918	**Antrieb:**	Diesel- und E-Motoren, zwei Antriebswellen
Besatzung:	39	**Reichweite:**	aufgetaucht 15.372 km bei 8 Knoten
Wasserverdrängung:	821 Tonnen aufgetaucht, 1.000 Tonnen abgetaucht	**Leistung:**	16,2 Knoten aufgetaucht, 8,2 Knoten abgetaucht
Abmessungen:	71,8 x 6,2 x 4,1 m		

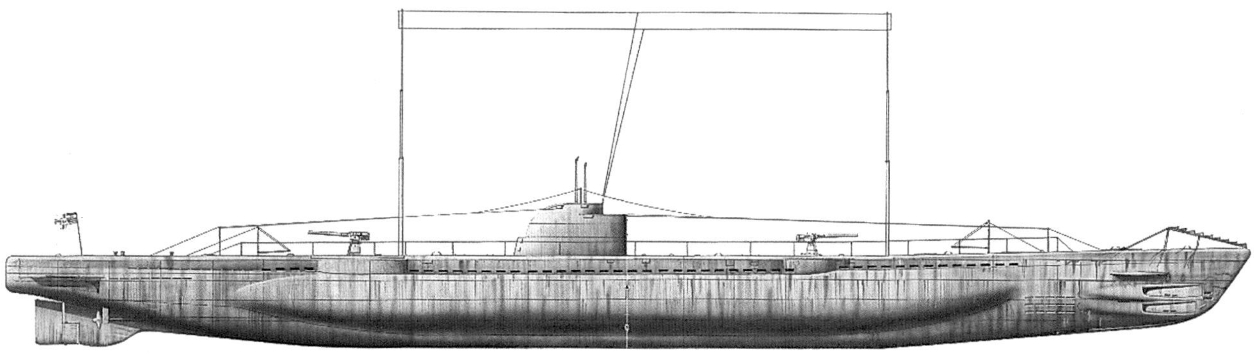

OBEN: *U160* war das erste einer Klasse schneller U-Boote, mit deren Bau man im letzten Kriegsjahr begann. Aufgrund ihrer hohen Geschwindigkeit waren diese U-Boote auch perfekt für Angriffe aus Oberwasserfahrt geeignet, da sie der Abwehr des Feindes entgehen konnten. *U160* wurde nach dem Waffenstillstand an Frankreich übergeben und 1922 verschrottet.

allen Umständen zu brechen, ohne neue Anstrengungen bestand die Gefahr, dass Deutschland durch Hunger zur Kapitulation gezwungen würde. In Verbindung mit der Einschätzung, dass sich das Verhältnis zu den neutralen Staaten gebessert habe, gestattete der Kaiser mit 1. Februar 1917 den Beginn des totalen U-Boot-Kriegs.

Der totale U-Boot-Krieg

Zu Beginn des Einsatzes war die U-Boot-Waffe stärker als je zuvor. 105 Einheiten waren verfügbar, die Auslieferung weiterer versprochen, ihre Erfolge dramatisch. Vom Start bis zum April konnten pro Monat 648.414 Tonnen Schiffsraum versenkt werden, womit von Holtzendorffs Berechnungen noch übertroffen wurden. Die Neutralen stellten den Handel mit England praktisch ein, die Schiffe in britischen Häfen lehnten es ab auszulaufen. Erschwerend kam hinzu, dass nur zehn U-Boote verloren gingen, drei davon durch Unfälle und nicht durch Aktionen der Royal Navy. Zwar brachte die Kampagne letztendlich die USA dazu, auf Seiten der Alliierten in den Krieg einzutreten, doch dies hätte wenig bewirkt, wäre dem U-Boot-Krieg weiterhin ein solcher Erfolg beschieden geblieben. Die Technologien zum Kampf gegen U-Boote waren zwar verbessert worden, aber noch nicht weit genug, um spürbare Auswirkungen zu zeigen. Daher konnte man sich vorerst nur auf eine Verbesserung der Strategie zur U-Boot-Abwehr konzentrieren.

Die erste Idee Jellicoes, U-Boote am Auslaufen zu hindern, war praktisch nicht umsetzbar, man hätte alle Stützpunkte erobern und zerstören oder verminen müssen, und trotz der Fehlerhaftigkeit der britischen Minen hatte man nichts zu deren Verbesserung getan. Der Royal Navy standen erst ab Frühjahr 1917 brauchbare Minen zur Verfügung, und das auch nur, weil ein erprobter deutscher Entwurf kopiert werden konnte. Allerdings dauerte es bis Dezember 1917 - volle zehn Monate nach Beginn des totalen U-Boot-Kriegs - bis man sie in ausreichender Zahl einsetzen konnte.

Damit blieben nur die beiden anderen Lösungsansätze übrig: Die U-Boote zu jagen und zu versenken oder Handelsschiffe in Konvois zu schützen. Zu Beginn der deutschen Offensive war das Hydrophon das einzige verfügbare und noch ziemlich primitive Instrument zum Aufspüren von U-Booten. Das Modell von 1917 war zwar besser als die ersten Typen, konnte jedoch U-Boote nur anhand des Propellergeräusches entdecken und lieferte keinen Hinweis auf Ort und Tiefe, sodass es alles andere als leicht war, die Verfolgung aufzunehmen. Die Auswertung abgefangener Nachrichten durch Admiralty's Room 40 brachte zwar einige Hinweise auf U-Boote, kam jedoch niemals an die Genauigkeit oder Aktualität von Ortungsgeräten an Bord von Schiffen heran. Im Licht dieser Tatsachen mutet es doch seltsam an, dass man der dritten Lösung, den Konvois, so wenig Aufmerksamkeit schenkte.

Die Admiralität hatten zahlreiche Einwände gegen das Fahren im Konvoi: Deren erster lag in der Natur der Konvois selbst, wobei der größte wahrnehmbare Mangel das Fehlen geeigneter Geleitschiffe war. Die

hohe Zahl monatlicher Schiffsbewegungen hätte eine ebenso große Zahl an neuen Eskortenschiffen erfordert. Überdies zweifelte man an der Fähigkeit der Handelsmarine, im Konvoi zu fahren, und fürchtete, dass diese schnell aufbrechen würden. Außerdem widerspräche eine solche reine Defensivmaßnahme der Tradition und dem Selbstverständnis Royal Navy als Offensivkraft. Diese Einschätzung ignorierte allerdings die Tatsache, dass das Geleit für Konvois schon zur Zeit Nelsons zu den wichtigsten Aufgaben der Royal Navy gehört hatte und man dabei keinesfalls über einen Mangel an Feindberührungen klagen konnte. Letztendlich erklärte die Admiralität, dass Konvois lediglich ein leichteres Ziel für U-Boote abgeben würden.

Auf den ersten Blick schienen diese Einwände vernünftig, aber es gab Zweifler. Sir Maurice Hankey, Staatssekretär im Kriegskabinett, konfrontierte den Premierminister bereits im Februar mit einem Papier, das sich mit aller Vehemenz für die Bildung von Konvois einsetzte, aber Lloyd George wollte nicht auf dieser Grundlage handeln. Als Ergebnis sanken immer mehr ungeschützte Handelsschiffe, bei der Admiralität machten sich Untergangsstimmung und Verzweiflung breit. Admiral Sims, der Kommandeur der US Navy in europäischen Gewässern, zeigte sich bei seinem Besuch in England nach dem Kriegseintritt der USA schockiert darüber, dass Jellicoe keinen Weg aus der Krise sah. Jellicoe hatte zwar einige Ideen, war jedoch so sehr von Pessimismus durchdrungen, dass er an ihrem Erfolg zweifelte. Wieder gab es drei mögliche Antworten: Deren erste, die Schiffe schneller nachzubauen, als diese versenkt werden konnten, war durch von Holtzendorffs kluge Berechnungen unwahrscheinlich geworden. Den-

noch verhinderte Jellicoe nicht den Versuch einer Neuorganisation des Schiffbauwesens. Allerdings blieb unklar, wie man den Verlust erfahrener Seeleute ausgleichen sollte. Zweitens wurde die deutsche Bucht vor Helgoland vermint: Zwar waren endlich Minen in ausreichender Qualität und Menge verfügbar, sie blieben aber wirkungslos, da man sie stets entdeckte und umfuhr. So blieb als dritte Lösung nur die versuchsweise Bildung von Konvois. Und wieder einmal glaubte Jellicoe nicht an den Erfolg.

Konvois

Ironie des Schicksals: Das Konvoi-System wurde bereits angewandt. In den letzten Monaten des Jahres 1916 hatten im Ärmelkanal operierende U-Boote Kohletransporte für Frankreich aufgebracht. Dies brachte die Produktion kriegswichtiger Güter fast zum Erliegen, da die französische Industrie von britischer Kohle abhängig war: Die ohnehin kargen Kohlevorkommen Frankreichs standen meist unter deutscher Kontrolle, und die Briten hatten die Franzosen seit Kriegsbeginn zu versorgen. Die Versenkungen reduzierten den Nachschub drastisch, daher entschied man, Konvois zu bilden, und ab dem 10. Januar 1917 wurden Geleitzüge von bis zu 45 Kohleschiffen auf dem Weg über den Ärmelkanal durch bewaffnete Trawler gedeckt. Bis Ende April gingen nur mehr fünf von 2.600 Kohleschiffen verloren.

Dieser unerwartete Erfolg in einem von U-Booten verseuchten Gebiet überzeugte Rear-Admiral Duff, dieses System auch auf anderen Routen zu erproben. Untersuchungen von Commander R. G. H. Henderson hatten überdies ergeben, dass die Zahl der Schiffsbewegungen, welche als Geleitzug abzuwickeln wären, bedeutend geringer war als bisher geschätzt. Ursprünglich meinte man, alle Schiffsbewegungen bedecken zu müssen, ihre Zahl wäre in die Tausende gegangen, während man nur Geleitschiffe für einige hundert zur Verfügung hatte. Der Erfolg der Kohlekonvois und die überarbeiteten Zahlen überzeugten Duff, einen Versuch mit einem Geleitzug ab Gibraltar vorzuschlagen. Ein zweifelnder Jellicoe genehmigte am 27. April den Plan. Nach dem Krieg führte Lord Beaverbrooks etwas selektiver Umgang mit historischen Fakten zu dem Gerücht, der Premier selbst hätte die Admiralität besucht und die Bildung von Konvois angeordnet. David Lloyd George tat nichts, um diese Geschichte zu korrigieren, aber sein Besuch bei der Admiralität erfolgte in Wirklichkeit drei Tage nachdem Jellicoe dem Gibraltar-Konvoi zugestimmt hatte.

Am 20. Mai lief der Gibraltar-Konvoi vollständig ein. Vier Tage später ging ein Konvoi ab Hampton Roads, Virginia, über den Atlantik, auch er erlitt keine Verluste. Bis Ende Juli verzeichnete man bei 21 Atlantik-Konvois nur zwei verlorene Schiffe. Trotz dieser Erfolge setzte sich das Konvoisystem anfangs nur langsam durch, weiterhin fuhren viele Schiffe allein, mit entsprechend hohen Ausfällen. Letztendlich fuhren aber im November 90 % der britischen Schiffe in Konvois, wodurch die Verluste drastisch zurückgingen. Das bedeutete aber nicht, dass der Sieg bereits errungen war.

Die Deutschen reagierten auf die Konvois, indem sie Handelsschiffe in Küstennähe und erst dann angriffen, wenn sich die Konvois bereits aufgelöst hatten. Diese Strategie hielt die britischen Ausfälle auf einem Besorgnis erregenden Niveau, das Schlimmste war jedoch überstanden. Da es nicht gelang, eine Taktik gegen die Konvois zu finden, verlor die deutsche Offensive an Schwung.

LINKS: Die endgültige Demütigung – die Hochseeflotte läuft, eskortiert von Einheiten der Royal Navy, nach Scapa Flow, um sich zu ergeben. Allerdings gelang es einigen Besatzungen, ihre Schiffe vor der Übergabe zu bewahren, indem sie diese versenkten, bevor sie die Briten übernehmen konnten.

UB4

Nation:	Deutschland	**Bewaffnung:**	zwei 457-mm-Torpedorohre
Stapellauf:	April 1915	**Antrieb:**	Diesel- und E-Motoren an einer Antriebswelle
Besatzung:	14	**Reichweite:**	aufgetaucht 2.778 km bei 8 Knoten
Wasserverdrängung:	127 Tonnen aufgetaucht, 142 Tonnen abgetaucht	**Leistung:**	6,5 Knoten aufgetaucht, 5,5 Knoten abgetaucht
Abmessungen:	28 x 2,9 x 3 m		

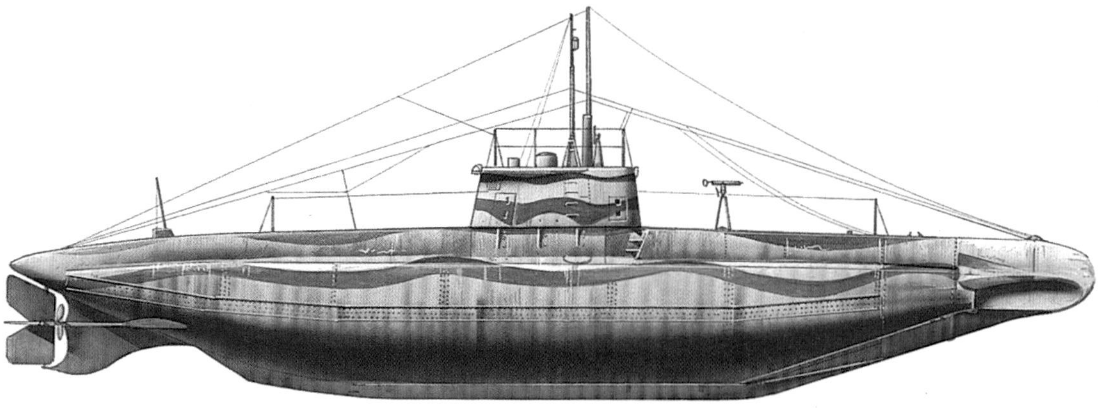

OBEN: *UB4* war ein kleines Küstenboot. Nur drei von acht Booten ihrer Klasse, mit deren Bau man 1914 begonnen hatte, überlebten den Krieg. *UB4* selbst wurde im August 1915, nach einer Karriere von nur vier Monaten, vom bewaffneten britischen Fischerboot *Inverlyon* versenkt.

Erst spät wurde klar, dass die beste Antwort auf die Konzentration von Schiffen eine ebensolche von U-Booten gewesen wäre, doch vorerst sah der deutsche Marinestab die Lösung einfach in einer Erhöhung der Zahl der U-Boote. Dies reichte aber nicht aus. Obwohl die Bedrohung durch U-Boote nahezu bis Kriegsende bestehen blieb, konnten die Alliierten die Schäden aus dem unbeschränkten U-Boot-Krieg auf einem erträglichen Maß stabilisieren. Die Gefahr gänzlich zu bannen, gelang ihnen nie.

Das einzige Mittel, um die Bedrohung zu begrenzen, war jenes, dem die Admiralität misstraut hatte, die Bildung von Konvois. Rückblickend ist der Widerstand gegen die Einführung von Konvois unverständlich. Auch wenn sie sich auf Kaperschiffe und nicht auf U-Boote bezogen, zeigten Beispiele aus der Geschichte zwei Faktoren auf, die für den Erfolg eines Angriffs auf den Seehandel des Gegners entscheidend waren: Feindliche Handelsschiffe waren erstens aufzuspüren und zweitens in genügender Zahl zu versenken, um den Nachschub zu beschränken. Dies konnte man elegant und einfach verhindern, indem man Handelsschiffe im Schutz der Royal Navy konzentrierte. Bei deren überlegener Verteidigungsstärke konnte sich der Angreifer glücklich schätzen, wenn er ihren Gegenschlag überlebte. Und sollte der Feind vorsichtshalber auf einen Angriff verzichten, wäre sein Ziel, die Handelsschiffe zu versenken, ebenfalls verfehlt. Während die britische Navy zur Zeit Nelsons nichts Falsches an diesem Prinzip entdecken konnte, tat sie es zur Zeit Jellicoes sehr wohl, und aus fragwürdigem Grund.

Die Royal Navy sprach 1914 zwar hauptsächlich vom Schutz von Handelsrouten, sah aber die einzig lohnende Aktion im Angriff. Man träumte davon, auszulaufen, den Feind zu finden, zu stellen, zu schlagen. Konvoifahrten, bei welchen man an Handelsschiffe gebunden war, boten als Defensivaufgabe wenig Aussicht auf Kampf und Ruhm. Diese Überlegungen gingen zur Gänze am Problem vorbei. Betrachtete man das Ausmaß des britischen Seehandels von 1914 und setzte in die altbekannte Gleichung U-Boote anstelle von Kaperschiffen ein, war klar, dass es nicht allzu schwer wäre, ein Schiff zu finden, das irgendetwas nach England transportierte. Für Schiffe, die allein, ohne Verteidigungsmöglichkeiten, fuhren, gab es bei einem U-Boot-Angriff ohne Vorwarnung nur zwei Chancen: ein schlecht gezielter oder ein versagender Torpedo. Aber selbst wenn das U-Boot Pech haben sollte, was konnte es daran hindern, seine Attacke mehrmals zu wiederholen?

Als man die relativ große Zahl an U-Boot-Abwehrschiffen offensiv, auf Patrouillen, einsetzte, erreichte damit man im Wesentlichen nur eines: Man markierte die Haupthandelsrouten für den Feind. In der Weite des Ozeans war es für einen entschlossenen Gegner leicht, den Patrouillen auszuweichen. Die U-Boot-Kommandanten griffen einfach nur allein fahrende Schiffe an und konnten danach ihre Fahrt ohne Sorge fortsetzen.

Die Konzentration von Handelsschiffen in einem Konvoi bot zwar dem Feind ein vordergründig verlockenderes Ziel, brachte den Verteidigern aber weit mehr Chancen. Geleitschiffe mussten die See nicht mit recht untauglichen Mitteln nach U-Booten absuchen, sie brauchten nur auf sie zu warten. Die Konvois erleichterten es erheblich, das offensive Ziel, nämlich den Feind zu versenken, auch zu erreichen. Überdies machte es die Konzentration der Handelsschiffe den U-Booten weit schwerer, ein Ziel auszumachen. Konnte anfangs ein U-Boot sicher sein, dass irgendwo in seinem Einsatzgebiet ein einsames Handelsschiff fahren würde (auch wenn dieses vielleicht nicht auszumachen war), beraubten sie die Konvois dieser leichten Beute. Die Deutschen vergeudeten ihre Zeit nicht mit Fragen über Offensive oder Defensive, Routen oder Nachschublinien, sie konzentrierten sich auf ein Ziel: so viele Schiffe zu versenken, dass der Gegner die Verluste nicht ausgleichen könnte. Obwohl die Erfolge der Jahre 1917/18 die Richtigkeit ihrer Taktik bewiesen, verinnerlichte die britische Admiralität diese Lehren nicht. Auch im II. Weltkrieg maß man der seegestützten U-Boot-Abwehr zu wenig Bedeutung bei. Objektiv betrachtet hat die Royal Navy im I. Weltkrieg den Kampf gegen die U-Boote nicht gewonnen, sondern nur nicht verloren. Aber immerhin reichte dies zum Überleben.

Das Ende

Obwohl die Verluste durch U-Boote bis Kriegsende beunruhigend hoch blieben, waren sie zu verkraften. Die Briten gerieten nie in Gefahr, aus Nachschubmangel zu verlieren, während sich alles gegen die Deutschen wendete. Im März 1918 befahl Ludendorff eine massive Offensive an der Westfront, anfänglich mit großem Erfolg. Doch die verbissenen Rückzugsgefechte der Alliierten einerseits und Probleme innerhalb der deutschen Befehlskette andererseits ließen den Vorstoß scheitern. Als deutsche Eroberer britische Nachschublager überraschend gut gefüllt vorfanden, hatte dies zwei Effekte: Die deutschen Soldaten, demoralisiert, da man ihnen vorgegaukelt hatte, die Briten litten Mangel, leisteten nur mehr widerwillig Gehorsam und hielten sich damit auf, die Lager zu plündern, um sich mit Nahrungsmitteln und Ausrüstung zu versorgen. So kam es an einigen Frontabschnitten zu gefährlichen Verzögerungen. Ende Juni brach die Offensive praktisch in sich zusammen, die deutschen Kräfte waren verbraucht, die Verluste nicht mehr auszugleichen.

Im Juli begannen die Franzosen mit dem Gegenangriff, wobei Soldaten des Britischen Empires am 8. August bei der Schlacht von Amiens ein atemberaubender Sieg gelang. Ludendorff bezeichnete ihn zu Recht als „schwarzen Tag der deutschen Armee". In einer Situation, in der die Landstreitkräfte schwere Rückschläge hinnehmen mussten, ging natürlich auch die Schlagkraft des U-Boot-Krieges zurück. Er kam Ende Oktober zum Erliegen. Am 11. November meuterte die Hochseeflotte, in zahlreichen Städten kam es zu von Kommunisten geführten Aufständen, der Kaiser musste abdanken und die neue republikanische Regierung einen Waffenstillstand unterzeichnen. Die Strafen, die der Deutschen Nation im Friedensvertrag von 1919 auferlegt wurden, sollten einen ähnlichen Konflikt für alle Zeiten verhindern – und taten dies zum Entsetzen des größten Teils der Welt nur 19 Jahre lang.

LINKS: Der Anfang vom Ende: Deutsche Arbeiter und Matrosen demonstrieren in Kiel und fordern die Beendigung des Krieges. Es war die Entscheidung, die Hochseeflotte als letzte trotzige Verteidigungsgeste zu einer selbstmörderischen Angriffsfahrt auslaufen zu lassen, die diese Meuterei ausgelöst hatte. Gemeinsam mit anderen Aufständen zwang die Rebellion von Kiel den Kaiser dazu abzudanken, der Weg zur Ausrufung der Republik im November 1918 war frei.

2. KAPITEL

DIE ZWEITE RUNDE: SEPTEMBER 1939 BIS MAI 1940

Der Erste Weltkrieg war nicht der letzte große Konflikt in Europa. Als der Zweite Weltkrieg ausbrach, spielten U-Boote wieder eine wichtige Rolle.

Obwohl die Kampfhandlungen am 11. November 1918 eingestellt worden waren, endete der I. Weltkrieg offiziell erst 1919, mit der Unterzeichnung der Friedensverträge. Der berühmteste, jener mit dem ehemaligen Deutschen Kaiserreich, wurde am 28. Juni 1919 in Versailles unterzeichnet. Die Bestimmungen von Versailles zählen zu den meistkritisierten Abkommen der jüngeren Geschichte, nicht zuletzt, weil sie zweifelsohne zum Aufstieg Adolf Hitlers und zum II. Weltkrieg beitrugen. Die Gründe für die Verstimmungen liegen auf der Hand. Die Deutschen mussten das vorgelegte Vertragswerk ohne Chance zu verhandeln akzeptieren. Man gab ihnen die alleinige Kriegsschuld, forderte hohe Reparationszahlungen an die Siegermächte (die allerdings nie voll geleistet werden sollten) und nahm ihnen nahezu jede Möglichkeit zur militärischen Selbstverteidigung. Davon war auch die U-Boot-Waffe betroffen. Es wurde Deutschland verboten, auch nur ein U-Boot zu besitzen, alle mussten an die Alliierten ausgeliefert werden. Nach einigem Streit zwischen Siegern

LINKS: U-Boote werden im Kieler Hafen auf den Einsatz vorbereitet. Als es im September 1939 neuerlich zum Krieg kam, mangelte es, wie bereits im Ersten Weltkrieg, an Booten.

RECHTS: Admiral Erich Raeder, Oberbefehlshaber der Deutschen Kriegsmarine. Raeder baute im Auftrag Hitlers die Kriegsmarine auf und unterstützte, obwohl er sich selbst auf die Überwasserflotte konzentrierte, auch die Geburt der neuen U-Boot-Waffe. Ständige Unstimmigkeiten mit Hitler führten 1943 zu seiner Entlassung.

und Besiegten lieferte Deutschland 176 U-Boote aus. Die französische Marine behielt 10, die bis in die 30er Jahre Dienst taten, die übrigen wurden zur Verschrottung verkauft.

In England plädierte die Admiralität für die vollständige Vernichtung der U-Boote. Zyniker meinen vielleicht, dass man die Royal Navy nie mehr der Gefahr aussetzen wollte, die Blamage defensiver Einsätze, wie Konvoifahrten, auf sich nehmen zu müssen. Auch wenn harte Fakten fehlen, könnte man überdies den Wunsch nach Abschaffung der eigenen U-Boot-Kräfte als weiteres Motiv vermuten. Die höheren Ränge der Royal Navy hielten im Allgemeinen nicht viel von U-Booten und deren Crews. Obwohl, oder vielleicht gerade weil zahlreiche U-Boot-Fahrer, in krassem Gegensatz zu anderen Seeleuten, mit dem Viktoriakreuz ausgezeichnet worden waren, wurden Angehörige der U-Boot-Kräfte augenscheinlich als Exzentriker abqualifiziert. Abgesehen vom strategischen Nutzen regt die Entscheidung für die Vernichtung der U-Boote manchmal auch zu Überlegungen an, ob nicht nur einige ältere Admirale, welchen dieser Zweig der Navy suspekt war, sich der ungeliebten Flotte entledigen wollten.

Deutschland und die Wiederauferstehung der U-Boote

Anders die Deutschen, sie wussten den Wert von U-Booten und ihren Beitrag zur Seekriegsführung zu schätzen. Achtung und Respekt blieben jedoch aufgrund der Versailler Verträge ohne Bedeutung, da jeder Versuch der Marine, neuerlich U-Boot-Kräfte aufzustellen, zu unmittelbaren Reaktionen der Siegermächte geführt hätte. Zumindest dem Anschein nach. Tatsächlich aber ist gut dokumentiert, dass die Deutschen bei der Entwicklung eines ganzen Arsenals durch den Vertrag verbotener oder nur begrenzt erlaubter Waffen einigen Einfallsreichtum zeigten. Sie schlossen etwa Allianzen mit Unternehmen im Ausland oder gründeten in Deutschland Tarnfirmen, die nicht ganz das waren, was zu sein sie vorgaben. Mit vollem Einverständnis des Oberkommandierenden der Reichsmarine gründete man bereits im April 1922 ein Konstruktionsbüro für U-Boote in Den Haag. 1932, als Admiral Erich Raeder zum Chef der Deutschen Reichsmarine geworden war, genehmigte die Regierung die Aufstellung einer neuen U-Boot-Flotte, allerdings erst, wenn es die politische Situation zuließe. Und dies war weniger unwahrscheinlich, als es vorerst erschien.

Auch die Siegermächte hatten unter den Nachwirkungen des I. Weltkriegs zu leiden. Großbritannien und Frankreich waren bei den Vereinigten Staaten verschuldet, die sich in Isolationismus zurückzogen. Spätestens 1930 setzte sich aufgrund der wirtschaftlichen Depression das Gefühl durch, dass sich der Krieg nicht gelohnt hätte. Die ungeheure Zahl an Toten hatte die Öffentlichkeit entsetzt und man stimmte in weiten

Kreisen überein, dass alles unternommen werden müsse, um eine Wiederholung der Schrecken von 1914-18 zu verhindern.

Aufgrund dieser Haltung erschien es der deutschen Regierung bald möglich, ihrem Waffenarsenal U-Boote hinzuzufügen, ohne viel internationalen Widerstand zu erregen. Zeitgleich wuchsen Macht und Ansehen Adolf Hitlers und der NSDAP. Bekanntlich konnte Hitler viele Deutsche mit seiner Vision begeistern, er würde das Land aus der Agonie erwecken, indem er ihm den Nationalstolz zurückgäbe. Seine Angriffe auf die „Schandverträge von Versailles" brachten eine Saite im Herz der Deutschen zum Klingen. Nach der Machtergreifung begann er diese Verträge systematisch zu unterlaufen.

Wider Erwarten traf dieses Vorgehen nicht auf feindliche Reaktionen aus Großbritannien und Frankreich. Anfangs wurde Hitler als bemerkenswerter Staatsmann betrachtet – vielleicht mit etwas extremen Ansichten –, aber in London fand zumindest sein Argument, dass Deutschland ungerechte Friedensbedingungen auferlegt worden wären, einige Sympathie. Am 16. März 1935 setzte sich Hitler mit der Ankündigung der Wiederaufrüstung Deutschlands über die in Versailles gesetzten Grenzen hinweg. Zwar wurde dies in Großbritannien und Frankreich eher ablehnend kommentiert, aber man tat nichts dagegen. Vielmehr schloss Großbritannien am 18. Juni 1935 mit Hitler eine Übereinkunft bezüglich der Marine. Das Anglo-German Naval Agreement gestattete den Aufbau der deutschen Marine im Ausmaß von 35 % der Gesamtstärke der Royal Navy, die U-Boot-Flotte durfte gar 45 % jener Großbritanniens ausmachen.

Der Wahrheit halber muss gesagt werden, dass das Anglo-German Naval Agreement einige Probleme brachte. Zum einen fühlten sich die Franzosen durch die britische Zustimmung zu Deutschlands Plänen übergangen. Das zweite Problem hatten die Deutschen: Da sie nicht einmal in ihren kühnsten Träumen erwartet hatten, dass ihnen der Bau einer nennenswerten U-Boot-Flotte gestattet würde, musste man die Pläne für die Aufstellung der Marine noch einmal überarbeiten, um dafür Kapazitäten zu schaffen. Die Leitung des Projektes wurde Karl Dönitz übertragen.

Dönitz hatte mehr als gute Referenzen. Er war ab März 1918 Kommandant des Minenlegers *UC25* gewesen und übernahm im

LINKS: *U5*, ein Boot des Typ II, im Kieler Hafen. 1935 in Dienst gestellt, diente *U5* vor allem als Trainingsschiff, ging aber von Kriegsausbruch bis Mai 1940 auch viermal auf Patrouille. Im März 1943 ging das Boot mit seiner ganzen Besatzung auf einer Übungsfahrt verloren.

UC25

Nation: Deutschland
Stapellauf: 1916
Besatzung: 28

OBEN: Die Bedeutung von *UC25* beruht darauf, dass sie von Karl Dönitz kommandiert wurde, der bis 1943 die U-Boot-Flotte führte, dann Oberbefehlshaber der Marine wurde.

UNTEN: *HMS Walker*, ein Veteran aus zwei Weltkriegen. 1918 gebaut, leistete sie auch im II. Weltkrieg wertvolle Dienste. Ihr berühmtester Erfolg: die Versenkung von *U99* im Jahr 1941, die von „As" Otto Kretschmer kommandiert wurde.

September die *UB68*. Während eines Angriffs auf einen Konvoi in der Adria wurde *UB68* unsteuerbar, sodass Dönitz keine andere Wahl als den Befehl zur Aufgabe des Bootes blieb. Er wurde gemeinsam mit dem Großteil seiner Besatzung von der Slup *HMS Snapdragon* geborgen. Nach der Entlassung aus der Kriegsgefangenschaft kehrte er nach Deutschland zurück und setzte seine Karriere in der stark verkleinerten Marine fort. Trotz seines guten Rufs war Dönitz nicht der einzige Offizier mit der nötigen Qualifikation für das Kommando über die neuen Einheiten. Es dürfte seiner Ernennung dienlich gewesen sein, dass er unter vielen jener Offiziere gedient hatte, die mit der geheimen Fortführung des U-Boot-Programms nach Versailles betraut waren. Zumindest einer von ihnen hat ihn durch glühendes Lob gefördert. Noch wurde Dönitz' Name kaum spontan mit U-Booten assoziiert, doch sollte er kein Jahrzehnt später jedem in diesem Zusammenhang als erster einfallen. Während Europa nur langsam die Konsequenzen eines wiederbewaffneten Deutschland entdeckte, begann Dönitz, seine Waffe auf die Erfordernisse eines zukünftigen Kriegs auszurichten.

Grossbritannien und der U-Boot-Krieg 1919-39

Obwohl die britische Admiralität U-Boote am liebsten abgeschafft hätte, fand sie dafür keine Zustimmung. Die Franzosen sahen keinen Grund, U-Boote zu ächten, solange sie entsprechend den Gepflogenheiten der

Wasserverdrängung:	400 Tonnen aufgetaucht 480 Tonnen abgetaucht
Abmessungen:	4,4 x 5,2 x 3,7 m
Bewaffnung:	drei 500-mm-Torpedorohre, 18 Minen, ein 86-mm-Geschütz
Antrieb:	Diesel/Elektrisch, zwei Antriebswellen
Reichweite:	aufgetaucht 9.430 km bei 7 Knoten
Leistung:	11 Knoten aufgetaucht; 9 Knoten abgetaucht

Seekriegsordnung agierten. Sie unterstellten den Briten, nur die eigene Vorherrschaft über andere seefahrende Nationen aufrecht erhalten zu wollen, die ohne U-Boote niemals in der Lage wären, gegen die Royal Navy zu bestehen - und sie dürften damit richtig gelegen sein. Die Admiralität machte trotzdem weiterhin Druck, hatte aber kaum Aussicht auf Erfolg. Dennoch gab man der U-Boot-Abwehr in den Planspielen der Admiralität nur wenig Raum. Obwohl U-Boote 1917 England beinahe eine Niederlage zugefügt hätten, konzentrierte man sich in den Zwanzigern wieder einmal auf Schlachtschiffe und Kampfeinsätze mit geballter Feuerkraft. Der wichtigste Schiffstyp nicht nur eines, sondern zweier Weltkriege wurde konsequent ignoriert.

Allerdings erschien die Überlegung, die U-Boot-Abwehr hintanzustellen, auf den ersten Blick plausibel. Die Anti-Submarine Division (ASD) arbeitete bereits gegen Ende des I. Weltkriegs an der Entwicklung effektiver Geräte zur Ortung abgetauchter U-Boote. Als sich die Situation zuspitzte, übernahm das Allied Submarine Detection Investigation Committee (ASDIC) diese Aufgabe und diente der unter ihrer Leitung entwickelten Ausrüstung auch bald als Namenspatron. „Asdic" lieferte präzise Informationen über Art und Ort eines Ziels, indem es Schallwellen aussandte und die Zeit bis zur Rückkehr reflektierter Wellen auswertete. Das System war bei Kriegsende zwar noch nicht ausgereift, anders als viele andere wurde das Projekt nach Ende der Feindseligkeiten aber nicht eingestellt. Ab 1923 erhielten die neuen Zerstörer der Royal Navy Asdic, nach 1932 rüstete man alle Zerstörer nach, sobald ausreichende Mittel dafür zur Verfügung standen.

Zum Pech für die Admiralität stellte dies nicht das erwartete Ende der Bedrohung durch U-Boote dar. Das Vertrauen in Asdic war beeindruckend. Das Gerät war nicht in der Lage, den doch recht wichtigen Hinweis zur Erfassung eines Zieles zu liefern, nämlich in welcher Tiefe sich das Objekt befand, und trotzdem meinte die Admiralität, mit Asdic hätte man das U-Boot-Problem ein für alle Mal gelöst. 1935 erklärte Staatssekretär Lord Stanley dem Unterhaus namens der Admiralität, im Fall eines neuen Kriegs könne man auf die Bildung von Konvois verzichten. Die Aussage beruhte zwar vor allem auf dem Glauben, die von U-Booten ausgehende Bedrohung sei gebannt, Stanley wiederholte aber auch alle Argumente, mit denen man vor 1917 gegen die Konvois aufgetreten

UNTEN: Schiffe der Flower-Klasse, von der zwischen 1939 und 1942 über 100 gebaut wurden, wurden zur tragenden Kraft der Eskorten. Ursprünglich wollte man sie bei Eskorten in Küstengewässern und als Minenleger einsetzen, bald aber schützten sie Konvois auf hoher See. Aufgrund ihres kurzen Rumpfs machten die Wetterbedingungen des Atlantiks ihren Mannschaften schwer zu schaffen.

FLOWER

Nation:	Großbritannien
Stapellauf:	erste Einheit 1940
Besatzung:	85
Wasserverdrängung:	1.076 Tonnen
Abmessungen:	62,5 x 10,1 x 3,5 m
Bewaffnung:	ein 102-mm-Geschütz, eine zweipfündige Fliegerabwehrkanone
Antrieb:	Vierzylinder-Dreifachexpansion-/Scotch-Kessel an einer Schraube
Reichweite:	6.389 km
Leistung:	16 Knoten

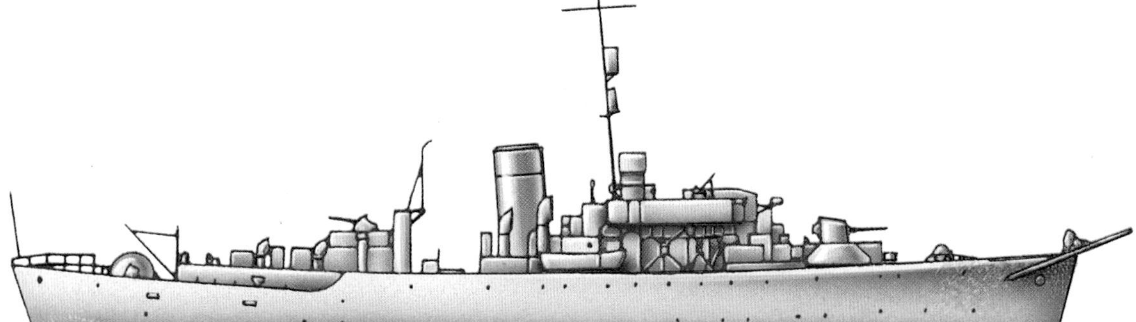

HUNT

Nation:	Großbritannien		eine zweipfündige Vierfach-Fliegerabwehrkanone
Stapellauf:	erste Einheit 1939	**Antrieb:**	zwei gekoppelte Dampfturbinen, zwei Wellen
Besatzung:	170	**Reichweite:**	4.626 km
Wasserverdrängung:	1.090 Tonnen	**Leistung:**	27-30 Knoten unter Normalbedingungen
Abmessungen:	85,7 x 9,6 x 2,36 m		
Bewaffnung:	zwei 102-mm-Geschütze,		

OBEN: Der Entwurf der Hunt-Klasse erfolgte aufgrund der späten Einsicht, dass die Royal Navy mehr Geleitschiffe benötigen würde. 1939 wurde die erste von insgesamt 86 Einheiten in Dienst gestellt. Geschwindigkeit war die Stärke der Klasse, der es aber anfangs an Reichweite fehlte. Da spätere Einheiten mit größeren Bunkern gebaut wurden, verbesserte sich diese Eigenschaft sehr.

war. Seine Zuversicht war schön, nur fehlte ihr die Grundlage. Zwischen 1919 und 1939 hatte man die Verteidigung von Handelskonvois gegen U-Boote in keinem einzigen größeren Manöver erprobt, diese Unterlassung verschleierte viele Mängel.

Vor allem übersah man glatt, dass Asdic nur gegen U-Boote in Tauchfahrt wirkte. Bei den Übungen der Royal Navy blieben deren eigene U-Boote auf Tauchfahrt, sodass sie immer entdeckt wurden. Man ließ außer Acht, dass ein potenzieller Feind im Schutz der Nacht auch über Wasser angreifen könnte. Allerdings ist nachvollziehbar, warum man Nachtattacken nicht in Friedenszeiten simulieren wollte: Das Risiko einer Kollision zwischen U-Boot und Zerstörer, die ohne Positionslichter hätten fahren müssen, schien zu groß. Aber man schenkte auch der praktischen Arbeit mit Torpedos zu wenig Augenmerk, Attacken wurden nur im Rechenmodell simuliert, die U-Boot-Kommandanten trugen ihre Feuerbefehle auf Kartenblättern ein. Eingelullt in ein falsches Gefühl der Sicherheit, beruhend auf unrealistischen Übungsannahmen und überzogenen Erwartungen in Asdic, hielt die Royal Navy die U-Boot-Gefahr für überstanden.

Trotzdem war die Lage nicht hoffnungslos. 1937 setzte der stellvertretende Chef des Marinestabs, Admiral Sir William James, der Diskussion um Konvois ein Ende. James hatte zwischen 1917 und 1918 Room 40 geleitet, die für Nachrichtenauswertung verantwortliche Geheimdienstabteilung der Marine. Room 40 hatte viel zu Erfolgen gegen U-Boote beigetragen, James war also mit den Möglichkeiten und Risiken der U-Boot-Abwehr vertraut und im Gegensatz zu vielen anderen keinesfalls überzeugt, dass die Bedrohung durch U-Boote der Vergangenheit angehöre. Die Gründung des Shipping Defence Advisory Committee 1917 gab ihm die Möglichkeit, seine Ansichten weiterzugeben. Bei dessen zweitem Treffen verlangte James, das Konvoisystem bei Kriegsausbruch wieder einzuführen, da es den besten Schutz vor angreifenden Schiffen, Flugzeugen oder U-Booten biete.

James' Intervention hatte zwar Gewicht, bedeutete aber nicht das Ende der Probleme. Man einigte sich zwar auf eine Konvoistrategie im Kriegsfall, wusste aber nicht,

woher die Mittel dafür kommen würden. Äußerst knappe Verteidigungsbudgets der 20er- und 30er-Jahre hatten die Royal Navy gezwungen, ihre Mittel sehr selektiv einzusetzen. Da man der Bedrohung durch U-Boote nur geringe Bedeutung zumaß, überrascht es wenig, dass Begleitschiffe nicht gerade an der Spitze ihrer Einkaufslisten gestanden hatten. Erst im Februar 1939 konnte die Admiralität die Finanzierung von Eskorten sicherstellen und den Bau von 40 Zerstörern (Hunt-Klasse) und 56 Korvetten (Flower-Klasse) in Auftrag geben. Wie man bald darauf erkannte, war dies definitiv eine jener Situationen, die nur mit „besser spät als nie" beschrieben werden können.

Ein schmerzvoller Prozess: die Entwicklung der Marineflieger

Das letzte Problem, das den Briten zu lösen blieb, war, den Einsatz von Flugzeugen gegen U-Boote sicherzustellen. Diese hatten sich im I. Weltkrieg als extrem nützlich erwiesen. Zwar fehlte ihnen noch Offensivkraft, aber ihre bloße Präsenz zwang U-Boot-Kommandeure, besonders vorsichtig zu sein, oft abzutauchen oder in Tauchfahrt zu bleiben, was ihrer Geschwindigkeit, Leistungsfähigkeit und Ausdauer enge Grenzen setzte. Allerdings nutzte der allgemeine Konsens über die Wirksamkeit von Flugzeugen bei der U-Boot-Abwehr wenig, da in der Zwischenkriegszeit eine grundsätzliche Kontroverse über die Marinefliegerei an sich entbrannt war.

Am 1. April 1918 hatte man – gegen den Protest sowohl des War Office als auch der Admiralität, die zuvor ihre eigenen Flugzeugeinheiten kontrolliert hatten – das Royal Flying Corps und das Royal Naval Air Service zur weltweit ersten unabhängigen Luftwaffe, der Royal Air Force (R.A.F.) vereinigt. Alle Flugzeuge in britischem Militärdienst wurden nun, unabhängig von ihrer Funktion, der R.A.F. unterstellt. Diese Struktur blieb auch nach Kriegsende erhalten, obwohl Marine und Heeresministerium ihr Möglichstes taten, um die Auflösung der R.A.F. zu erreichen und alle Luftfahrzeuge zurückzuerhalten.

Trotz anfänglicher Zweifel an dem neuen Dienst tat der Oberkommandierende der Luftwaffe, Sir Hugh Trenchard, alles, um das Überleben der R.A.F. zu sichern: Sollte sich die R.A.F. auf die Unterstützung von Bodentruppen spezialisieren, würde sofort das War Office verlangen, diesen Dienst wieder der Armee zu unterstellen. Gleiches galt für die Admiralität, so sich die Luftwaffe zu sehr mit Marineangelegenheiten beschäftigte. Die Lösung sah Trenchard in der Definition der Hauptaufgabe der R.A.F. als strategische Bombereinheit, einer Rolle, die keiner bestehenden Gruppierung zugezählt werden konnte. Nur ein paar wenige Geschwader waren für Armeeunterstützungsaufgaben

UNTEN: Eine Lockheed Hudson der 269. Squadron des R.A.F. Coastal Command. Die Hudson erwies sich als erstes effektives, landgestütztes Patrouillenflugzeug im Dienst der R.A.F. Obwohl sie aufgrund ihrer beschränkten Reichweite nicht über den mittleren Atlantikabschnitten operieren konnte, leistete sie bis Kriegsende ausgezeichnete Dienste.

OBEN: Besatzungen neu in Dienst gestellter U-Boote in Formation zur Inspektion. Ihre korrekte Adjustierung hat nur wenig mit dem „verwahrlosten" Aussehen der meisten im Einsatz befindlichen U-Boot-Crews gemein. Das bedeutet jedoch keinesfalls, dass es ihnen an professionellem Stolz fehlte, sondern nur, dass bequeme Kleidung Voraussetzung jeder Arbeit unter den beengten Bedingungen eines U-Boots war.

und zur Zusammenarbeit mit der Navy abgestellt. Die Armee protestierte nur verhalten, doch die Admiralität wurde lautstark: Ein langer Kampf um die Marinefliegerei begann, der ihr 1937 die Kontrolle über den neu aufgestellten Fleet Air Arm brachte.

Damit war die Admiralität teilweise zufrieden gestellt, obwohl ein wesentlicher Punkt offen blieb: Sie hatte nur bordgestützte Flugzeuge unter ihrem Befehl, die landgestützte Überwachung der See lag weiter in den Händen der R.A.F., beim Coastal Command, und der R.A.F. mangelte es, wie allen anderen Gruppierungen, an Mitteln, um alle benötigten Flugzeuge zu beschaffen. Maritime Aufklärer und Geschwader zum Einsatz gegen Schiffe standen am untersten Ende der Prioritätenliste, das Coastal Command war völlig unzureichend ausgerüstet. Erst 1938 erkannte man Handlungsbedarf, und die R.A.F. begann mit der Suche nach einem sofort verfügbaren, landgestützten Flugzeug. Da die britische Luftfahrtindustrie offensichtlich nicht in der Lage war, geeignetes Gerät zu liefern, bestellte man bei Lockheed in den USA eine für diese Aufgabe geeignete Weiterentwicklung des Transportflugzeugs Lockheed L-14 Electra. Anfangs gab es in Großbritannien erhebliche Widerstände gegen den Kauf des amerikanischen Flugzeugs, obwohl dies keinesfalls der erste Einkauf einer Militärmaschine im Ausland war, aber eine einheimische Alternative fehlte. Lockheed produzierte umgehend das neue Flugzeug, das im Dienst der R.A.F. „Hudson" genannt werden sollte, und das erste Hudsongeschwader konnte rechtzeitig zu Kriegsbeginn in Dienst gestellt werden.

Wieder im Krieg

Zu Kriegsbeginn hatte Deutschland einmal mehr zu wenig U-Boote, um erfolgreich sein zu können, die Reichsmarine verfügte nur über 39 fronttaugliche U-Boote. Trotzdem plante man sofort eine Offensive gegen die britische Schifffahrt. Am Anfang stand die Ankündigung, dass jedes Schiff in der Kriegszone um das Vereinigte Königreich und Frankreich, auch unter neutraler Flagge, einen Angriff riskieren würde. Das klang gut, aber Dönitz fürchtete, der Mangel an U-Booten könnte diese Aufgabe sehr schwer machen. Anhand der Lehren aus dem Ersten Weltkrieg machte er Raeder klar, dass mehr, und zwar wenigstens 300 für Einsätze im Atlantik taugliche U-Boote nötig wären. Raeder überzeugte seinerseits Hitler von der Wichtigkeit dieser Sache.

Hitler stimmte zu, jedoch mit einer Einschränkung: Er räumte dem U-Boot-Programm nicht oberste Priorität ein. Die Bedürfnisse der Wehmacht müssten zuerst erfüllt werden. Hitlers Position ist nachvollziehbar, bedeutete aber zugleich, dass nicht genügend Mittel für den Bau von U-Booten (in einem Tempo, wie es Dönitz vorgeschwebt war) zur Verfügung standen. Tatsächlich liefen bis April 1940 nur 13 neue Boote vom Stapel, was bedeutete, dass die Stärke der U-Boot-Waffe wegen ihrer Verluste im Einsatz sogar gesunken war. Überdies befahl Hitler die Einhaltung der Prisenordnung, und zwar keineswegs als Folge eines überraschenden und kaum bekannten altruistischen Charakterzugs, sondern aus kaltem Kalkül. Er wollte eine direkte Konfrontation mit Frankreich, England und den USA vermeiden. Dies scheint nur dann merkwürdig, wenn man missachtet, dass Hitler nach dem Fall Polens Verhandlungen mit Frankreich und England aufnehmen wollte. Zu seinem Pech teilten weder London noch Paris seine Einschätzung, dass es nun für sie nichts mehr gäbe, wofür es sich zu kämpfen lohne. Als Folge blieb das Erstschlagpotenzial der U-Boote – nahezu auf die gleiche Art wie im Ersten Weltkrieg – begrenzt.

Dennoch war Dönitz entschlossen, Druck zu machen und so viele Handelsschiffe wie immer möglich zu versenken, bevor die Briten Konvois bilden könnten. Schon vor dem Beginn der Feindseligkeiten verließen 18 U-Boote Deutschland, wodurch ein Überraschungserfolg gelang. Obwohl die Briten wie betäubt reagierten, war diese Entscheidung falsch, denn sie führte viel früher, als Dönitz angenommen hatte, zur Einführung des Konvoisystems. U-Boote waren seit dem 24. August auf See gewesen, mit dem strengen Befehl, bei Kriegsausbruch die Prisenordnung zu beachten.

Am 3. September sichtete *U30*, ein Boot des Typs VIIA, etwa 400 km nordwestlich von Irland ein großes Schiff. Obwohl aufgrund der schlechten Lichtverhältnisse eine Identifizierung schwierig war, meinte Kommandeur Julius Lemp ein legitimes Ziel vor sich zu haben. Seine Entscheidung wurde vom Zickzack-Kurs des Schiffs und von der Tatsache, dass es abseits der normalen Fahrtrouten aufgespürt worden war, gestützt. Tatsächlich aber hatte Lemp das Passagierschiff *Athenia* ausgemacht, das am 1. September mit Bestimmungshafen Montreal aus Glasgow ausgelaufen war. Nach der Nachricht vom deutschen Überfall auf Polen wollte die *Athenia* die Entscheidung der britischen und französischen Regierung, wie zu reagieren sei, in britischen Gewässern abwarten und hatte von der Admiralität Anweisung erhalten, normale Schifffahrtsrouten zu meiden. So wurde sie von Lemp in ungewöhnlicher Position aufgespürt.

UNTEN: Ein U-Boot vom Typ VIIA wird von einem He-155-Schwimmflugzeug überflogen. Die Zusammenarbeit zwischen der Luftwaffe und den U-Booten funktionierte mehr schlecht als recht, was vor allem an Hermann Görings ablehnender Haltung lag.

RECHTS: Überlebende des torpedierten Linienschiffs *Athenia* gehen von Bord jenes Schiffs, das sie geborgen hatte. Die Versenkung des Linienschiffs am ersten Kriegstag gab Grund zur Annahme, dass, wie in den Jahren 1917 und 1918, ein unbeschränkter U-Boot-Krieg begonnen habe, und bot den Alliierten eine hervorragende Möglichkeit zur Propaganda gegen Deutschland. Tatsächlich dürfte die *Athenia* eher das Opfer von Übereifer und falscher Identifizierung geworden sein und nicht einer Politik, die Angriffe auf Passagierschiffe vorsah.

Hätte die *Athenia* allerdings wie geplant Kanada erreicht, wäre sie zu einem bewaffneten Hilfskreuzer umgerüstet worden und danach zweifelsohne ein legitimes Ziel gewesen. Am 3. September aber hatte sie nur 1.130 Zivilisten an Bord. Etwa um 21:40 Uhr feuerte *U30* zwei Torpedos ab. Einer fraß sich in seinem Rohr fest, der andere traf die *Athenia* im hinteren Abschnitt des Maschinenraums und beschädigte sie so schwer, dass sie schnell sank. Erst als der Funker des U-Boots ihre Notrufe auffing, realisierte Lemp, dass er ein ziviles Schiff versenkt hatte. 118 Menschen starben, darunter, um das Desaster für die deutsche Propaganda noch zu verstärken, 85 Frauen und Kinder. 22 Opfer waren Bürger der USA.

Umgehend ließen die Briten die Meinung wieder aufleben, die Deutschen wären nicht Willens, die Regeln einer zivilisierten Kriegsführung zu beachten (sie ahnten noch kaum, wie richtig sich diese Aussage gegenüber den Nationalsozialisten erweisen sollte). Wahrscheinlich hofften sie, dass die Vereinigten Staaten ihren Isolationismus zugunsten der Alliierten aufgeben würden. Hitler tobte und befahl Propagandaminister Joseph Goebbels, das Beste aus der Sache zu machen. Goebbels verbreitete daraufhin, die *Athenia* sei entweder durch eine britische Mine oder gar ein U-Boot versenkt worden, um Deutschland zu diskreditieren. Damit überzeugte er jedoch nur wenige.

Lemp fiel im Krieg, sodass die exakten Gründe für die Torpedierung der *Athenia* wahrscheinlich nie geklärt werden können. Angesichts der Schwierigkeit, bei Nacht durch ein Periskop ein klares Bild zu bekommen, ist eine fehlerhafte Identifizierung nicht auszuschließen, immerhin sagte Lemp später aus, er habe das Schiff für bewaffnet gehalten. Peter Padfield zeigte allerdings auf, dass dies eine Standarderklärung für den Fall eines Fehlers gewesen sei (auch bei der *Lusitania* griff man darauf zurück) und stellte Lemp als sehr impulsiven Charakter dar. Es wäre daher denkbar, dass dieser angesichts des leichten Ziels ohne viele Gedanken an mögliche Folgen der Versuchung erlag, einfach zu behaupten, der Angriff sei legitim. Jedenfalls wurde Lemp nach seiner Heimkehr befohlen, sein Logbuch so zu

ROYAL OAK

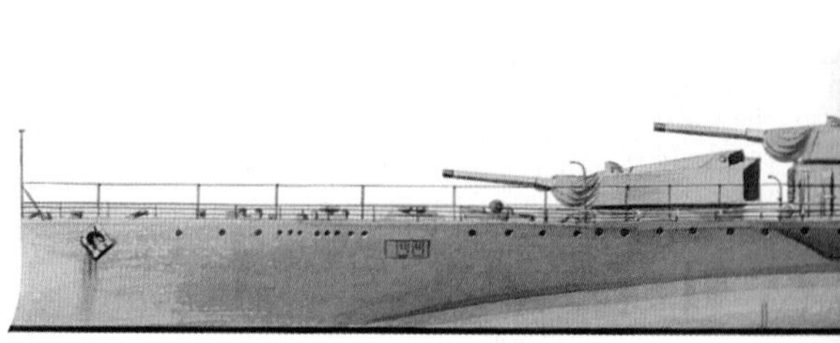

„modifizieren", dass es keinen Hinweis auf den Zwischenfall gebe.

Weit bedeutender als die öffentliche Reaktion war die britische Entscheidung, ab sofort Geleitzüge zu bilden. Wenig überraschend, denn die Versenkung der *Athenia* ließ den unbegrenzten U-Boot-Krieg mehr als nur wahrscheinlich erscheinen. Obwohl die Lehren der Jahre 1917/18 nicht voll verinnerlicht (oder vergessen) worden waren, erinnerte man sich, dass Konvois sowohl für Fahrten auf hoher See als auch in Küstennähe einiges an Sicherheit boten, viel früher, als dies die Admiralität beabsichtigt und Deutschland gehofft hatte. Doch die Vorbereitung einer systematischen Konvoibildung brauchte Zeit, bis zum Funktionieren des Systems fuhren noch viele Schiffe allein. Als Folge verlor man im September 43 jener Schiffe, die ohne Eskorte auslaufen mussten, aus frühen Konvois ging hingegen nur ein einziges Handelsschiff verloren.

Die Deutschen erwarteten, dass das Geleitschutzsystem relativ bald funktionsbereit sein würde, unter anderem deuteten abgefangene Funksprüche auf einen Vollbetrieb im Oktober. Als Gegenmaßnahme wollte Dönitz seine Theorie, dass die angemessene Antwort auf eine Konzentration von Handelsschiffen mit Geleit eine ebensolche von U-Booten sei, in der Praxis erproben. Damit erlebte die Idee vom Wolfsrudel seine Feuertaufe, die allerdings enttäuschend ausfiel. Man wollte neun U-Boote für einen Angriff auf einen Konvoi auf der Fahrt von Gibraltar ins Vereinigte Königreich im Gebiet der South West Approaches zusammenziehen. Der Mangel an verfügbaren Booten machte die Operation aber vor ihrem Start zunichte. Zwei der Boote mussten länger als geplant im Dock bleiben, drei andere, *U40*, *U42* und *U45*, wurden versenkt, bevor sie sich dem Rudel anschließen konnten. Von den vier verbliebenen stellte man *U47* für eine Spezialaufgabe ab, sodass nur drei, *U46*, *U48* und *U37*, übrig blieben. *U46* sichtete am 17. Oktober einen Konvoi (HG 3) und alarmierte die anderen. Kurz nach 16:30 Uhr versenkte jedes ein Schiff, bevor sie ein Flugzeug aus dem Gebiet vertrieb. Der Erfolg der ersten Operation im Rudel, beschränkt durch den Mangel an Booten,

LINKS: Günther Prien, Kommandant von *U47*. Prien wurde wegen seines Angriffs auf die *Royal Oak* in Scapa Flow berühmt, ja zum Volkshelden. Als er am 7. März 1941 fiel, wurde sein Tod über mehrere Wochen geheim gehalten, um die Moral der Bevölkerung in einem Monat, in dem schon zwei weitere „Asse" ihr Leben gelassen hatten, nicht noch weiter sinken zu lassen.

UNTEN: Die *Royal Oak* stand seit 1916 im Dienst der Royal Navy und war auch bei der Schlacht vor dem Skagerrak im Einsatz gewesen. Nach dem Ersten Weltkrieg tat sie weiterhin Dienst und ging in nördlichen Meeren auf Patrouille. Obwohl die *Royal Oak* doch etwas in die Jahre gekommen war, bedeutete ihr Verlust, infolge des wagemutigen Angriffs von *U47* in Scapa Flow, einen ernsten Schlag für die Royal Navy.

Nation:	Großbritannien		14 152-mm-Geschütze;
Stapellauf:	1914		vier 533-mm-Torpedorohre
Besatzung:	936	**Antrieb:**	Dampfturbine,
Wasserverdrängung:	27.000 Tonnen		vier Schrauben
Abmessungen:	190,3 x 27 x 8,7 m	**Reichweite:**	12.600 kmbei 10 Knoten
Bewaffnung:	acht 381-mm-Geschütze;	**Leistung:**	maximal 23 Knoten

U30

Nation: Deutschland
Stapellauf: August 1936
Besatzung: 44
Wasserverdrängung: 626 Tonnen aufgetaucht; 745 Tonnen abgetaucht
Abmessungen: 64,5 x 5,8 x 4,4 m
Bewaffnung: ein 88-mm-Geschütz, ein 20-mm-Geschütz, fünf 533-mm-Torpedorohre, bis zu 33 Minen
Antrieb: Diesel/Elektrisch, zwei Wellen
Reichweite: aufgetaucht 3.700km bei 8 Knoten
Leistung: 13 Knoten aufgetaucht; 6,9 Knoten abgetaucht

OBEN: *U30* wurde berühmt, weil sie das erste Schiff des II. Weltkriegs, das Linienschiff *Athenia*, versenkte. Die Versenkung wurde von den Briten zu Propagandazwecken benutzt, sie bezeichneten sie als Beweis für die Brutalität der Nazis. Das Oberkommando der Deutschen ordnete seinerseits an, dass jener Teil des Logbuchs, der Details zum Angriff auf die *Athenia* enthielt, zu vernichten sei, damit man behaupten könne, die Briten hätten das Schiff selbst versenkt, um Deutschland zu desavouieren.

blieb überdies im Schatten der Leistungen von *U47* auf ihrem Sondereinsatz.

U47 und die Royal Oak

Wie schon im I. Weltkrieg wurde der Ankerplatz der Royal Navy in Scapa Flow zu einem vorrangigen Ziel. Als Dönitz einen wirksamen Angriff überlegte, wurde er angenehm überrascht: Aufklärungsfotos zeigten einen Weg für ein U-Boot, in den Hafen einzudringen - sofort. Als er dem enthusiastischen Kommandanten von *U47*, Günther Prien, die Frage stellte, ob er diesen Auftrag übernehmen wolle, sah sich Prien dazu in der Lage. Anstatt am ersten Rudelangriff teilzunehmen, blieb *U47* in Wilhelmshaven, um sich zum sorgfältigst berechneten Idealtermin, in der Nacht vom 13. zum 14. September, bei optimalen Gezeiten- und Lichtverhältnissen nach Scapa Flow zu schleichen.

U47 versteckte sich den größten Teil des 13. September am Meeresboden vor Scapa Flow und tauchte erst gegen Abend auf, um sich über Wasser in den Hafen zu pirschen. Als er die Luke öffnete, erstarrte Prien: Polarlicht erhellte mit fahlem Schein die Neumondnacht. Er überlegte kurz, ob dadurch seinem Unternehmen nicht die notwendige Tarnung und somit die Chance auf Erfolg fehlte, blieb jedoch zuversichtlich und gab trotz aller Bedenken den Befehl, Fahrt aufzunehmen. Um etwa 23 Uhr musste er unmittelbar vor Scapa Flow abtauchen, um einem Dampfer auszuweichen. *U47* wartete 25 Minuten, bis er außer Reichweite war, und ging, möglichst tief getrimmt, um mit kleinster Silhouette laufen zu können, auf Oberwasserfahrt. Prien navigierte behutsam durch die Einfahrt zur Bucht und passierte in langsamer Fahrt die dort versenkten Sperrschiffe. Nach einem kurzen Moment des Schreckens - das U-Boot hatte sich in einer Sperrkette verfangen, ein Problem, dessen Prien aber schnell Herr wurde - befand er sich in Scapa Flow. Es war der 14. September, 0.47 Uhr.

Die Admiralität hatte die Verteidigung Scapa Flows in den letzten 20 Jahren etwas zu sehr vernachlässigt. Die Gezeiten hatten die Sperrschiffe, die einem Aggressor das Eindringen unmöglich machen sollten, verschoben, sodass Prien eine schmale Fahrrinne entdeckte. Zu seinem Pech war der Admiralität jedoch klar, dass es mit der Sicherheit Scapa Flows nicht zum Besten stand, daher fand Prien den Hafen leerer als erwartet, wie im Ersten Weltkrieg war der Großteil der Flotte nach Loch Ewe verlegt worden. Prien machte drei verlockende Ziele aus: Zwei Schlachtschiffe, die *Repulse* und ein nicht identifiziertes Schiff der R-Klasse, sowie den Flugzeugträger *Pegasus*. Tatsächlich aber wurden Priens Augen, wohl durch die Lichtverhältnisse, getäuscht. Die *Repulse* ankerte nicht hier, wohl aber die *Royal Oak*. Aus 2.743 Metern ließ Prien drei Torpedos abfeuern. Einer blieb in seinem Rohr stecken, die beiden anderen liefen gut. Nach dreieinhalb Minuten hörte die Besatzung von *U47* eine einzelne Explosion.

An Bord der *Royal Oak* herrschte Verwirrung. Keiner ihrer Offiziere kam auf die Idee, dass sie von einem U-Boot getroffen worden sein könnten, vielmehr dachte man an eine Explosion an Bord, etwa im Farbdepot. Während man noch versuchte, den Explosionsort auszumachen, drehte Prien sein Boot, brachte die Heckrohre in Schussposition und ließ die Bugrohre neuerlich bestücken. Der Hecktorpedo verfehlte sein Ziel. Etwa um 1.10 Uhr waren die Bugrohre wieder feuerbereit und Prien brachte sie in Position. Etwa zehn Minuten später wurden die letzten drei Torpedos abgefeuert, die beiden nachgeladenen sowie jener aus einem tieferen Rohr, der bei der ersten Attacke stecken geblieben war. Alle drei Torpedos kamen frei, mindestens zwei davon ins Ziel.

Einer traf das Schiff im hinteren Drittel, etwa auf Höhe von Turm „B". Augenblicke später explodierte ein Munitionslager und versetzte der *Royal Oak* den Todesstoß. Das alte Schlachtschiff nahm Schlagseite nach Steuerbord, sank in weniger als 20 Minuten und nahm mehr als 800 Mann mit sich. Als Prien an der Küste Scheinwerfer ausmachte, fürchtete er eine baldige Entdeckung und fand es an der Zeit, den Schauplatz zu verlassen. Tatsächlich ist es aufgrund des Straßenverlaufs wahrscheinlicher, dass dort keine Scheinwerfer waren und Prien wieder von den Lichtverhältnissen, gepaart mit der Anspannung der Situation, getäuscht wurde. *U47* hielt auf die offene See zu und erlebte einen weiteren Moment des Schreckens, als der Manövrierraum zu eng schien. Es gelang ihr aber, an den Hindernissen vorbeizukommen, außerhalb von Scapa Flow war sie relativ sicher. Man nahm Kurs auf die Heimat und einen triumphalen Empfang.

Die Entwicklung der Rudeltaktik

So spektakulär Operationen dieser Art waren, eigneten sie sich kaum, Dönitz' Plan eines Tonnagekriegs umzusetzen. Dönitz hatte begriffen, dass U-Boote nur dann einen entscheidenden Beitrag zum Zweiten Weltkrieg leisten könnten, wenn man sich, so wie in der Phase des unbeschränkten U-Boot-Kriegs im Ersten Weltkrieg, auf einen „Tonnagekrieg" konzentrierte. Die strategischen Berechnungen waren einfach: So mehr Schiffsraum versenkt als vom Feind gebaut werden konnte, würde der Einsatz der U-Boote die Importe Großbritanniens so sehr beschränken, dass Militäraktionen ernsthaft behindert würden. Wäre die versenkte Tonnage groß genug, müssten die Briten Verhandlungen aufnehmen, da die Industrieproduktion zum Erliegen käme und die Bevölkerung, selbst bei strengster Rationierung, Gefahr liefe zu verhungern. Nur etwas behinderte den Erfolg: die Konvois.

Da Dönitz klar war, dass diese den Erfolg der U-Boot-Kampagnen von 1917 und 1918 verhindert hatten, forcierte er mit aller Kraft die Rudeltaktik. Dazu fehlten ihm aber 1939 genügend U-Boote, die man für konzentrierte Aktionen zusammenziehen hätte können. Daher war auch der zweite Anlauf bereits im Ansatz zum Scheitern verurteilt. Pragmatisch entschied Dönitz, Rudelangriffe hintanzustellen, bis genügend Boote verfügbar wären. So liefen U-Boote, so wie in der Phase vor 1917, die dem unbeschränkten U-Boot-Krieg voranging, allein aus und griffen einzeln fahrende Schiffe an. Allerdings würde die wachsende Zahl von Konvois ihre Aufgabe immer schwieriger, bald sogar unmöglich machen. Die Antwort auf dieses

UNTEN: U-Boote ankern im Heimathafen. Der U-Boot-Waffe fehlte es an verfügbaren Booten, da man diese vor dem Krieg nicht in ausreichender Zahl gebaut hatte, um operative Verluste auszugleichen. Da die Boote nach jeder Einsatzfahrt gewartet und mit Nachschub versorgt werden mussten, war immer ein stattlicher Anteil im Hafen gebunden.

TYP II

Nation:	Deutschland	**Bewaffnung:**	eine 20-mm-Kanone und drei 533-mm-Torpedorohre
Stapellauf:	1934 (das erste der Klasse)	**Antrieb:**	Diesel/Elektrisch, zwei Wellen
Besatzung:	25	**Reichweite:**	aufgetaucht 3.700 km bei 8 Knoten
Wasserverdrängung:	253,8 Tonnen aufgetaucht, 301,1 Tonnen abgetaucht	**Leistung:**	13 Knoten aufgetaucht; 6,9 Knoten abgetaucht
Abmessungen:	40,9 x 4,1 x 3,8 m		

OBEN: Typ II war ein einschaliges, widerstandsfähiges und wendiges Küstenboot, das bis 1941 hergestellt wurde. In seiner Produktionsgeschichte wurden zahlreiche Verbesserungen vorgenommen, die meisten zielten auf eine Vergrößerung der Reichweite ab.

UNTEN: Eines der wichtigsten U-Boote, die auf Kiel gelegt wurden, war Typ VII, von dem man 1934 - 1945 709 baute. Auf zehn Modelle des Typs VIIA folgten jene vom Typ VIIB.

Problem lag für Dönitz auf der Hand: Nur wenn mehr Boote gebaut würden, wäre er in der Lage, ihre Kräfte gebündelt einzusetzen. In Anbetracht von Hitlers Ablehnung, dieser Sache unbeschränkte Priorität zu geben, würde bis dahin noch einige Zeit vergehen, daher sah Dönitz vorerst nur eine einfache Möglichkeit, die Effektivität seiner U-Boot-Waffe zu steigern: den Verzicht auf die Beachtung der Prisenordnung.

Dieser Schritt war nur mit Zustimmung Hitlers möglich. Dönitz argumentierte, die Einhaltung der Prisenordnung hätte einzig und allein der Hoffnung auf die Friedensbereitschaft von Großbritannien und Frankreich nach dem Fall Polens gedient. Man wollte durch die Beschränkung des U-Boot-Kriegs die Kriegsbereitschaft von London und Paris niedrig halten. Da jedoch beide Alliierten keinerlei Friedensbereitschaft erkennen ließen, sein nun, laut Dönitz, auch der Grund für die Beschränkung weggefallen. Damit überzeugte er nur zum Teil, Hitler stimmte nur nach und nach zu. Am 23. September gestattete er, alle Handelsschiffe zu versenken, die ihre Funkanlagen verwendeten: Dem Befehl der Admiralität gemäß sollten sie gesichtete U-Boote nämlich melden. Tags darauf genehmigte er Angriffe auf Einheiten der französischen Flotte. Dönitz setzte große Hoffnungen in Hitlers Besuch in Wilhelmshaven am 28. September, den er nutzen wollte, dem Führer vor Augen zu führen, dass U-Boote, wenn nur ausreichend vorhanden, jene Waffe wären, die den Briten den Todesstoß versetzen könnten. Hitler nahm dazu nicht Stellung, war jedoch von der vorgefundenen Professionalität und Begeisterung beeindruckt, was ihn allerdings noch immer nicht Dönitz' Wünsche

TYP VIIA

Nation:	Deutschland	**Bewaffnung:**	ein 88-mm-Geschütz, ein 20-mm-Geschütz und fünf 533-mm-Torpedorohre
Stapellauf:	1936 (erstes der Klasse)	**Antrieb:**	Diesel/Elektrisch, zwei Wellen
Besatzung:	44	**Reichweite:**	aufgetaucht 3.700km bei 8 Knoten
Wasserverdrängung:	507 Tonnen aufgetaucht, 640 Tonnen abgetaucht	**Leistung:**	13 Knoten aufgetaucht; 6,9 Knoten abgetaucht
Abmessungen:	64,5 x 5,8 x 4,4 m		

erfüllen ließ. Noch lehnte er den Vorrang für den U-Boot-Bau ab und delegierte die Zuweisung von Mitteln an seinen Stellvertreter Hermann Göring. Görings Fähigkeit zur Einschätzung der komplexen strategischen Lage erwies sich, wie während des ganzen Kriegs, als kaum adäquat, er sah keinen Anlass, U-Boote auf der Prioritätenliste nach oben zu rücken.

Zwar brachte Hitlers Besuch Dönitz nicht das erhoffte Ergebnis, dürfte aber in anderer Beziehung hilfreich gewesen sein. Im Tagesbefehl vom 30. September teilte man den U-Boot-Kommandanten mit, dass bei Operationen in der Nordsee die Prisenordnung nicht mehr zu beachten sei, und Mitte November verzichtete man zur Gänze auf deren Einhaltung. Damit begann, ohne je erklärt zu werden, der uneingeschränkte U-Boot-Krieg. Obwohl die Wirksamkeit der Kampagne stieg, beruhigte dies Dönitz nur wenig, er wusste, dass er mehr U-Boote brauchte, um Erfolg zu haben. Wie sich herausstellte, fehlte es nicht nur an U-Booten, man benötigte auch zuverlässigere Torpedos. Noch vor Ende der zweiten Kriegswoche sollten zwei Zwischenfälle die Dringlichkeit beider Anforderungen unterstreichen.

Am 14. September entdeckte *U39*, die vor den Orkney Inseln operierte, zur Überraschung der Besatzung den Flugzeugträger *Ark Royal*. Es bestand kein Zweifel, dieser war ein hervorragendes Ziel, weshalb die Besatzung sorgfältigst die Zünder ihrer Torpedos kontrollierte. Doch die beiden aus rund 800 m auf die *Ark Royal* abgefeuerten Torpedos funktionierten nicht korrekt und explodierten kurz vor dem Ziel. Die Lage wurde noch dadurch verschlechtert, dass eines der Begleitschiffe, der Zerstörer *Foxhound*, so schnell reagierte, dass die abtauchende *U39* noch deutlich von seiner Brücke aus zu sehen war, als er in Position für die Freigabe seiner Wasserbomben kam. Die Explosionen drückten den Bootskörper ein und *U39* an die Oberfläche, die Besatzung hatte Glück und wurde gerettet, bevor das U-Boot sank. Nicht zuletzt, weil ihre Torpedos versagten, war *U39* das erste deutsche U-Boot, das im II. Weltkrieg verloren ging. Am nächsten Tag sichtete *U31* einen Konvoi, der aus dem Bristolkanal auslief, und forderte über Funk Unterstützung an. Zu seinem Ärger konnte Dönitz nur drei weitere Boote schicken. Damit blieb die Gruppe zu klein, um die Situation nützen und einen Angriff starten zu können.

Diese Enttäuschungen wurden am 17. September etwas gemildert, als *U29* den Flugzeugträger *HMS Courageous* entdeckte. Die *Courageous* war kein typisches Anti-U-Boot-Patrouillenschiff, aber das hielt *U29* nicht auf. Drei Torpedos, aus einer Entfernung von etwa 3.000 m abgefeuert, fanden ihr Ziel. Die *Courageous* sank binnen 15 Minuten und nahm 518 Mann mit sich. Dies wurde zur heilsamen Lehre für die Admiralität und schärfte ihre Sinne – wie *U27* am 20. September entdecken musste. *U27* hatte einige Trawler angegriffen und versenkt. Dies blieb nicht unbemerkt und aufgrund der jüngsten Ereignisse war es nicht verwunderlich, dass, wie John Terraine schreibt, der Commander in Chief der Home Fleet sehr hart reagierte. Zehn Zerstörer, unterstützt von Flugzeugen, jagten nach dem U-Boot. Die Zerstörer *Fortune* und *Forester* versenkten *U27*, obwohl diese versuchte, sich zu verteidigen. Vergeblich, denn zur Verbitterung der Crew versagten alle drei abgefeuerten Torpedos, sodass alle Mann ohne weitere Gegenwehr in Gefangenschaft gerieten.

OBEN: *HMS Courageous* sinkt, nachdem sie am 17. September von *U29* torpediert wurde. Der Einsatz der *Courageous* zur U-Boot-Abwehr belegt, wie planlos die Admiralität auf die Bedrohung durch U-Boote reagierte.

Das Torpedoproblem

Torpedoversager machten der Führung der U-Boot-Flotte zunehmend Sorgen. *U56* kehrte am 10. November nach Wilhelmshaven zurück, ihr Kommandant außer sich vor Zorn. Kapitänleutnant Zahn berichtete verbittert von der Nutzlosigkeit seiner Torpedos. Er hatte am 30. Oktober das Flaggschiff der Home Fleet, die *HMS Nelson*, entdeckt, die ihm einladend ihre schutzlose Breitseite darbot. Er feuerte einen Fächer aus drei Torpedos auf das kaum zu verfehlende Ziel. Zwei Torpedos trafen, aber anstelle des befriedigenden Geräusches ihrer Explosion hörte die Mannschaft von *U56* nur zwei laute, metallische Töne, die den Aufprall der Torpedos an der *Nelson* anzeigten, bevor die Blindgänger auf den Meeresgrund sanken. Der dritte Torpedo vollbrachte die Leistung, unter dem Kiel des Schlachtschiffs durchzulaufen und erst am Ende seiner Bahn zu explodieren, auf der ihn ein übereifriger Zerstörer verfolgte. So konnte sich *U56* zwar davonschleichen, aber das war wohl kaum Zweck der Übung.

Zahn hatte am 31. Oktober seinen Bericht zwar noch nicht abgeliefert, aber Dönitz

RECHTS: Die archaisch anmutende Swordfish (Schwertfisch) war eines der effektivsten trägergestützten Flugzeuge des II. Weltkriegs. So erwarb sich die liebevoll „Stringbag" (Einkaufsnetz) genannte Swordfish 1940 bei der Vernichtung der italienischen Flotte vor Taranto große Verdienste. Da die Luftabwehr im Lauf der Jahre immer besser wurde, stieg die Gefahr für die Swordfish, wenn sie als Torpedobomber zum Einsatz kam. Trotzdem blieb sie bis Kriegsende eine wirksame Waffe gegen U-Boote.

FAIREY SWORDFISH

Nation: Großbritannien
Jungfernflug: 1934
Besatzung: 3
Antrieb: ein Bristol Pegasus Sternmotor

Bewaffnung: ein starr nach vorne feuerndes 7,7-mm-Maschinengewehr; ein 7,7-mm-Maschinengewehr in beweglicher Stellung im hinteren Cockpit; ein 457-mm-Torpedo
Leistung: Höchstgeschwindigkeit 222 km/h; Dienstgipfelhöhe 3.260 m; Reichweite mit Torpedo ca. 885 km

nahm seine Einschätzung zur Kenntnis, dass bis zu 30 % der Torpedos Blindgänger seien. Nach Zahns Rückkehr wurde immer deutlicher, dass eine Untersuchung unumgänglich war. Bevor man eine Lösung gefunden hätte, wären die U-Boote praktisch waffenlos.

Die britische Antwort

Dass die Deutschen durch den Mangel an Booten und ihre unzuverlässigen Torpedos nicht in eine Katastrophe schlitterten, verdankten sie im Wesentlichen der Inkonsequenz der Briten in Sachen U-Boot-Abwehr. Trotz der mittlerweile positiven Haltung zu Konvois herrschte in der Admiralität die Meinung vor, dass diese ein rein defensives Instrument wären. Daher fassten sie, wie bereits im Ersten Weltkrieg, Schiffe zu Jagdgruppen zusammen, die auf Patrouillen U-Boote aufspüren und angreifen sollten. Und einmal mehr erwiesen sich die U-Boote als schwer zu fassen. Zwar kam es zu einigen Begegnungen, diese rechtfertigten jedoch keinesfalls, dass zugunsten der Jagdgruppen Ressourcen vom Schutz der Konvois abgezogen wurden. Dennoch wäre das Problem nicht allzu groß gewesen, hätte man bereits in den letzten Friedensjahren mit dem Bau von Geleitschiffen begonnen.

RECHTS: Die Besatzung eines U-Boots vom Typ VIIC übernimmt im Hafen von Narvik Torpedos. Vor der Besetzung Norwegens waren Operationen in dessen Küstengewässern wenig erfolgreich gewesen, da die Torpedos sehr unzuverlässig waren und meist nicht explodierten.

Ein weiteres Zeichen für die wenig zielführende Planung der U-Boot-Jagd wurde mit dem Einsatz von Flugzeugträgern gesetzt. Zwar war auch die Fairey Swordfish an Bord der Träger, aber Patrouillenfahrten waren nicht gerade die für sie am besten geeignete Einsatzform. Erst nachdem *U29* die *HMS Courageous* versenkt hatte, ging ein Ruck durch die Admiralität: Man realisierte, dass für so große und wertvolle Einheiten kein Platz bei der U-Boot-Jagd sei. Abgesehen davon änderte sich ihre Politik allerdings wenig, weiterhin setzte man die meisten für die U-Boot-Bekämpfung verfügbaren Schiffe auf Patrouillen ein, anstatt sie mit Konvois laufen zu lassen. Obwohl Konvois selten mehr als zwei Geleitschiffe hatten, waren deren Erfolgsraten bei der U-Boot-Abwehr beeindruckend. Neun U-Boote wurden Opfer der Geleitschiffe früher Konvois, während die Jagdgruppen gerade einmal

LINKS: Eine Avro Anson der R.A.F. Die Anson hatte in der R.A.F. eine lange und erfolgreiche Karriere, die letzte Maschine des Typs wurde 1959 ausgemustert. In den ersten Kriegsmonaten war das Coastal Command gezwungen, die Anson als Patrouillenflugzeug einzusetzen, da es an geeigneten Maschinen für diese Aufgabe mangelte. Zwar war die Anson ganz brauchbar, trotzdem wurde sie bald durch geeignetere Maschinen wie die Hudson ersetzt.

drei U-Boote zerstörten, zwei davon in Küstengewässern, noch bevor die Gruppen ihr Patrouillengebiet erreicht hatten. Ein wenig glorreiches Ergebnis, vor allem im Licht der Tatsache, dass den U-Booten ein großes Schiff zum Opfer fiel.

Die Rolle des Coastal Command

Die Aufgabe, U-Boote aufzuspüren, wurde durch die Tatsache, dass es an geeignetem Fluggerät fehlte, nicht leichter. Bei Kriegsbeginn bestand das Coastal Command aus 16 Geschwadern mit insgesamt 265 meist für diese Aufgabe ungeeigneten Flugzeugen. Nur ein Geschwader hatte Lockheed Hudsons - weitere sollten folgen -, die meisten Einsätze machten jene neun Squadrons, die Avro Ansons flogen. Die Anson war zwar ein hervorragendes Flugzeug, das bis in die 50er Jahre Dienst tat, aber, vor allem wegen ihrer begrenzten Reichweite, für die U-Boot-Abwehr keineswegs ideal. Fünf Geschwader flogen Flugboote, zwei von ihnen veraltete Saro London und Supermarine Stranraer, die übrigen die Short Sunderland.

Die Sunderland allerdings ging in dieser Rolle auf: Sie konnte bis zu zwölf Stunden in der Luft bleiben, mehr als 907 kg Offensivwaffen gegen U-Boote aufnehmen und sich bestens selbst verteidigen. Im Verlauf des Kriegs wurde sie mit immer mehr Maschinengewehren bestückt, was ihr bei der Luftwaffe den Namen „Fliegendes Stachelschwein“ eintrug.

KOMMANDOTURM TYP VIIC

LINKS: Der Kommandoturm war beim Typ VII direkt über der Operationszentrale positioniert, gleichsam ein Anklang an früheste U-Boote, deren Turmluken dem Kommandanten bei Fahrt knapp unter der Oberfläche einen Ausblick ermöglichten. Diese Luken wurden beim Typ VII aber nicht beibehalten, daher konnte man sich bei einem Angriff nur auf das Periskopbild verlassen.

OBEN: Eine Short Sunderland wird von ihrer Bodenmannschaft gewartet. Die Sunderland war die tragende Kraft bei frühen Operationen des Coastal Command und erwarb sich dabei einen hervorragenden Ruf. Ihre Bewaffnung mit Maschinengewehren wurde im Lauf der Zeit immer mehr erhöht, sodass ihr Piloten der Luftwaffe den Beinamen „fliegendes Stachelschwein" gaben. Die hier abgebildete Sunderland ist ein älteres Modell mit starr montierten Maschinengewehren im Rumpf, mit denen Flakmannschaften, die ab 1943 auf U-Booten zum Einsatz kamen, angegriffen wurden.

Ein weiteres Geschwader des Coastal Command flog die Vickers Vildebeest, die allerdings schon 1939 einem Museumsstück glich. Sie war zu leicht bewaffnet, schlecht gepanzert und langsam. Ihre Chancen, eine Begegnung mit einem modernen Jäger zu überleben, lagen bei Null. Trotzdem war diese Squadron als einzige in der Lage, Torpedoangriffe gegen Überwasserschiffe zu führen. Die Vildebeest steht beispielhaft für die Beschaffungsprobleme des Coastal Command vor dem Krieg, und es folgten noch einige Schwierigkeiten, bis man wirkliche Kampfstärke erreichte. Die Sunderlands und Hudsons waren ein guter Anfang, aber ihre Zahl reichte nicht und es mangelte an Maschinen mit größerer Reichweite. Aufgrund dieser schlechten Lage konnte man das Bomber Command überzeugen, die mit Armstrong Whitworth Whitleys ausgerüstete No. 58 Squadron an das Costal Command abzustellen. Allerdings hielt sich die Begeisterung des Bomber Command in Grenzen, sodass es die No. 58 Squadron bereits im Februar 1940 zurückholte, obwohl dem Coastal Command erst im Herbst 1940 eigene Whitleys zur Verfügung standen.

Auch brauchte das Coastal Command Waffen, die sich besser zur Bekämpfung von U-Booten eigneten, um die Erfolgschancen zu heben. Die beiden verfügbaren Typen von Anti-U-Boot-Bomben waren ineffektiv. Es mangelte den Flugzeugen des Coastal Command auch an Bombenzielgeräten für die Erfassung von so kleinen Objekten wie U-Booten aus mittlerer Flughöhe. Die Bomben hatten häufig die unangenehme Eigenschaft, zu explodieren, kaum dass sie ausgeklinkt worden waren, sodass die Schäden eher die R.A.F. als die U-Boote betrafen – wie der Air Officer Commanding-in-Chief des Coastal Command, Air Marshal Sir Frederick Bowhill, feststellte. Die Reaktion der Beamten des Air Ministry war etwas überraschend, sie bezweifelten den Wahrheitsgehalt seiner Aussage und setzten den Versuchen Bowhills, diese Bomben durch drahtgesteuerte Wasserbomben zu ersetzen, einigen Widerstand entgegen. Dem Coastal Command standen zwar einige Wasserbomben zur Verfügung, diese stammten aber aus dem Jahr 1918. Die betagten Waffen hatten zudem die aerodynamischen Eigenschaften einer Mülltonne, sodass, vorsichtig gesagt, ein gezielter Abwurf etwas schwierig war. Als Notbehelf rüstete man die Bomben mit einem Tragflächenset nach, um ihre Aerodynamik zu verbessern, dieser Lückenbüßer

hatte jedoch nicht einmal in Ansätzen Erfolg. Erst im Frühjahr 1940 trafen nach und nach geeignete Wasserbomben bei den Geschwadern des Coastal Command ein.

Der Norwegenfeldzug

Ab 4. März 1940 setzte man die Kampagne gegen Handelsschiffe vorübergehend aus und nutzte die U-Boot-Waffe zur Unterstützung der Invasion Norwegens und Dänemarks. Der Feldzug wurde zum Erfolg für Deutschland, aber die U-Boote enttäuschten, die schon früher ärgerlichen Torpedoversager wurden offensichtlich. *U47* sichtete am 15. März zwei Kreuzer und zwei Transporter und feuerte vier Torpedos auf das, was Günther Prien in seinem Logbuch als „Wand von Schiffen" bezeichnete. Zu seiner Verwunderung gab es keinen Treffer. Am folgenden Tag tauchte er knapp nach Mitternacht im Schutz der Dunkelheit auf, um weitere vier Torpedos loszumachen. Wieder gab es keine Explosion. Prien war konsterniert, die Mannschaft hatte nach dem ersten Fehlschlag jeden Zünder wieder und wieder kontrolliert. Wieder hatten sich ernsthafte Torpedoprobleme gezeigt, doch dem nicht genug. Vier Tage später sichtete *U47* das Schlachtschiff *HMS Warspite*, von Zerstörern eskortiert. Die *Warspite* wäre ein bedeutendes Opfer gewesen, aber wiederum blieben die beiden auf sie abgefeuerten Torpedos ohne jede Wirkung. Einer explodierte am Ende seines Laufs, erregte damit aber lediglich die Aufmerksamkeit der beiden Zerstörer, deren Antwort, eine Angriffsserie mit Wasserbomben, *U47* schwer zu schaffen machte.

U47 war aber nicht allein. Am 10. April feuerte *U48* um 12:30 Uhr drei Torpedos auf einen britischen Kreuzer ab, die alle versagten. Unverzagt wagte *U48* um 21:15 Uhr einen weiteren Angriff auf einen anderen Kreuzer, diesmal explodierten alle drei Torpedos weit vor dem Ziel. Eine Stunde später pirschte sich *U51* an einen Zerstörer heran und feuerte zwei Torpedos ab, die aber nicht zündeten. Vier Tage später versuchte sich *U48* gegen das Schlachtschiff *HMS Warspite*:

UNTEN: Die Anson, die für Küstenpatrouillen adaptiert wurde, erfreute sich eines Produktionszyklus' von 17 Jahren. In dieser Zeit wurden beinahe 7.000 Maschinen gebaut.

AVRO ANSON

Nation:	Großbritannien	**Leistung:**	Höchstgeschwindigkeit 302 km/h; Dienstgipfelhöhe 3.260 m; Reichweite ca. 1.271 km
Jungfernflug:	1935		
Besatzung:	3-5		
Antrieb:	zwei Armstrong Siddeley Cheetah Sternmotoren	**Bewaffnung:**	ein starr nach vorne feuerndes 7,7-mm-Maschinengewehr; ein 7,7mm-Maschinengewehr im Rückenturm; bis zu 227 kg leichte Bomben oder Wasserbomben

HMS Warspite

OBEN: Die *HMS Warspite* erwies sich als eines der langlebigsten Schlachtschiffe in britischem Dienst. Nachdem sie 1916 in Jütland schwer beschädigt wurde, wurde sie repariert und erlebte auch im II. Weltkrieg schwere Kämpfe. Im Norwegenfeldzug entging sie mehreren Torpedoangriffen, wurde aber 1943 bei einem Luftangriff schwer getroffen. Einmal mehr repariert, wurde sie im Anschluss nur mehr zu Küstenbombardements eingesetzt. Sie entzog sich 1947 der Abwrackung, sie lief auf Grund und musste vor Ort demontiert werden.

Beide Torpedos versagten. Auch *U65* berichtete, dass zwei gegen einen Transporter gerichtete Torpedos nicht detonierten. Die endlose Litanei der Fehlerberichte verdeutlichen die Chancenlosigkeit der U-Boote. Am 17. April zog Dönitz seine Flotte aus den Gewässern Norwegens ab, eine hochnotpeinliche Untersuchung begann.

Die Torpedokrise

Sie förderte zutage, dass die *Warspite* bei vier Gelegenheiten ohne jeden Erfolg angegriffen worden war. 14 Attacken gegen Kreuzer waren ebenso fehlgeschlagen wie je zehn gegen Zerstörer und Transporter. Ein einziger Transporter war versenkt worden. Zwei Drittel der Torpedos mit Magnetzündern hatten versagt. Aber deren Unzuverlässigkeit war nicht das einzige Problem, denn Prien hatte Aufschlagzünder verwendet.

Die meisten Probleme machte das Zündsystem. Während des I. Weltkriegs setzte man bei Torpedos Aufschlagzünder ein, daher konnten Torpedos erst beim Kontakt mit ihrem Ziel explodieren, und ein Torpedo, der nur knapp am Ziel vorbeilief, blieb ohne Wirkung. Die daraufhin entwickelten Magnetauslöser brachten den Sprengkopf auch dann zur Explosion, wenn er in geringem Abstand ein großes metallisches Objekt passierte. So wurde in vielen Fällen auch ohne direkten Treffer ein beinahe ebenso großer Effekt erzielt, wenn ein Torpedo, der unter dem Kiel durchlief, explodierte. Doch viele Auslöser waren funktionsuntüchtig. Entweder versagten sie gänzlich oder lösten vorzeitig aus. Da jedoch Torpedos oft tiefer als in der korrekten Bahn liefen und damit, auch wenn die Besatzung einen Idealverlauf berechnet hatte, so tief absackten, dass sie das Schiff nicht treffen konnten, stellte der Einsatz von Aufschlagzündern keine wirksame Methode dar. Weiters entdeckte man, dass das auch bei Magnetzündern ein Problem sein konnte, wenn das Ziel flach im Wasser lag. Viele Torpedos liefen dann so tief darunter durch, dass selbst ihr ausgeklügelterer Mechanismus wirkungslos bleiben musste. Diese Untersuchungen brachten zwar die beiden für Abnahme und Indienststellung der Torpedos verantwortlichen Offiziere vor das Kriegsgericht, damit wurde jedoch das eigentliche Problem nicht gelöst. Man begann zwar mit der Verbesserung der Torpedos, aber es sollte noch geraume Zeit dauern, bis sie die U-Boote erreichten.

Am leichtesten zu lösen war das Problem der Aufschlagzünder, da man erkannte, dass diese nur bei bestimmten Aufschlagwinkeln versagten – eine eher einfach zu behebende Störung. Was jedoch wenig nützen würde, solange Torpedos weiterhin tiefer als eingestellt liefen. Die Lösung dieses Problems sollte länger dauern. Tests ergaben, dass die Lauffehler auf Druckschwankungen in den Ventilen beruhten, welche die Flossen der Torpedos steuerten. Diese waren nicht luftdicht, sodass der Druck im System mit jedem Auf- und Abtauchen des Bootes verstellt wurde, und zwar am ausgeprägtesten, wenn ein Boot lange Zeit in Tauchfahrt blieb, wie es beim Norwegenfeldzug der Fall

Nation:	Großbritannien
Stapellauf:	November 1913
Besatzung:	1.124
Wasserverdrängung:	30.600 Tonnen bei Standardlast
Abmessungen:	196,9 x 27,6 x 9,1 m
Bewaffnung:	acht 380-mm-Geschütze, zwölf 152-mm-Geschütze, acht 100-mm-Geschütze
Antrieb:	Dampfturbine für vier Wellen
Reichweite:	7.080 km
Leistung:	24 Knoten

war. Die Ventile waren zu modifizieren, wieder ein zeitaufwändiger Prozess.

Die Fehler bei den Magnetzündern waren noch unangenehmer, sie beruhten nicht auf mangelhafter Verarbeitung, sondern auf einem fundamentalen Umstand, dem Magnetfeld der Erde. Dieses ist von Ort zu Ort unterschiedlich ausgeprägt und in nördlichen Breiten, wie etwa in Norwegen, besonders stark. Es störte die Zünder und brachte sie zur Explosion. Aufgrund der unterschiedlichen Bedingungen zwischen dem Nordkap und dem Golf von Biskaya war der Einstellmechanismus der Zünder zu verbessern. Da man bereits alle Möglichkeiten in Bezug auf die Empfindlichkeit ausgeschöpft hatte, löste man das Problem letztlich damit, dass man magnetische Zünder nördlich und südlich dieser Breiten nicht mehr einsetzte.

Das Ende der ersten Phase

Im Mai 1940 war absehbar, dass die erste Phase der Kampagne den Deutschen nicht den erhofften Erfolg gebracht hatte. Das größte Hindernis blieb weiterhin der Mangel an U-Booten. Ohne eine Steigerung würden Angriffe auf Konvois schwierig bleiben, da man nicht genug Einheiten konzentrieren könnte, um deren Verteidigung zu überwinden. Die Lage hätte jedoch noch schlechter sein können, hätte die Admiralität nicht an der Idee einer Teilung der U-Boot-Abwehr in offensive und defensive Bereiche festgehalten und eine angemessene Zahl an Geleitschiffen bereitgestellt. Trotz ihrer mäßigen Abwehrstrategie gelang der Royal Navy ein Ausgleich der Verluste durch Neubauten und erbeutete deutsche Schiffe. Da ohne zuverlässige Torpedos eine große Zahl hochwertiger Ziele ihren Angriffen unbeschädigt entkommen waren, war die Kampfmoral der U-Boot-Fahrer auf einem Tiefststand.

Die Gegenwehr der Briten hatte 17 U-Boote gekostet. Eines war vom Coastal Command versenkt worden, alle anderen von Überwassereinheiten der Royal Navy. Die Verluste wogen umso schwerer, als Dönitz aufgrund der niedrigen Produktionsrate nicht imstande war, genügend U-Boote zu Rudelangriffen gegen Konvois zusammenzufassen, und sein Vorhaben, Konvois durch konzentrierte Schlagkraft angreifbar zu machen, scheitern musste. Alles in allem ging die erste Runde im Tonnagekrieg klar an die Briten.

Trotz einiger bemerkenswerter Erfolge der Deutschen war der U-Boot-Krieg für Großbritannien kaum mehr als etwas lästig gewesen, in gleicher Art fortgesetzt würde er wohl kaum die Briten in die Knie zwingen. Trotzdem gab Dönitz die Hoffnung nicht auf. Er war überzeugt, dass die ersten acht Kriegsmonate nur ein Anfang, keinesfalls die ganze Geschichte waren. Sobald neue U-Boote in Dienst gestellt und effektivere Torpedos verfügbar wären, nähme die Schlagkraft der Kampagne zu. Tatsächlich sollte sich die strategische Lage kaum einen Monat später dramatisch zugunsten der Deutschen wenden. Damit verbesserte sich auch das Glück der U-Boot-Waffe. Der Schlüssel zu dieser neuen Phase waren jedoch nicht die U-Boote, sondern ein konventioneller Sieg der Wehrmacht: der Fall Frankreichs.

UNTEN: Torpedos auf Lager in der Basis Cuxhaven. Die Abbildung zeigt deutlich die Steuerflossen und Schrauben der Torpedos.

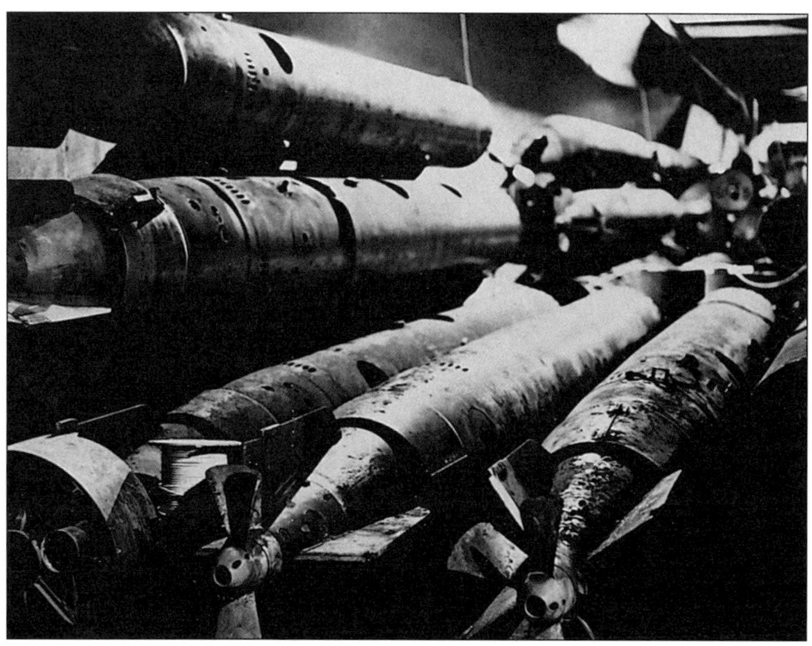

3. KAPITEL

VON GOLDENEN ZU DUNKLEN ZEITEN: JUNI 1940 BIS MÄRZ 1941

Nach Ende des Sitzkriegs erlebten die Alliierten Desaster auf Desaster. Die große Zeit der U-Boote begann. Aber auch die britische Verteidigung gewann an Stärke.

Die Eroberung der französischen Häfen, insbesondere jener im Golf von Biskaya, brachte der U-Boot-Kampagne lebenswichtige Impulse. Der offensichtlichste Vorteil war operativer Natur, mit einem Schlag entfiel der lange Anmarschweg von Wilhelmshaven zum Einsatzgebiet im Atlantik, auf dem die Boote bisher nahezu eine Woche vergeudet hatten. Daher konnten die Boote länger im Einsatz bleiben, sodass die Zahl der im Atlantik operierenden Einheiten um 25 % anstieg. Zuvor waren diese zusätzlichen Boote auf der An- oder Rückfahrt gewesen. Nun konnte die immer noch relativ geringe Zahl einsatzfähiger U-Boote weit effektiver verwendet werden. Überdies wurden, sobald man in Lorient Docks installiert hatte, zurückkehrende U-Boote schneller gewartet und wieder einsatzbereit gemacht, und die Wartezeit in deutschen Docks sank. Sobald es die Umstände erlaubten, ging auch das U-Boot-Hauptquartier näher an die Front.

Diese Fortschritte bedeuten jedoch nicht, dass alle Schwierigkeiten überwunden waren. Als man die U-Boot-Kampagne wieder aufnahm,

LINKS: Die bedrohliche Gestalt eines U-Boots durchpflügt das Wasser. Trotz des erheblichen technischen Fortschritts seit 1918 sahen die Boote bei Operationen an der Oberfläche noch erhebliche Vorteile und nutzten ihre Tauchfähigkeit nur, um sich vor dem Feind zu schützen.

U99

Nation:	Deutschland
Stapellauf:	März 1940
Besatzung:	44
Wasserverdrängung:	741 Tonnen aufgetaucht; 843 Tonnen abgetaucht
Abmessungen:	66,5 x 6,2 x 4,7 m
Bewaffnung:	ein 86-mm-Geschütz, eine 20-mm-Kanone und fünf 533-mm-Torpedorohre; auch bis zu 39 Minen.
Antrieb:	Diesel/Elektrisch, zwei Wellen
Reichweite:	aufgetaucht 3.700 km bei 8 Knoten
Leistung:	13 Knoten aufgetaucht; 6,9 Knoten abgetaucht

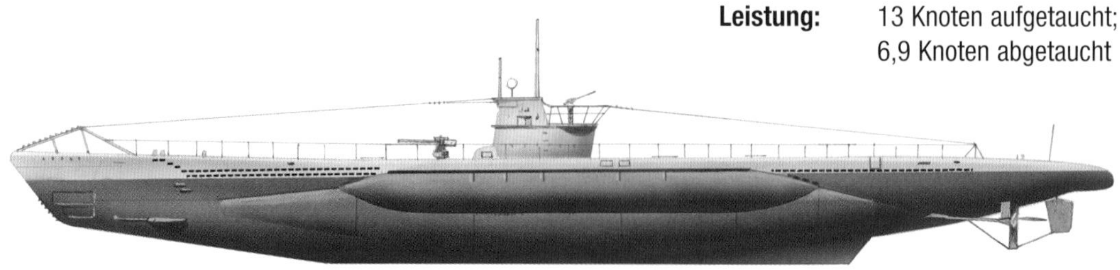

OBEN: *U99*, die in ihrer hervorragenden Karriere acht Feindfahrten absolvierte, wurde von Otto Kretschmer kommandiert. Während eines Angriffs auf den Konvoi HX112 in der Nacht vom 16. zum 17. März 1941 wurde *U99* durch Wasserbomben des Zerstörers *HMS Walker* schwer beschädigt und zum Auftauchen gezwungen. 40 Mann, darunter Kretschmer, wurden gerettet.

standen sechs Boote weniger zur Verfügung als bei Kriegsbeginn. Davon mussten einige umgerüstet, andere repariert werden, sodass Dockkapazitäten für Neubauten blockiert wurden. Obwohl die neuen Einrichtungen in Frankreich diese Situation schnell verbesserten, war man noch nicht in der Lage, ein Produktionsniveau zu erreichen, mit dem eine Flotte in der von Dönitz angestrebten Größe aufzubauen gewesen wäre. Nichtsdestotrotz schien es, als wären die U-Boote in ihrem neuerlichen Kampf gegen den britischen Seehandel erfolgreicher als zuvor, was teilweise auf zuverlässigere Torpedos zurückzuführen sein dürfte. Am 9. Juni standen 16 U-Boote für Operationen im Atlantik bereit und begannen mit dem Einsatz.

Dönitz war daran gelegen, die Rudeltaktik zu forcieren. Zum Start der neuen Phase der Kampagne brachte er sechs Boote unter dem taktischen Kommando von Günther Prien auf einer Patrouillenlinie 675 km westlich von Lorient in Stellung. Sie hatten den Auftrag, den Konvoi HX48, der von Halifax, Nova Scotia, nach Großbritannien unterwegs war, aufzuspüren. Fünf andere Boote unter dem Kommando von Hans Rösing auf *U48* wurden auf Jagd nach dem Truppenkonvoi WS3 gesandt, der aus drei Linienschiffen mit insgesamt 26.000 Mann an Bord bestand. Dieses Ziel war umso attraktiver, als es vom Schlachtkreuzer *HMS Hood*, einem Flugzeugträger und mehreren Kreuzern gedeckt wurde.

Die geplanten Operationen stellten auch eine Herausforderung zur Weiterentwicklung der Kommunikationstechnologie dar. Die Idee hinter den Angriffsgruppen war einfach: Ein Schiff würde den Konvoi entdecken, sofort beschatten und die übrigen Boote der Gruppe über Funk herbeirufen.

RECHTS: Deutsche Baukolonnen errichten in französischen Atlantikhäfen neue Einrichtungen für U-Boote. Die Eroberung der französischen Häfen brachte der U-Boot-Flotte erhebliche Vorteile.

OBEN: Szene in einem U-Boot-Bunker. Da das Bomber Command der R.A.F. versagte und französische Häfen nicht angriff, während die U-Boot-Bunker noch in Bau waren, waren die Deutschen aufgrund der dicken Betonwände der Bunkeranlagen vor Luftangriffen in Sicherheit.

Der Gruppenkommandant sollte die Angriffe vor Ort koordinieren, um die Verteidigungslinien bestmöglich zu umgehen. So der Geleitschutz des Konvois nicht zu stark war, würde das Rudel - so hoffte man - gegen die Verteidiger bestehen. Jeder U-Boot-Kommandant hatte für sich zu entscheiden, auf welche Art er angriff, allerdings hatte Dönitz Nachtangriffe an der Oberfläche trainieren lassen.

Diese Strategie bereitete den Eskorten enorme Schwierigkeiten: Ihre felsenfeste Überzeugung, U-Boot-Angriffe meistern zu können, beruhte ausschließlich auf Asdic, das U-Boote aber nur unter Wasser ortete. Nachtangriffe in Überwasserfahrt nahmen den Eskorten jede Möglichkeit, den Feind zu entdecken, das flache Profil des aufgetauchten U-Boots machte eine Sichtung unwahrscheinlich. Die U-Boote liefen so an den Feind, dass sich die Silhouetten der Handelsschiffe gegen den Nachthimmel abzeichnete und sie klare Sicht auf das Ziel hatten. Machten die Lichtverhältnisse diese Taktik unmöglich, näherten sich viele Kommandanten, allen voran Otto Kretschmer, der mit seiner *U99* bald extrem erfolgreich wurde, dem Feind gegen den Wind, sodass der Posten im Ausguck durch Wind und Gischt behindert war. Die deutsche Funküberwachung, der B-Dienst, der im Kampf gegen Konvois bald immer wichtiger werden sollte, unterstützte die Planung der Angriffe.

Bei den ersten Versuchen aber nutzte alle Planung wenig. Die Konvois HX48 und WS3 kamen unbeschädigt durch, da sie weiter südwestlich als angenommen liefen. Daher brach man die Rudel auf und sandte sie einzeln gegen Schiffe im Ärmelkanal. Sollte Dönitz über das Scheitern des jüngsten Versuches zur Einführung der Rudeltaktik enttäuscht gewesen sein, wurde er mit Sicherheit durch die Erfolge der Einzelaktionen mehr als versöhnt. Im Juni 1940 versenkten die U-Boote 58 Schiffe mit einer Gesamt-Tonnage von 284.113 t. Gleichsam um die Notwendigkeit des Konvoisystems deutlich zu machen, waren 80 % ihrer Opfer unabhängig fahrende Schiffe. Damit begann das „goldene Zeitalter" der U-Boote, in dem sie durch keinen Feind zu stoppen waren.

Das „goldene Zeitalter"

Der Anbruch des „goldenen Zeitalters" hatte nur wenig mit einer verbesserten Taktik der Deutschen zu tun, er beruhte vielmehr auf der allgemeinen strategischen Lage. Großbritannien fürchtete nach dem Fall Frankreichs eine Invasion durch Truppen der Wehrmacht, daher wurden viele Schiffe nicht als Eskorten eingesetzt, sondern zum Schutz der Küsten beordert. Eine verständliche Haltung, da die Deutschen, abgesehen von kleineren Fallschirmjägereinheiten, eine Invasion wohl kaum als Luftlandeunternehmen angelegt hätten, obwohl die Zeit

OBEN: Wartungspersonal schleppt einen Torpedo zum wartenden Boot. Auch wenn verständlicherweise alle öffentliche Aufmerksamkeit den U-Boot-Fahrern galt, hätten diese ihre Aufgabe ohne Unterstützung der Hafenmannschaften nie bewältigen können.

von Juni bis Oktober 1940 von der Luftschlacht um England dominiert wurde. Man hätte mit dem größten Teil der Invasionstruppen anlanden müssen, und dies zu verhindern war die Aufgabe der Royal Navy. Damit stand diese vor einem Dilemma: Sie konnte starke Kräfte zur Abwehr einer Invasionsflotte oder als Geleitschutz für Konvois in Bereitschaft halten, keinesfalls aber beides. Daher wurden im Juni und Juli Konvois von nur je einem Begleitschiff geschützt.

Um Luftangriffen auszuweichen, leitete die Admiralität Konvois über die North West Approaches. Dadurch konnten jedoch kleinere, für Küstenoperationen gebaute U-Boote vom Typ IIB und IIC gegen Hochseeschiffe eingesetzt werden. Die Lage wurde durch die Eroberung der französischen Flugfelder weiter verschärft, von denen aus es sehr viel leichter war, Angriffe auf Schiffe zu fliegen. Dönitz hoffte für seine Rudeltaktik auf Unterstützung durch Aufklärungsflüge, die - zu Englands Glück - ausblieb.

Das erste Erfolgshindernis war das Fehlen geeigneter Langstreckenflugzeuge. Nach Hitlers Entscheidung zur Wiederaufrüstung hatte die Luftwaffe kurz überlegt, Langstreckenaufklärer entwickeln zu lassen, aber die treibende Kraft des Plans, General Walter Wever, starb bei einem Flugunglück, bevor konkrete Projekte entwickelt werden konnten, und sein Nachfolger konzentrierte sich auf zweimotorige Maschinen, Mittelstrecken- und Sturzkampfbomber. Daher musste die Luftwaffe testen, ob ein bestehender Typ adaptiert werden könnte. Die Wahl fiel auf eine Version der Focke-Wulf 200, besser bekannt als „Condor" und ursprünglich ein viermotoriges Linienflugzeug. Ihre Umrüstung auf Militärstandards ging so langsam voran, dass die einzige FW-200-Einheit, das Kampfgeschwader (KG) 40, nach dem Fall Frankreichs nur ein paar diensttaugliche Maschinen hatte. Gegen Monatsende wurde das KG40 auf das Flugfeld von Bordeaux-Mérignac verlegt und erhielt ein verbessertes Modell der Condor, die FW 200 C-1. Eine fruchtbare Zusammenarbeit zwischen U-Booten und Flugzeugen bahnte sich an. Nach Dönitz' Plan sollten die Flugzeuge Feindschiffe lokalisieren, erste Angriffe beginnen und die U-Boote an den Einsatzort leiten, um die Sache zu vollenden. Anders als die Flugzeuge mit ihrer begrenzten Einsatzdauer könnten die Wolfsrudel eine Serie von Angriffen fahren, notfalls über 48 Stunden.

FW 200C CONDOR

Nation: Deutschland
Jungfernflug: 1936
Besatzung: 7
Antrieb: vier BMW-Bramo Sternmotoren
Leistung: Höchstgeschwindigkeit 360 km/h
Reichweite ca. 3.560 km
Bewaffnung: zwei 7,92-mm- und drei 13-mm-Maschinengewehre, eine 20-mm-Kanone, bis zu 2.100 kg Bombenlast

So mag es Dönitz vorgeschwebt haben, zu seinem Pech hatte Hermann Göring etwas andere Ideen. Göring bremste nicht nur, wie schon gewohnt, die von Dönitz geforderte Forcierung des U-Boot-Baus, sondern war eifersüchtig darauf bedacht, die Schlacht um England allein mit der Luftwaffe zu führen. Damit stand die enge Kooperation zwischen Flugzeugen und der U-Boot-Waffe auf seiner Prioritätenliste weit unten und Dönitz musste warten. Das war besonders frustrierend, weil die FW 200 im Juni 22 Schiffe versenken konnten. Die U-Boote versenkten 58, aber Dönitz fragte sich, ob die Erfolgsquote mit besseren Informationen durch Luftaufklärung nicht höher gewesen wäre.

Worüber sich streiten ließe. Zu Dönitz' Befriedigung gingen die Basen in Brest, Lorient und La Pallice im August in Vollbetrieb, wodurch er seine Boote noch effektiver einsetzen konnte. Ihr Operationsgebiet erstreckte sich nun bis zum 25. Grad westlicher Breite. Die britischen Eskorten konnten wegen ihrer begrenzten Reichweite nur den 17° W erreichen, die Sunderland, jenes Flugzeugs des Coastal Command mit der größten Ausdauer, erreichte nur 15° W, sodass die U-Boote ein ansehnliches Gebiet kontrollierten, in dem sie Schiffe angreifen konnten. Sobald die Eskorten abdrehen mussten, hatten die Konvoischiffe die Wahl, entweder ohne Geleit gemeinsam zu laufen oder einzeln zu ihren Zielen zu fahren. Lediglich der Mangel an U-Booten verhinderte, dass diese Lücke zu vernichtenden Verlusten an Schiffen führte. Aber der Blutzoll war

OBEN: Die FW 200 wurde zu einer höchst effektiven militärischen Variante eines Zivilflugzeugs. Wenn sie schwer bewaffnet über Handelsschiffen auftauchte, versetzte sie alle in Angst und Schrecken. Die Erfolge der FW 200 bei Angriffen auf Schiffe beeindruckten, aber zum Glück der Briten klappte die Zusammenarbeit mit der U-Boot-Waffe nicht optimal. Als trägergestützte Jäger die Konvois begleiteten, wurde das Leben der FW 200 weit härter.

LINKS: Der Turm eines Bootes des Typs IIC. Unmittelbar hinter der geöffneten Luke ist das Gehäuse des Periskops zu erkennen. Der Platz des Kommandanten war vorne, auf der rechten Seite der Brücke, neben dem Sprachrohr, während Ruder und Kompass Sache des Steuermanns waren.

OBEN: Ein nicht zu identifizierendes Boot kehrt von der Feindfahrt heim. Der Hintergrund der Aufnahme wurde vom deutschen Zensor bearbeitet, um kriegswichtige Informationen zu verbergen.

trotzdem so hoch, dass er die Briten zwang, ihre U-Boot-Abwehrmaßnahmen radikal zu überdenken.

Das Lend-Lease-Programm

Die Royal Navy war sich des Ernstes des Dilemmas, nicht gleichzeitig einer drohenden Invasion begegnen und Eskorten stellen zu können, mehr als nur bewusst. Schon vor dem Fall Frankreichs war klar gewesen, dass man mehr Schiffe benötigte. Doch - woher nehmen? Der First Lord der Admiralität, Winston Churchill, glaubte die Antwort zu kennen: aus den Vereinigten Staaten. Bevor er aber etwas in der Sache unternehmen konnte, geriet er in den Strudel der Politik. Am 10. Mai trat Neville Chamberlain zugunsten Churchills als Premier zurück. Nur fünf Tage später schrieb Churchill an Präsident Franklin D. Roosevelt und bat um 40 oder 50 ältere Zerstörer der US Navy als Leihgabe. Churchill brachte zum Ausdruck, dass britische Werften nicht in der Lage wären, die bereits bestellten Zerstörer und Eskorten schnell genug zu liefern und schloss, dass nur eine Leihstellung die Lücke schließen könnte.

Einen Monat und einen Tag später wiederholte Churchill seine Anfrage und betonte, dass Italien in den Krieg eingetreten war. Auch das dritte, vom 31. Juli stammende Ersuchen dürfte Roosevelt wohl kaum überrascht haben, auch wenn nun 50 bis 60 Zerstörer auf der Wunschliste standen. Churchill wies in verzweifelter Dringlichkeit einmal mehr darauf hin, dass er erst ab Mitte 1941 über genügend Zerstörer verfügen würde und es bis dahin längst zu einer bedrohlichen Krise gekommen sein könnte.

Obwohl Historiker Roosevelts Haltung zur Frage einer Einmischung der USA in den Krieg übereinstimmend als zwiespältig beschreiben, klopfte Churchill wahrscheinlich bereits an halb geöffnete Türen. Im konkreten Fall dürfte nur eine Kraft verhindert haben, dass sie sich ganz öffneten: der Kongress. Im Juni war der Verkauf von Torpedobooten an England an einem Veto des Senats gescheitert, Fortschritte schienen unmöglich, bis sich diese Haltung änderte. Roosevelt versuchte, die Hindernisse beiseite zu räumen. Der drohende Zusammenbruch Großbritanniens hätte Amerika höchstwahrscheinlich zum Kriegseintritt gezwungen, denn ein von zwei feindlich gesinnten Diktatoren beherrschtes Europa lag kaum im Interesse der USA. Zudem ließ deren Absicht, ihre Einflusssphäre so weit wie irgend möglich auszudehnen, weiteren Ärger erwarten. So wird verständlich, dass Churchill ein geneigtes Ohr fand. Zunehmende Sympathie und Bewunderung für das Vereinigte Königreich, das sich den Deutschen ganz allein entgegenstemmte, unterstützte Roosevelts Absicht, und er gab am 2. September die Unterzeichnung der Lend-Lease-Verträge bekannt. Unter anderem erhielt Churchill die verzweifelt ersehnten 50 Zerstörer.

Die Besatzungen der neuen Einheiten teilten hingegen nicht unbedingt die Begeisterung des Premiers. Als die ersten acht Schiffe am 6. September übergeben wurden, trainierte man sofort erste Mannschaften, um sie auf See zu senden. Die nach Städten benannten Schiffe fasste man bei der Royal Navy als Town-Klasse zusammen. Die Männer waren zwar vom Komfort der US-Zerstörer beeindruckt, aber kaum von deren Verhalten auf See. Während die Unterkünfte trotz ihrer Enge gut waren, erwiesen sich die Schiffe bei schlechter (und das war die vorherrschende) Wetterlage als schwerst handhabbar. Als man eines von ihnen, die *HMS Campbeltown*, mit Sprengstoff befüllt zur Explosion brachte, um die Hafenanlagen von St. Nazaire zu zerstören, meinten einige, dies wäre das Beste, was man mit der Town-Klasse machen könne. Trotzdem leisteten die von den Crews wenig geliebten Schiffe wertvolle Dienste. Zuvor mussten sie aber für U-Boot-Abwehraufgaben nachgerüstet werden, sodass ihr Regeleinsatz länger auf sich warten ließ, als Churchill lieb war.

Die Wolfsrudel greifen an

Während Churchill versuchte, Roosevelt von seiner Sache zu überzeugen, war Dönitz keineswegs untätig geblieben. Die erfreulichen Erfolge, die er mit seinen wenigen Booten erreicht hatte, lenkten seine Gedanken wieder auf die Rudeltaktik, umso mehr, als nun dank der französischen Häfen mehr Boote der kleinen Flotte gleichzeitig eingesetzt werden konnten als zuvor. Nach dem Scheitern früherer Versuche wollte er wieder sein Glück wagen.

Die Kampagne begann mit einer abgefangenen Nachricht der Admiralität an einen Konvoi. Da der B-Dienst einen der Codes der Admiralität geknackt hatte, fand man problemlos heraus, wann und wo sich der Konvoi SC2 (von Sydney, Nova Scotia) mit seinen Begleitschiffen treffen sollte. Dönitz schickte vier Boote mit einem Abfangauftrag los. *U65* hatte bei 19°15' W Erfolg. Die Eskorten konnten *U65* zwar an einem Angriff hindern, nicht aber an der Beschattung des Konvois, sie informierte die drei anderen Boote des Rudels per Funk über Kurs und Geschwindigkeit. Am 7. September griff die ehemalige *U47* an und versenkte drei Schiffe. Einmal mehr verhinderte die bevorzugte Taktik des Nachtangriffs in Oberwasserfahrt effiziente Abwehrmaßnahmen der Eskorten.

Im Morgengrauen griffen Short Sunderlands des Coastal Command ein und zwangen die U-Boote zum Abtauchen, die daraufhin den Kontakt verloren. Allerdings vertrauten die Kommandanten darauf, dass sie, so es ihnen gelänge, den Konvoi wieder aufzuspüren, wieder attackieren könnten. Den Sunderlands fehlte die Ausdauer, um den Konvoi über längere Zeit zu schützen, und abgesehen davon auch jede Möglichkeit, ein U-Boot bei Nacht auszumachen.

In der Nacht vom 8. zum 9. September wurde der Angriff wieder aufgenommen. *U99* und *U28* sichteten den Konvoi und attackierten. Otto Kretschmers *U99* blieb vorerst ohne Erfolg, aber *U28* versenkte ein Schiff und Prien, kurz danach am Schauplatz, ein drittes. Als sich das Rudel zerstreute, hatte es fünf Schiffe aus einem Konvoi von 53 gerissen. Das scheint auf den ersten Blick nicht besonders eindrucksvoll, doch war es fast ein Zehntel des Konvois, und Verluste von 10 % jedes Konvois hätten die Briten zweifellos höchst betroffen gemacht.

UNTEN: Die Marinedocks in Philadeplphia, 27. 10. 1940. Nach und nach schrumpfte dieses beeindruckende Arsenal von Schiffen, die Zerstörer wurden aufgrund der Lend-Lease-Vereinbarungen nach England überstellt.

OBEN: Zwei der „vierstöckigen" Zerstörer, die im Rahmen des Lend-Lease-Programms ins Vereinigte Königreich gesandt wurden, die *USS Leary* (158) und die *USS Shubrick* (268), warten auf die Ankunft der Mannschaften der Royal Navy, die sie übernehmen sollen.

SC2 sollte bei weitem nicht das letzte Opfer sein: Als nächster verlor HX72 sechs Schiffe, und es kam noch dicker. Am 5. Oktober brach der Konvoi SC7, der aus 35 Schiffen und nur einem Geleitschiff bestand, auf. Das ehemalige Beobachtungsschiff *HMS Scarborough* diente zum ersten Mal als Eskorte. Am 9. Oktober fielen vier Schiffe wegen Schlechtwetter hinter den Konvoi zurück, drei davon wurden Opfer von U-Booten. Dann löste sich die Formation des Konvois in einem Sturm auf, seine Geschwindigkeit sank auf sechs Knoten. Trotzdem blieb er in der Woche danach unbehelligt und den wettergeprüften Handelsschiffen und der *Scarborough* schlossen sich am 16. Oktober zwei weitere Geleitschiffe an. Das bedeutete jedoch keinesfalls ein Ende der Probleme, vielmehr deren Anfang. In derselben Nacht entdeckte *U48* den Konvoi und setzte Beschattungsberichte ab. Die Einsatzzentrale schickte sechs weitere U-Boote zur Unterstützung. Hans Rösing, Kommandant von *U48*, wartete nicht auf die Verstärkung und traf zwei Schiffe, noch bevor sich das Rudel formiert hatte. In Reaktion drehte der Konvoi um 45° ab, während die *Scarborough* und die *HMS Fowey* auf Kurs blieben, um das U-Boot aufzuspüren. Dies gelang jedoch erst am Morgen einer Sunderland des Coastal Command. Rösing wurde zur Tauchfahrt gezwungen und verlor den Kontakt zum Konvoi.

Commander N.V. Dickinson, Kapitän der *Scarborough*, war die nächsten 24 Stunden auf der Jagd nach *U48*. Er fand weder das U-Boot noch den Weg zum Konvoi zurück. Es wäre unfair, Dickinson zu kritisieren, da seine Entscheidung gerechtfertigt war: Das U-Boot bedrohte den Konvoi, und es war angebracht, dass eine der Eskorten diese Bedrohung jagte, um sie auszulöschen. Das erhöhte zwar das Risiko für den Konvoi, doch Dickinson konnte nicht wissen, dass das Rudel zurückkehren würde. Und selbst wenn die *Scarborough* vor Ort gewesen wäre, hätte sie wenig ausrichten können. Man kann Dickinson weder vorwerfen, dass die Ausbildung der Konvoieskorten noch in den Kinderschuhen steckte, noch dass die *Scarborough,* ebenso wie die anderen beiden Eskorten, nicht einmal rudimentäre Instruktionen erhalten hatte. Der fundamentale Fehler lag im Widerwillen anzuerkennen, dass Konvois der beste Schutz gegen feindliche Schiffe waren, und sonst nichts.

Die Ankunft der Slup *HMS Leith* und der Korvette *HMS Heartseas* milderte etwas den Druck des Verschwindens einer Eskorte, änderte aber wenig. Noch bevor das Rudel zurückkehrte, stieß *U38*, die zufällig in dem

Gebiet operierte, auf den Konvoi und führte zwei Attacken durch. Zwar beschädigte sie nur einen Frachter, signalisierte jedoch, dass der Angriff wieder begann. Die Funksprüche von *U38* nach Lorient machten es der Einsatzzentrale möglich, das Rudel neuerlich auf den Konvoi zu hetzen, und am 18. Oktober, spät abends, wurde die Attacke wieder voll aufgenommen. *U28*, *U46*, *U99*, *U100*, *U101* und *U123* bildeten das Rudel. Um 22:06 Uhr eröffnete Kretschmer den Reigen, er versenkte ein Schiff, als er sich Kopf voran auf den Konvoi stürzte. Rund 25 Minuten später feuerte er einen weiteren Torpedo mit Hilfe seines Zielgeräts ab, das diesen Namen nicht verdiente – der Torpedo ging fehl. Kretschmer entschied, Torpedos nur mehr nach seiner eigenen Berechnung abzufeuern, musste sich aber erst zurückziehen, bevor er wieder zum Schuss kommen sollte. Eine Stunde später wieder in Position, versenkte er einen Frachter mit einem Torpedo. Fünf Minuten vor Mitternacht verlor ein weiterer Frachter seinen Bug und brannte mit grünen Flammen, Kretschmer hatte einmal mehr getroffen – für einige Zeit sein letzter Angriff, er musste den Geleitschiffen ausweichen. Erfolgreich, denn er näherte sich dem Konvoi von achtern und versenkte drei weitere Schiffe.

Als das Rudel abließ, hatte SC7 17 Schiffe verloren. *U99*, *U101* und *U123* hatten ihre Torpedos verschossen und kehrten zur Basis zurück, wo man sie euphorisch empfing. Die anderen Mitglieder des Rudels blieben auf Patrouille, vielleicht tat sich noch ein Ziel auf. Es tat. Am 19. Oktober entdeckten die Boote den Konvoi HX79, der aus 49 Schiffen bestand. Sein Geleitschutz war mit vier Korvetten, drei Trawlern und zwei Zerstörern sowie einem Minensuchboot stärker als der des unglücklichen SC7, was zwar gut klingt, aber nichts an dem Problem änderte, dass die Mannschaften keine Ausbildung in der U-Boot-Abwehr hatten und ihren Kapitänen Pläne für koordinierte Maßnahmen bei der Begegnung mit U-Boot-Rudeln fehlten. Um 21:20 Uhr begannen die Attacken und noch vor Ende der Nacht waren 17 Schiffe den Angriffen des Rudels erlegen. Dem nicht genug, kreuzte Konvoi HX79A unglücklicherweise den Weg der U-Boote und bezahlte dafür mit sieben Schiffen. In nur drei Tagen fielen 38 Handelsschiffe den U-Booten zum Opfer – kein Wunder, dass Churchill zutiefst beunruhigt war.

Zwar verbargen die Zensoren die Höhe des Blutzolls der drei unglücklichen Konvois vor den Augen der Öffentlichkeit, aber schon der nächste große U-Boot-Angriff sollte dem Stolz der Briten einen schweren Schlag versetzen. Am 26. Oktober griff eine FW 200 das imposante Linienschiff *Empress of Britain* an, an Bord Kolonialbeamte samt Familien auf dem Weg in die Heimat. Die Bombentreffer der Condor bei drei Anflügen verursachten ein großes Feuer an Bord. Unglaublicherweise sank die *Empress* nicht

UNTEN: Das Handelsschiff *Lilian* sinkt nach einer Attacke. In diesem Kriegsstadium teilte eine große Zahl an Handelsschiffen das Schicksal der *Lilian*, während sich England bemühte, die Schlagkraft seiner U-Boot-Abwehr auf einen Stand zu bringen, der der Bedrohung gerecht wurde.

HMS ANCHUSA

Nation: Großbritannien
Stapellauf: 1940
Mannschaft: 96
Wasserverdrängung: 999 Tonnen
Abmessungen: 62,5 x 10,1 x 3,5 m
Bewaffnung: ein 102-mm-Geschütz, bis zu sechs 20-mm-Kanonen auf Einzellafetten. 70 Wasserbomben; ein Hedgehog AS Mörser

OBEN: Die *Anchusa* war eine Korvette der „Flower"-Klasse, die von Harland and Wolff als Teil des Kriegsprogramms in nur etwas mehr als fünf Monaten gebaut wurde. Bei der *Anchusa* wurden, so wie bei später gebauten Schiffen des Typs, im Vergleich zu früheren Modellen einige Verbesserungen vorgenommen, durch die das Schiff besser für Geleitschutzeinsätze geeignet war.

und man versuchte sie in Schlepp zu nehmen. Die FW 200 berichtete dem U-Boot-Hauptquartier und der B-Dienst fing Nachrichten über die verzweifelte Rettung auf. *U32* sollte dem Passagierschiff den Garaus machen. Allgegenwärtige Sunderlands des Coastal Command zwangen *U32* den Großteil des 27. unter Wasser, sie hielt mit ihrem Hydrophon jedoch Kontakt - die Zerstörereskorte und die Schlepparbeiten waren ausreichend laut. Gegen Mitternacht entdeckte *U32* die Beute, war zwei Stunden später in idealer Schussposition und traf die *Empress of Britain* mit zwei Torpedos. Im Kesselraum kam es zu einer Explosion, das tödlich getroffene Schiff sank innerhalb von nur zehn Minuten.Anders als bei den verlorenen Konvoischiffen war dieses Ereignis nicht geheim zu halten, es wurde von der deutschen Propaganda genüsslich ausgeschlachtet. Damit fand eine schreckliche Periode für die britische Handelsschifffahrt ihren Abschluss. Ihr sollten, zum Unglück Englands, noch mehrere ähnliche folgen.

Die Suche nach Antworten

Aus Sicht der Briten ging mit den Versenkungen im Oktober eine Zeit des Schreckens zu Ende. Zwischen Juni und Oktober waren 274 Schiffe Opfer von U-Booten geworden. Es überrascht daher wenig, dass man mit aller Kraft nach Antworten auf die Bedrohung suchte. Der offensichtliche Mangel an Geleitschiffen konnte zwar durch Lend Lease gemildert werden, aber die Notwendigkeit, die Schiffe der Town-Klasse für diese Rolle erst umzurüsten, führte zu erheblichen Verzögerungen. Zusätzlich zu dem quantitativen Problem musste man zur Kenntnis nehmen, dass aufgetauchte U-Boote nicht zu orten waren. Asdic war, anders als erhofft, keinesfalls die Antwort.

Am 21. Oktober 1940 traf man in einer Sitzung des Defence Committee drei wichtige Entscheidungen. Die bemerkenswerteste war, Schiffe von jenen Verbänden abzuziehen, die als Invasionsschutz in Bereitschaft lagen, um den Geleitschutz von Konvois zu verbessern. Damit standen aller-

Antrieb: 4-Zylinder-dreifach-Expansionskessel an einer Welle
Reichweite: 6.389 km
Leistung: 16 Knoten

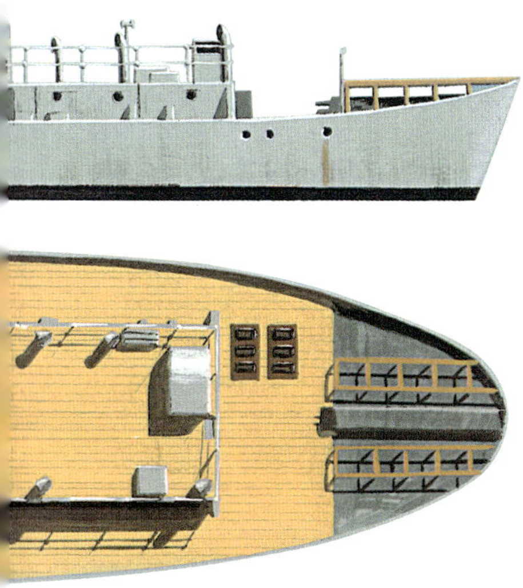

dings immer noch durchschnittlich nicht mehr als zwei Eskorten einem Konvoi bei. Weiters sollten die Schiffe gegen über Wasser angreifende U-Boote eine Version des ASV-(air-surface vessel / Luft-Schiff)-Radars erhalten, das für das Coastal Command entwickelt worden war. Die dritte Übereinkunft betraf das Coastal Command direkt, der Verbesserung seiner Ausrüstung war Vorrang zu geben. Die Freigabe der Schiffe war relativ einfach zu realisieren, die beiden anderen Punkte eher komplex.

Der Grund war simpel - die Schiffe der Invasionsabwehr gab es, sie mussten nicht erst beschafft werden. Hingegen war die Radartechnologie, damals noch Radio Direction Finding (RDF) genannt, brandneu und noch in Entwicklung. Man benötigte nicht nur Radaranlagen für Schiffe, sondern auch ähnliche Geräte für die Flugzeuge des Coastal Command. Dazu herrschte noch dringlicher Bedarf an effektivem Radarequipment für Nachtjäger. Die industrielle Kapazität, um allen drei Anforderungen gerecht zu werden, war schlichtweg nicht vorhanden. Die Leistung der ersten ASV-Radaranlagen - mit römischen Zahlen bezeichnet und im Januar in Hudsons des Coastal Command montiert - war wenig überzeugend. Zudem waren die Anlagen unzuverlässig. Das war unerwünscht, aber nicht unerwartet: Kurzwellen-Radaranlagen beruhten auf der Arbeit von Dr. E. G. „Taffy“ Bowen aus 1937 und waren ursprünglich als AI (airborne interception / luftgestütztes Abfangradar) konzipiert. ASV wurde kurz danach vorgestellt. Beide Typen waren vielversprechend, keine voll erprobt. Sie kaum drei Jahre nach ihrer Erfindung zum Einsatz freizugeben, war kaum ideal, obschon das breite Testfeld die technologische Entwicklung vorantrieb. Die ersten ASV-I-Sets waren von Hand gebaut, keines glich dem anderen, einfach weil jeder Verbesserungsvorschlag bei der nächsten Einheit schon umgesetzt wurde. Dadurch wurde zwar ihre Wartung zum Albtraum, andererseits erwies sich schnell, welche Komponenten praxistauglich waren und welche nicht. Gegen Ende des Jahres 1940 war das ASV II in der letzten Entwicklungsphase und für die Massenproduktion vorbereitet. Doch da machte es die Operation Blitz schwierig, Radaranlagen für den Einsatz gegen Schiffe und U-Boote zusätzlich zu den AI-Sets für die Blenheims und Beaufighters des Fighter Command zu fertigen.

Auch bei seinen Maschinen war das Coastal Command dem Kampf um Lieferkapazität und Mittel ausgesetzt. Das Ministry of Aircraft Production tat sein Bestes, konnte aber unmöglich dem Bedarf des Fighter- sowie des Bomber- und Coastal Command, die beide Langstreckenflugzeuge mit ähnlichen Eigenschaften benötigten, gleichzeitig gerecht werden. Einzig das Bomber Command konnte gegen Deutschland zurückschlagen und hütete eifersüchtig seinen Vorrang. Das Coastal Command hatte mit dem auszukommen, was das Bomber Command ausschied, anfangs mit Armstrong Whitworth Whitleys. Für „Ausschussware“ war sie recht effektiv, besser als die Anson, aber für die Deckung der Konvois aus der Luft fehlte es ihr doch an Reichweite. Später wurde die Whitley von der Vickers Armstrong Wellington abgelöst, die durch neue schwere Bomber, wie die Stirling, Halifax und Manchester, verdrängt worden war. Auch wenn sich die Lage des Coastal Command gegen Ende 1940 deutlich besserte, war es bis zu einer effektiven Einheit noch ein langer Weg. Angesichts dieser widrigen Umstände kamen seine Crews mit mittelmäßigen Maschinen und kaum erprobter Ausrüstung erstaunlich gut zurecht.

EMPRESS OF BRITAIN

Nation:	Großbritannien
Stapellauf:	Juni 1930
Passagiere:	1.195
Abmessungen:	231,84 x 29,79 m
Wasserverdrängung:	42.348 Bruttoregistertonnen
Motoren:	vier Curtis-Brown-Dampfturbinen für vier Schrauben
Leistung:	24 Knoten

OBEN: Die *Empress of Britain* wurde, wie viele mächtige Hochsee-Linienschiffe, für den Kriegsdienst als Truppentransporter beschlagnahmt. Durch Bomben in Brand geraten, versetzte ihr *U32* am 12. Oktober 1940 den Todesstoß. Der Verlust des prestigeträchtigen Schiffs war ein schwerer Schlag für die britische Moral.

UNTEN: Die Wellington begann als Bomber, doch als viermotorige „Schwergewichte“ das Bomber Command erreichten, ging der Typ an das Coastal Command, sowohl die gebrauchten Maschinen, als auch solche aus neuer Produktion.

Anti-U-Boot-Taktiken

Es geht keinesfalls auf eine Änderung der britischen Taktik zurück, dass ab November die Zahl der durch U-Boote versenkten Schiffe sank. Schlechtwetter und ein Mangel an betriebsbereiten U-Booten nach den strapaziösen Ausfahrten waren die Hauptursachen. Doch auch die Verteidiger feierten einige Erfolge. Am 30. Oktober wurde *U32* von den Eskorten *Harvester* und *Highlander* versenkt. Drei Tage später fiel *U31* der *HMS Antelope* im Verbund mit einem Flugzeug, das sich in der Nähe des Konvois befand, zum Opfer. Zu guter Letzt überraschte am 21. November die Korvette *Rhododendron U104* und sandte sie auf Grund.

Alle drei Vorkommnisse belegten den Wert der Konvoieskorten, doch ihre Einschätzung als fast bedauernswerte Defensivmaßnahme hielt sich hartnäckig. Ein Teil der Schwierigkeiten dürfte in der offensiven Haltung Churchills gefußt haben, er war den Jagdgruppen glühend zugetan, verglich ihr Agieren mit jenem der Kavallerie zu Lande – heldenmütig und schlagkräftig. Diese Analogie traf durchaus zu, wenn auch nur, weil die Kavallerie erfahrungsgemäß in der modernen Kriegsführung deplaziert war. Ebenso erfreuten sich auch die Jagdgruppen nur geringer Erfolge. Selbst wenn sich Konvoieskorten zu Jagdgruppen formierten, um U-Boote zu verfolgen, die sie niemals fanden, setzten sie bloß die zurückbleibenden Handelsschiffe erheblichen Risiken aus. Allerdings bietet der strategischen Kontext der allgemeinen Kriegslage eine mögliche Erklärung für die mit den Konvois verbundene Haltung. Mit Ausnahme der Aktivitäten des Bomber Command schien alles, was die Deutschen taten, die Briten in die Defensive zu zwingen, ohne dass sie über Ort und Zeit bestimmen konnten. Umso attraktiver die Vorstellung, U-Boote zu jagen und so die Kriegsanstrengungen der Deutschen zumindest in kleinem Rahmen zurückzudrängen, ungeachtet aller geschichtlichen Hinweise, dass Konvois komplexere Antworten erlaubten.

VICKERS WELLINGTON

Nation:	Großbritannien
Jungfernflug:	1936
Besatzung:	6-7
Antrieb:	zwei Bristol Hercules Sternmotoren
Leistung:	Höchstgeschwindigkeit 406 km/h Reichweite ca. 2.816 km

OBEN: Ein Wasserbombenwerfer wird zum Einsatz gegen ein U-Boot gerichtet. Die Werfer stärkten die Kampfkraft der Eskorten, die vor ihrer Einführung die Wasserbomben nur über das Heck des Schiffes abwerfen konnten.

Das Konvoisystem bot durch die Konzentration der Kräfte große Vorteile. Entschloss sich der Feind, nicht anzugreifen, hatte er schon verloren, da lebenswichtiger Nachschub, ein Schlüsselziel seiner Strategie, seine Destination unversehrt erreichte. Griff der Feind an, hatten die Verteidiger die Chance zurückzuschlagen. Manchmal waren Eskorten sogar in der Lage, den Feind zu überraschen und zu vernichten, bevor er mit der Attacke beginnen konnte. Dieses nuancierte Bild wurde von der plakativen Vorstellung verdeckt, die Deutschen zwängten den Briten das Konvoisystem auf – diese Einschätzung hielt sich noch lange.

Bewaffnung: ein 7,7-mm-Maschinengewehr in beweglicher Stellung im Bug (andere Versionen mit zwei in einem angetriebenen Turm), vier 7,7-mm-Maschinengewehre in angetriebenem Heckturm, zwei 7,7-mm-Maschinengewehre in seitlicher Stellung; maximale Bombenlast 2.040 kg

Die U-Boote ziehen nach Süden

Auch wenn im November die Möglichkeiten der U-Boote im Nordatlantik einbrachen, blieben die verfügbaren Boote nicht tatenlos und versenkten fünf Schiffe vor Portugal, vier vor Freetown. Hier gab es weder organisierte Eskorten noch Luftunterstützung. Einzig ab Gibraltar flogen einige Maschinen der No. 200 Group des Coastal Command, und zwar eine einzige Squadron mit Saro London Flugbooten und ein paar Swordfish Doppeldecker des Fleet Air Arm. So konnte man der Bedrohung kaum Herr werden. Offensichtlich war die U-Boot-Abwehr in dieser Region zu verstärken, doch knappe Ressourcen verhinderten rasches Handeln.

Im März 1941 sandte man endlich Sunderlands nach Freetown, im Mai erreichte das neu beschaffte amerikanische Catalina Flugboot Gibraltar. Zu diesem Zeitpunkt waren die U-Boote bereits wieder mehrheitlich in den Norden verlegt worden, um die Rudeltaktik weiter zu perfektionieren. So schien die britische Lage so prekär wie zuvor, aber die Umstände erwiesen sich als ganz anders.

Anfang 1941 standen der U-Boot-Waffe für zeitgleiche Einsätze maximal 21 Boote zur Verfügung, weit weniger, als nach Dönitz' Berechnungen für eine effektive Blockade

RECHTS: Deutsche Hydrographen bei der Arbeit. Im Allgemeinen wird bei Betrachtungen zum U-Boot-Krieg vergessen, wie wichtig die Produktion genauer Land- und Seekarten für den Erfolg der Operationen war.

U47

Nation:	Deutschland
Stapellauf:	Oktober 1938
Besatzung:	44
Wasserverdrängung:	753 Tonnen aufgetaucht, 857 Tonnen abgetaucht
Abmessungen:	66,5 x 6,2 x 4,7 m

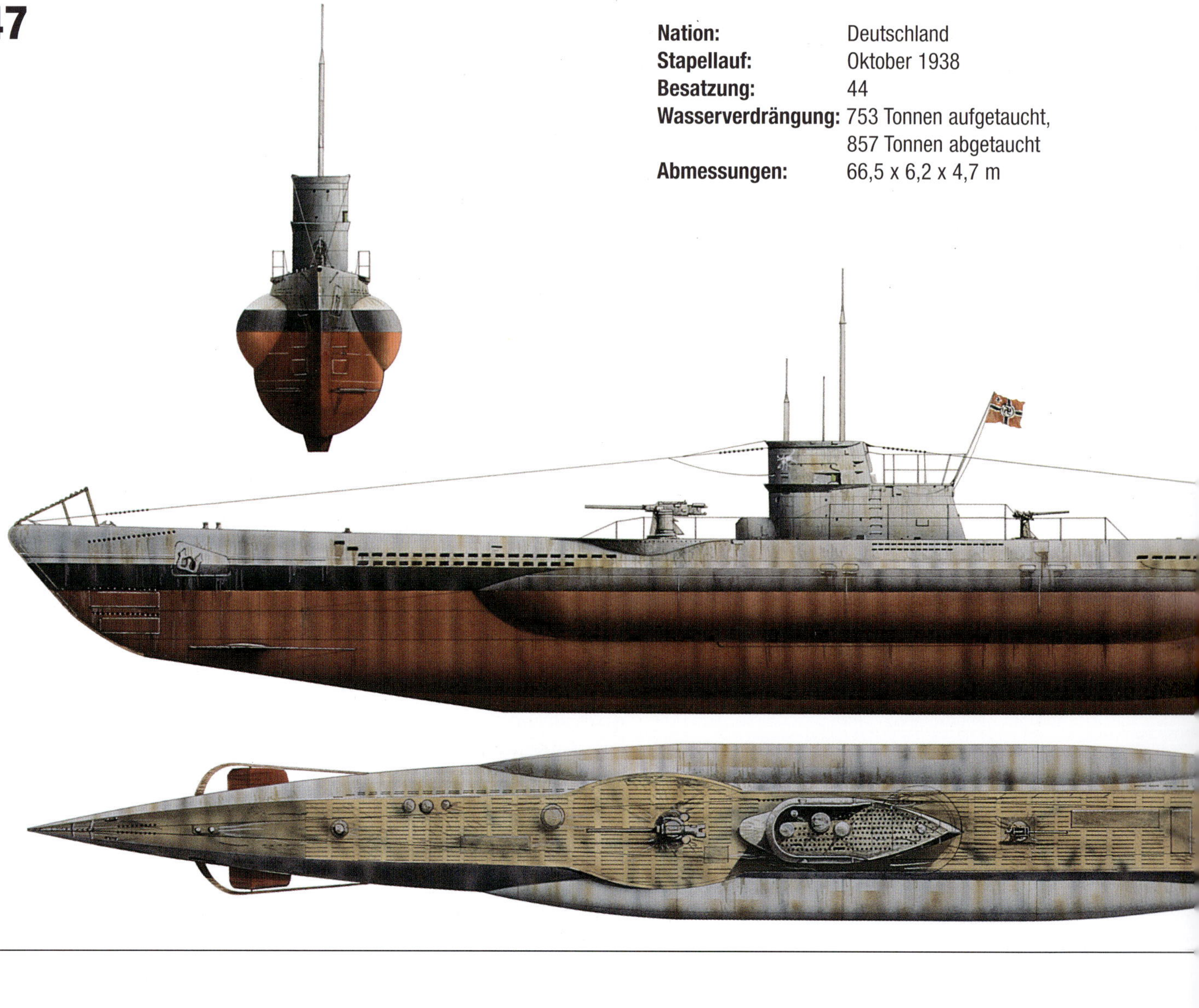

des britischen Handels erforderlich waren. Unter den zahlreichen Gründen für das Fehlen von Booten standen Arbeitskräftemangel und Rohstoffknappheit an vorderster Stelle. Fliegeralarme auf den Docks und in den Fabriken führten zu Verzögerungen und zermürbten die Arbeiter. Der Materialmangel in den Docks wurde durch fehlende Transportkapazitäten weiter verschärft. Erschwerend für Dönitz kam hinzu, dass die Beseitigung dieser Probleme Sache Görings war - und die anfangs vernunftorientierte Beziehung zwischen den beiden sollte sich ändern.

Im Januar 1941 befahl Hitler Göring, das Kommando über die FW 200 der KG40 an Dönitz zu übergeben. Diese grundlegend gute Idee zur Verbesserung der Luft-See-Kooperation empfand Göring als von Dönitz provozierte persönliche Kränkung. Sein jovialer Versuch, Dönitz zu einem Verzicht auf die Änderung in der Kommandostruktur zu bewegen, wurde höflich, aber bestimmt zurückgewiesen. Dies reichte, um das Klima zwischen den beiden für immer zu stören.

OBEN: Günther Prien und die Besatzung von ***U47***. Der wagemutige Angriff auf Scapa Flow machte Prien zu einem Nationalhelden, sein Tod war ein ernster Schlag für die Moral der U-Boot-Flotte, nicht zuletzt, weil man etwa zur gleichen Zeit zwei weitere Asse verlor.

Bewaffnung:	ein 86-mm-Geschütz, eine 20-mm-Flugabwehrkanone, fünf 533-mm-Torpedorohre
Antrieb:	Diesel/Elektrisch, 2 Wellen
Reichweite:	aufgetaucht 10.454 km bei 12 Knoten
Leistung:	17,2 Knoten aufgetaucht, 8 Knoten abgetaucht

LINKS: Der berühmteste Erfolg von ***U47*** war die Versenkung der ***Royal Oak*** in Scapa Flow, aber sie hatte unter dem Kommando von Günther Prien auch sonst eine extrem erfolgreiche Karriere und versenkte in nicht einmal 17 Monaten über 30 Schiffe. ***U47*** sank im März 1941, nachdem sie von der ***HMS Wolverine*** gerammt worden war.

Anfangs schien die Neuerung viel versprechend. Am 9. Februar machte *U37* den von Gibraltar kommenden Konvoi HG53 aus. Nachdem sie zwei Schiffe versenkt hatte, rief sie sechs FW 200 herbei, denen fünf weitere Schiffe zum Opfer fielen. Während der Konvoi den Schlag zu verkraften suchte, griff *U37* erneut an und sandte noch ein Handelsschiff auf Grund. Zehn Tage später meldete eine FW 200 den Verbleib von Konvoi OB288 an ein U-Boot. Darauf formierte sich ein Rudel, das fünf Schiffe versenkte, sobald der Geleitschutz bei 20° W abgedreht hatte. Auch am 26. Februar, als Prien OB290 sichtete, erwies sich der Wert der Zusammenarbeit. Er alarmierte Kretschmer und die FW 200. Die U-Boote versenkten drei, die Condors neun Schiffe. Zum Pech für beide Partner blieben diese Aktionen aber für den gesamten Krieg die einzigen erfolgreichen Beispiele der Kooperation.

Die Bedrohung im Griff - britische Reorganisation

Trotz fortdauernd ernster Nachschubprobleme war klar, dass die Art, wie man den Kampf gegen die U-Boote führte, um einiges zu verbessern war. Am 7. Februar verlegte die Admiralität das Western Approaches Command von Plymouth nach Liverpool. Damit verlegte man aber nicht nur Personal: Admiral Sir Martin Dunbar-Nasmith, bisher Commander in Chief der Western Approaches, blieb als Befehlshaber eines neuen Plymouth Command zurück. Das Western Approaches Command wurde von Admiral

HMS WALKER

Nation: Großbritannien
Stapellauf: 1918
Besatzung: 127
Wasserverdrängung: 1.082 Tonnen bei Normallast
Abmessungen: 95,1 x 9 x 3,2 m

OBEN: Ein weiterer Zerstörer aus dem I. Weltkrieg, der immer noch im Dienst der Royal Navy stand, die *Walker*, war für Langstreckeneskorten umgerüstet worden und trug die Verantwortung für die Versenkung von Otto Kretschmers *U99*.

Sir Percy Noble übernommen. Die Reorganisation ging vor allem auf die deutsche Besetzung Frankreichs zurück, nun lag das Hauptaugenmerk nicht mehr auf dem gefährlichen Ärmelkanal, erlaubte aber auch, das Western Approaches Command und die 15. Group, Coastal Command, an einem Standort zu vereinen, womit sich eine engere Zusammenarbeit zwischen dem Commander in Chief der Western Approaches und dem kommandierenden Offizier der 15. Group, Air Vice Marshal Sir James Robb, ergab.

Gleichzeitig kam es zu einer Debatte über die Zukunft des Coastal Command selbst. Kreise innerhalb der Regierung sprachen sich dafür aus, das Coastal Command von der R.A.F. an die Royal Navy zu übertragen. Dem Defence Committee erschien eine solche Änderung mitten im Krieg zu drastisch, es fand aber einen Kompromiss. Das Coastal Command sollte – weiter als Teil der R.A.F. – schnellstmöglich der operativen Leitung der Admiralität unterstellt werden. Dies besiegelte im Fall des Western Approaches

RECHTS: Die Größe des Empfangskomitees für dieses U-Boot verdeutlicht die Wertschätzung, die man den U-Boot-Fahrern entgegenbrachte.

Bewaffnung:	vier 102-mm-Geschütze, eine 76-mm-Flugabwehrkanone, sechs 533-mm-Torpedorohre, Wasserbomben
Antrieb:	gekoppelte Dampfturbinen an zwei Wellen
Reichweite:	8.350 km bei 15 Knoten
Leistung:	34 Knoten

aus Quellen des Y-Service und den Anstrengungen der Government Code and Cipher School in Bletchley Park. Anhand des abgefangenen Funkverkehrs zwischen U-Booten und Hauptquartier konnte man die Position der deutschen U-Boote bestimmen. Im U-Boot Tracking Room der Naval Intelligence Division wurden die Informationen abgeglichen und Konvoirouten fernab des Standorts von U-Booten ausgearbeitet.

Im Januar 1941 versprach die neue Maßnahme erstmals zu greifen, von 21 versenkten Schiffen waren die meisten ohne Schutz gelaufen oder von ihren Konvois getrennt worden. Als sich das Wetter im Februar besserte, stieg die Zahl der Verluste durch U-Boote auf 39; 50 % davon waren Nachzügler. Daher durfte man trotz steigender Ausfälle annehmen, dass die sorgfältige Routenplanung einigen Schutz vor Angriffen bot. Die Erfolge der U-Boote schienen mehr auf Glück als auf Planung zu beruhen.

Command den Schulterschluss beider Waffengattungen, änderte allerdings nichts an der schmerzhaften Tatsache, dass weder die Royal Navy noch ganz besonders aber die R.A.F. gut genug ausgerüstet waren, um ihre Aufgaben zufrieden stellend zu erfüllen.

Trotz Materialmangel gab es Handlungsspielraum. Die Admiralität setzte auf verstärkte Geheimdienstarbeit und wollte so einige ihrer Schwierigkeiten in den Griff bekommen. Besonders viel erwartete sie sich von Erkenntnissen der Funkaufklärung

März 1941 - Pech für die U-Boote

Dönitz sah nach den Erfolgen, die ihm die Luftunterstützung im Februar gebracht hatte, einigen Grund für Optimismus. Er erwies sich aber als unangebracht. Am 6. März meldete *U47* über Funk die Sichtung des Konvois OB293. In der Folge sandte man einige Boote, darunter Kretschmers *U99*, zur Unterstützung. Das Rudel griff den Konvoi in der Nacht an und traf auf erstaunlich heftige Abwehr der Eskorten. Ein Boot mit

LINKS: Besatzungsmitglieder der *HMS Bittern* hieven eine Wasserbombe in einen Werfer, um diesen für die nächste Begegnung mit einem U-Boot klar zu machen.

OBEN: Otto Kretschmer erhält seinen Feldstecher zurück. Kretschmer (links) übergab den Feldstecher an Captain Donald Macintyre (rechts), nachdem Macintyres *HMS Walker* seine *U99* versenkt hatte. Als sich die Männer viele Jahre später wieder trafen, gab ihn Macintyre zurück.

der ungewöhnlichen Bezeichnung *UA* musste ebenso abtauchen wie Prien, Kretschmer wurde zum Rückzug gezwungen und verlor den Kontakt. *U70* wurde von den Korvetten *Camellia* und *Arbutus* mit Wasserbomben belegt und zum Auftauchen gezwungen. Die Mannschaft konnte sich noch ergeben und von Bord springen, unmittelbar bevor das Boot sank .Aufgrund der schlagkräftigen Gegenwehr der Eskorten entkam OB293 bei nur zwei versenkten und zwei beschädigten Schiffen - im Vergleich zu früheren U-Boot-Attacken ein großer Fortschritt.

Günther Prien wollte OB293 nicht so leicht davonkommen lassen und nahm die Verfolgung am nächsten Tag wieder auf. Aber er wurde um 0:23 Uhr von der betagten *HMS Wolverine* entdeckt. Bevor die *Wolverine* angreifen konnte, feuerte eine der anderen Eskorten eine Leuchtgranate ab, die *U47* zum Abtauchen zwang. Eine fünfstündige Verfolgungsjagd begann, bis Prien überzeugt war, den Geleitschiffen entkommen zu sein und auftauchte. Das war sein Fehler. Die *Wolverine* wartete und wollte ihn rammen. Prien befahl einen Nottauchgang, doch zu spät: Die *Wolverine* legte eine Wasserbombe, perfekt an Steuerbord. Zu den Explosionsgeräuschen sah man kurz ein sonderbar rotes Glühen aus der Tiefe, Minuten später trieben einige Trümmer, eindeutig Teile des U-Boots, an die Oberfläche. Die *Wolverine*, siegessicher, ging an ihren Platz zurück. Versuche, in den Tagen danach Kontakt mit *U47* aufzunehmen, blieben erfolglos. Nur ein Schluss war möglich: Günther Prien, der erste Held unter den U-Boot-Kommandanten im II. Weltkrieg, war tot. Die Lage des U-Boot-Hauptquartiers wurde zusehends schlechter.

Die verlorenen Asse

Am 15. März sichtete *U110*, ein Boot vom neuen Typ IXB, unter Julius Lemp (der am ersten Kriegstag die *Athenia* versenkt hatte) etwa 240 km südlich von Island den Konvoi HX112: 41 Tanker und Handelsschiffe, gedeckt von fünf Zerstörern und zwei Korvetten der 5th Escort Group unter Captain Donald Macintyre. Die 5th Escort Group war dabei, sich durch konsequentes und methodisches Vorgehen einen guten Namen zu machen, obwohl die Schulung vor dem Einsatz gründlicher hätte sein können. Im Fall einer Feindbegegnung würde man eine Mischung aus klaren Befehlen und seemännischem Gespür, aber auch, als grundlegendste Voraussetzung zum Erfolg, etwas Glück brauchen. Als das Rudel auf Befehl Lemps angriff, trafen bei der 5th Escort Group alle Faktoren zusammen.

Lemps erster Bericht war irreführend, er machte nur zwei Zerstörer aus, wodurch ein

HMS WOLVERINE

U551

Nation:	Deutschland	**Bewaffnung:**	ein 86-mm-Geschütz, eine 20-mm-Flugabwehrkanone, fünf 533-mm-Torpedorohre
Stapellauf:	September 1940	**Antrieb:**	Diesel/Elektrisch, zwei Wellen
Besatzung:	44	**Reichweite:**	aufgetaucht 10.460 km bei 8 Knoten
Wasserverdrängung:	761 Tonnen aufgetaucht, 810 Tonnen abgetaucht	**Leistung:**	17,2 Knoten aufgetaucht, 8 Knoten abgetaucht
Abmessungen:	66,5 x 6,2 x 4,7 m		

falsches Bild über die Verletzlichkeit des Konvois entstand. Um 22:00 Uhr griff er die *Erodona* an und traf. Trotz einer gewaltigen Explosion and Bord sank der Tanker zur Freude der Beobachter nicht und konnte später nach Island geschleppt werden. Die Flammen beleuchteten *U110* und boten dem Zerstörer *Scimitar*, gefolgt von der *Walker* und der *Vanoc*, die Möglichkeit zum Angriff. Lemp sah sie jedoch rechtzeitig und tauchte ab: Die Stelle, an der er verschwunden war, wurde mit Wasserbomben belegt - erfolglos. Nach einer Stunde kehrte Lemp zurück und nahm die Jagd auf. Vor seiner zweiten Attacke um 4:00 Uhr setzte er einen Funkspruch ab, verabsäumte aber, die falsche Zahl der Eskorten des ersten Berichts zu korrigieren. Der Angriff traf nur ein Ziel, einen Tanker. Lemp dachte zwar, Erfolg gehabt zu haben, war sich dessen aber nicht sicher. Bei Tagesanbruch blieb Lemp dem Konvoi auf den Fersen, seine Berichte veranlassten Dönitz, ihm alle verfügbaren Boote zu senden.

U37, *U74*, *U99* und *U100* antworteten und nahmen Kurs auf das Geschehen, indem sie dem Funkfeuer von *U110* folgten. Die Ankunft einer Sunderland zwang Lemp zu tauchen, er verlor den Kontakt. *U37*, die auch in dem Gebiet war, gelang es bald, den Konvoi wiederzuentdecken und zu beschatten. Ihre Berichte führten *U99* und *U100* ans Ziel. Am frühen Abend schloss auch Lemp zum Konvoi auf, seine Signale leiteten *U74*. Zu seinem Ärger verlor Lemp einmal mehr den Kontakt und als *U74* längsseits ging, stimmten sich beide Kapitäne ab und entschieden sich für Kurs nach Nordost. Die begründete Annahme, dass der Konvoi dorthin laufen *könnte*, erwies sich als falsch. Die anderen drei U-Boote hatten Kontakt, sandten jedoch keine Signale, um *U74* und *U110* den Anschluss zu ermöglichen.

Die drei Boote schlossen zum Konvoi auf und entdeckten, dass die Verteidiger viel stärker waren, als man sie glauben gemacht hatte. Da *U100* von der *Scimitar* gesichtet wurde, war Schepke zum Tauchen gezwungen. Als er eine Stunde später an die Oberfläche kam, hatte einer der Zerstörer auf ihn gewartet, er musste wieder abtauchen, da er mit Wasserbomben belegt wurde.

Kretschmer griff den Konvoi um 22:00 Uhr von der Oberfläche aus an und setzte alle acht verbliebenen Torpedos ab. Einer versagte, die anderen versenkten fünf und beschädigten ein weiteres Schiff. Dichter, beißender Rauch von den getroffenen Tankern verbarg Kretschmer vor den Eskorten, während er einen Fluchtweg ausarbeitete. Flammen und Rauch halfen zwar Kretschmer, wurden aber für seine Kameraden zum ernsten Problem. Die Lage der U-Boote war nicht eben rosig.

OBEN: ***U551*** **war ein unglückliches U-Boot. Sie legte am 18. März 1941 zu ihrer ersten Feindfahrt ab und entdeckte fünf Tage später ein Handelsschiff. Bevor** ***U551*** **Gelegenheit hatte, dieses zu torpedieren, wurde sie vom Eskorttrawler** ***Visenda*** **angegriffen. Obwohl** ***U551*** **abtauchte, traf mindestens eine Wasserbombe das Boot und zerstörte es. Kaum eine Woche nachdem sie in See gestochen war, ging sie mit der gesamten Mannschaft verloren.**

Nation:	Großbritannien
Stapellauf:	Juli 1919
Besatzung:	134
Bewaffnung:	zwei 120 mm-Geschütze, drei Torpedorohre, Wasserbomben und ein Hedgehog AS Mörser
Reichweite:	5.778 km bei 15 Knoten
Leistung:	34 Knoten

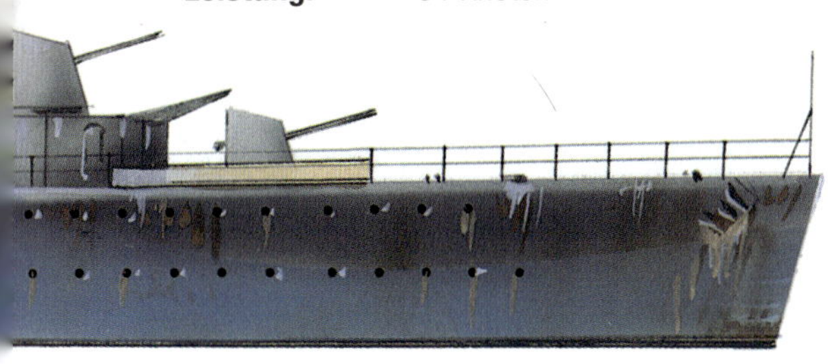

LINKS: Die ***Wolverine*****, die kurz nach dem Ersten Weltkrieg in Dienst gestellt worden war, erfreute sich einer langen Karriere bei der Royal Navy. Sie diente in der Zwischenkriegszeit Seite an Seite mit einigen ähnlichen Schiffen und fand dann als Eskorte eine befriedigende Aufgabe. 1946 verkaufte man sie zur Verschrottung.**

Der Bereich des Konvois wurde von den Flammen hell erleuchtet und die Eskorten liefen die Linie ab, um die Angreifer zu lokalisieren. Etwas vor 1:00 Uhr machte Macintyre auf der *HMS Walker* vor sich ein U-Boot aus und befahl volle Fahrt voraus, um es zu rammen. Es war *U37,* und ihr Kommandant, Nickolaus Clausen, gab in letzter Minute den Befehl für ein Nottauchmanöver. Walker legte fast genau über dem Boot zehn Wasserbomben. Es gab eine laute Explosion und Macintrye dachte, dass er sein erstes U-Boot versenkt hätte. Tatsächlich war *U37* nur schwer beschädigt, Clausen brach den Angriff ab und ging auf Heimatkurs, um das Boot zu reparieren. Für Macintyre war die Arbeit dieser Nacht noch nicht getan. Die *Walker* spürte mit ihrem Asdic *U100* auf und Macintyre befahl der *HMS Vanoc* anzugreifen. Die *Vanoc* warf mehrere Wasserbomben, dann setzte die *Walker* acht weitere auf das Zielgebiet, gefolgt von noch einmal sechs der *Vanoc*, die auf verschiedene Tiefen eingestellt waren. Da im Asdic auch nach den Detonationen noch Geräusche zu hören waren, folgten weitere sechs.

Die unglückliche *U100* hatte Probleme. Die Wasserbomben hatten mehr bewirkt, als nur das Geschirr in der Messe zum Wackeln zu bringen, lebenswichtige Einrichtungen waren zerschmettert worden, Wasser brach ein. Das Boot war außer Kontrolle, Schepke befahl, die Ballasttanks auszublasen. Das war aber nicht nur als Abwehrmaßnahme gedacht, Schepke wollte einen Torpedo auf seinen Angreifer abfeuern, damit ihm die Flucht gelänge. Er lag falsch.

Die *Vanoc* war gerade erst mit Radar, einer Version des ASV für Schiffe, ausgerüstet worden. Zwar tauchte *U100* in pechschwarzer Finsternis auf, aber es war, als würde sie in Sonnenlicht baden. Der Radarbeobachter berichtete begeistert den Kontakt, binnen einer Minute war die *Vanoc* auf Kurs, um *U100* zu rammen. Sie traf den Kommandoturm und der unglückliche Schepke konnte nichts tun, um die volle Wucht des Aufpralls zu mildern. *U100* sank schnell, nur sieben Mann wurden gerettet. Die *Vanoc* drehte bei, um die Überlebenden zu bergen, von Macintyre mit der *HMS Walker* gesichert.

In diesem Moment drehte sich der Wachoffizier von *U99* um. Zu seinem Schrecken entdeckte er, dass der Ausguck die Zerstörer übersehen hatte. Überzeugt, entdeckt worden zu sein, befahl er einen Nottauchgang. Kretschmer, der gerade im Kommandoraum den Heimatkurs zeichnete, konnte dies nicht verhindern: *U99* war unter Wasser und damit eine herrliches Objekt für Asdic. Kretschmer hätte wohl entschieden, an der Oberfläche zu bleiben und die Geschwindigkeit des Bootes zur Flucht zu nutzen. Möglicherweise hätte die *Vanoc U99* per Radar geortet, aber die begrenzte Reichweite der Anlage lässt daran zweifeln. Keiner der Zerstörer hatte das Boot gesichtet gehabt, aber die Tauchfahrt brachte sie auf das Ziel. Der Asdic-Beobachter der *Walker* meldete einen Kontakt, der Zerstörer nahm Kurs und gab sechs Wasserbomben frei, die unter *U99* explodierten, ihre Maschinen zerstörten und sie auf Grund schickten. Kretschmer ließ alle Ballasttanks ausblasen, *U99* schoss an die Oberfläche.

An Bord der *Walker* sah Macintyre das Alarmsignal der *Vanoc*: „U-Boot an Achtern aufgetaucht!“ Die Geschützmannschaften

UNTEN: Gut gegen die Gischt geschützt sucht die Brückenmannschaft eines U-Boots alle Himmelsrichtungen nach einem möglichen Opfer ab.

TYP IX U106

Nation:	Deutschland	**Bewaffnung:**	ein 102-mm-Geschütz, eine 20-mm-Kanone, sechs 533-mm-Torpedos
Stapellauf:	1939	**Antrieb:**	Diesel/Elektrisch, zwei Wellen
Besatzung:	48	**Reichweite:**	aufgetaucht 13.993 km bei 10 Knoten
Wasserverdrängung:	1.051 Tonnen aufgetaucht, 1.159 Tonnen abgetaucht	**Leistung:**	18,2 Knoten aufgetaucht, 7,2 Knoten abgetaucht
Abmessungen:	76,5 x 6,8 x 4,6 m		

OBEN: U-Boote vom Typ IXB, wie die *U106*, waren für Hochseeeinsätze entworfen worden. Ihre hohe Geschwindigkeit machte sie für Nachtangriffe von der Oberfläche aus besonders geeignet. *U106* erfreute sich einer erfolgreichen Karriere, bis sie am 2. August 1943 von Sunderlands des Coastal Command angegriffen wurde. Die Angriffe beschädigten das Boot so schwer, dass es mit 25 Mann seiner Besatzung sank.

beider Zerstörer eröffneten das Feuer, ihre Zielgenauigkeit sei dahingestellt – es gab keinen einzigen Treffer. Kretschmer hoffte auf ein Entkommen, aber seine Motoren versagten den Dienst. Nach einer Nachricht an Dönitz mit der Ankündigung, sich zu ergeben, weil das Schiff von Wasserbomben getroffen worden sei, signalisierte er den Angreifern: „Wir sinken!", worauf den Geschützen befohlen wurde, das Feuer einzustellen. Die *Walker* setzte ein Boot ab, um das U-Boot nach Möglichkeit zu entern, doch kaum hatte die Mannschaft das U-Boot verlassen, verschwand es in den Wellen. Die Männer wurden geborgen und auf die *Walker* gebracht. Als sie an Bord gingen, verließ Kretschmer das Rettungsboot als letzter. Er wurde von Macintyre begrüßt, der freundschaftlich um Kretschmers Feldstecher als Andenken bat und ihn unter Deck führte. Der Kampf war vorüber.

Die erste Niederlage

Aus diesem Desaster, das, wie Berichte der mittlerweile stark beschädigten *U37* ergaben, als viel versprechender Angriff begonnen hatte, zog Dönitz einige Lehren. Churchill berichtete dem Unterhaus noch bevor die Geleitschiffe heimkehrten, dass die Royal Navy die Boote der führenden U-Boot-Asse Kretschmer und Schepke versenkt hätte. Daher konnten die Deutschen die Verluste nicht vertuschen, die Nachricht traf die U-Boot-Waffe wie ein Blitz. Da Churchill die Versenkung von *U47* nicht für sich beansprucht hatte, konnte diese Tatsache bis Mai zurückgehalten und so der Eindruck erweckt werden, die Verluste hätten einen größeren Zeitraum umfasst.

Die Sache spitzte sich weiter zu, als *U551* im Morgengrauen des 23. März einen Torpedoangriff auf ein Handelsschiff versuchte. Der Frachter entdeckte *U551* und setzte eine Funkwarnung ab. Der Eskorttrawler *Visenda* hielt voll auf das aufgetauchte U-Boot zu. *U551* tauchte zwar sofort, wurde aber vom Asdic erfasst. Die *Visenda* hielt für 90 Minuten Kontakt und zündete in dieser Zeit 18 Wasserbomben. Mindestens eine davon war tödlich, der Trawler fand erst einzelne Teile von *U551* und später – ein weniger schöner Anblick – auch einzelne Teile der unglücklichen U-Boot-Fahrer: der fünfte Verlust in gerade einmal drei Wochen. Das U-Boot-Hauptquartier analysierte düster die Folgen des Fehlens von drei seiner erfahrensten Kommandanten und fürchtete zudem, die Briten hätten einige teuflische Abwehrmaßnahmen entwickelt.

Die U-Boote hatten im März für je fünf versenkte britische Schiffe mit einem der Ihren bezahlt, eine unerträgliche Bilanz. Dönitz entschied, alle Boote von den North Western Approaches abzuziehen und setzte sie weiter westlich ein, wo keine Geleitschiffe fuhren. Ein vernünftiger Entschluss, zugleich aber die erste taktische Niederlage der U-Boot-Flotte, ihr Führer musste sie aus jenem Gebiet nehmen, das nach seiner Ansicht die reichste Beute versprach.

Nach wie vor war aber der Mangel an Booten das Hauptproblem der U-Boot-Flotte, Dönitz standen Ende März nur 27 einsatzfähige Unterseeboote zur Verfügung, gerade einmal ein Zehntel jener Anzahl, die er zu Kriegsbeginn als ausreichend erachtet hatte. Dem nicht genug, begannen auch die Vereinigten Staaten aktiver am Krieg teilzunehmen und die U-Boot-Abwehreinsätze der R.A.F. wurden effektiver, da sie neues Gerät erhalten hatte. So wurde der Rest des Jahres 1941 zu einer noch weit härteren Zeit – sowohl für die U-Boote als auch für Deutschland selbst.

KAPITEL 4

DAS SELBST-VERTRAUEN SINKT: APRIL BIS DEZEMBER 1941

Nach den Verlusten des März 1941 kamen auf die U-Boot-Flotte schwere Monate zu. Die Briten hatten anscheinend gerade genug getan, um die Bedrohung einzudämmen.

Anfang April 1941 war das Coastal Command schlagkräftiger als je zuvor und brachte die U-Boot-Flotte in ernste Bedrängnis. Aus den Vereinigten Staaten waren die ersten Consolidated Catalina Flugboote eingetroffen, die man umgehend bei der Jagd auf die *Bismarck* einsetzte. Die beeindruckende Reichweite der Catalina übertraf sogar die Sunderland, aber sie war nicht so gut bewaffnet wie das größere britische Flugzeug. Überdies war die Reichweite immer noch nicht groß genug, um den Konvois überall Deckung zu geben. Deshalb suchte das Coastal Command weiter nach einer VLR-(very long range)-Maschine für extreme Langstrecken. Als im März die erste Consolidated Liberator in Dienst ging, hatte man sie gefunden.

Trotzdem war damit das VLR-Problem noch nicht gelöst, da die Liberator heiß begehrt war. Die US Army Air Force setzte sie unter der Bezeichnung B-24 als Bomber ein und auch das Bomber Command der R.A.F. hatte ein begehrliches Auge auf sie geworfen. Es sah die viermotorige Liberator als ideales Flugzeug für einige seiner Einheiten an,

LINKS: ***U570*** **zeigt ihre Geschütze. Kanonen waren, wie schon im Ersten Weltkrieg, eine wichtige Waffe gegen kleinere Schiffe, an die man keinen Torpedo verschwenden wollte.**

CONSOLIDATED CATALINA

Nation: USA
Erstflug: 1935
Besatzung: 8–9
Antrieb: zwei Pratt and Whitney Twin Wasp Motoren
Leistung: Höchstgeschwindigkeit 305 km/h Reichweite 6.437 km; max. Flugzeit 17,6 Stunden
Bewaffnung: vier 7,7-mm-Maschinengewehre, 907 kg Bomben oder Wasserbomben

OBEN: Die Einführung der Consolidated Catalina verbesserte die Effektivität des Coastal Command stark. Auch wenn sie nicht ganz die Reichweite hatte, um die Lücke im mittleren Atlantikabschnitt schließen zu können, erwies sich die Maschine als effektive Waffe gegen U-Boote.

sodass der Konflikt zwischen den beiden R.A.F. Commands in die nächste Runde ging. Das Bomber Command sah darin, dass es die Flugzeuge mit dem Coastal Command zu teilen hatte, einen Fehler, da strategische Bombenangriffe auf Deutschland den Krieg entscheiden würden. Daher zeigte sich das Bomber Command, vor allem nachdem es 1942 von Air Chief Marshal Sir Arthur Harris übernommen worden war, nie gewillt, auch nur einen der großartigen Bomber an das Coastal Command abzutreten. Dabei war die Notwendigkeit leicht zu begreifen: Zwar war das Bomber Command 1940 bis 1944 die einzige Waffengattung, die Deutschland angreifen konnte, aber seine Anstrengungen wären verpufft, wäre die Versorgung Großbritanniens per Schiff ausgeblieben.

Trotzdem kann man nicht sagen, dass die Rolle des Coastal Command nicht gewürdigt wurde. Die Entscheidung, es der operativen Kontrolle der Admiralität zu unterstellen, war im März gefallen und Anfang April bereits umgesetzt. Dadurch stiegen Koordinationsniveau und, da das Kommando neue Flugzeuge erhielt, Effektivität. Trotzem blieb die Reichweite ein wichtiger Faktor, noch immer konnten nicht alle Gebiete gesichert werden. Unerschrocken konzentrierte das Coastal Command seine Aktivitäten auf den Golf von Biskaya, der im Laufe des Jahres zu einem immer wichtigeren Jagdgebiet wurde.

Neue Routen

Am 1. April 1941 befahl Karl Dönitz jene neun U-Boote, die auf See waren, weiter nach Westen, auf Patrouille bei 30° W, weit außer Reichweite der Eskorten. Aber die Pechsträhne riss nicht ab, *U76* entdeckte OB305 in den North West Approaches, etwa 640 km östlich der Patrouillenlinie. Dönitz stand vor einem Dilemma. In Anbetracht der Stärke der britischen U-Boot-Abwehr widerstrebte es ihm, die U-Boote weiter östlich einzusetzen, den Konvoi entkommen lassen wollte er aber auch nicht. So sollte *U76* den Konvoi auf seinem Weg nach Westen beschatten. Dönitz hoffte, dass die U-Boote auf ihrer Patrouillenlinie durch die Signale von *U76* zum Ziel geleitet würden, sobald sich der Konvoi näherte. Das war nicht ohne Risiko, da es mehr als wahrscheinlich war, dass die Briten die Signale von *U76* auffangen und den Konvoi umleiten würden, sobald die Signalquelle geortet wäre. Tatsächlich stieß der Plan auf Probleme, *U76* sichtete südlich von Island mehrere Trawler, war gezwungen abzutauchen und verlor den Kontakt zu OB305. Neun Stunden später tauchte sie wieder auf und begann nach dem Konvoi zu suchen.

Zur gleichen Zeit entdeckte *U74* SC26, einen Konvoi aus 22 Schiffen, der vom Kreuzer *Worcestershire* begleitet wurde. Dönitz befahl *U76*, die anderen Boote herbeizurufen und untersagte bis dahin jeden Angriff. Acht U-Boote waren in günstiger Position und schlossen sich zum größten Rudel zusammen, das es bisher gegeben hatte. Der Angriff begann am 2. April, fünf Schiffe wurden versenkt. Der Kommandant des Konvois befahl den 16 überlebenden Schiffen, sich zu zerstreuen, da die Besatzungen zahlreiche U-Boot-Sichtungen meldeten, die meisten wahrscheinlich eingebildet. Da die *Worcestershire* bei dem Angriff beschädigt worden war, sandte die Admiralität weitere Geleitschiffe. Während fünf neue Eskorten den Konvoi wieder auf Linie brachten, um ihn an sein Ziel zu bringen, wurde die *Worcestershire* von einem Zerstörer nach Liverpool begleitet.

Durch Zufall kreuzte *U76* den Weg des neu formierten Konvois und versenkte am 3. April, um etwa 11:30 Uhr, einen Frachter, den sie fünf Stunden zuvor mit ihren ersten beiden Torpedos nicht getroffen hatte. Daraufhin nahmen auch die anderen U-Boote die Verfolgung auf. *U94* und *U98* versenkten gemeinsam drei Schiffe, bevor sie *HMS Wolverine* zum Abtauchen zwang, was den Angriffen für diesen Tag ein Ende setzte. Am Nachmittag des 4. April griff *U76* den Konvoi in Tauchfahrt an und torpedierte den Frachter *Athenic*, der allein fuhr. Die Besatzung gab die *Athenic* auf, konnte zuvor aber eine Warnmeldung absetzen. Der Torpedo von *U76* hatte die *Athenic* zwar zur Aufgabe gezwungen, aber nicht versenkt, daher gab ihr Kommandant, Friedrich von Hippel, dem beschädigten Schiff mit zwei weiteren Torpedos den Rest. Inzwischen preschten vier Eskorten in voller Fahrt in Richtung Schauplatz.

Als sie das Gebiet am Morgen des 5. April erreichten, war *U76* an der Oberfläche, da sie ihre Batterien laden musste. Der Wachoffizier sah die nahenden Schiffe und leitete einen Schnelltauchgang ein. Die *Wolverine* hatte Asdic-Kontakt, da das Gerät aber wiederholt ausfiel, konnte sie nicht mehr als zwei Wasserbomben werfen. Auch die Korvette *Arbutus* wollte angreifen, verlor aber *U76* aufgrund der Geräusche der Wasserbomben der *Wolverine*. *HMS Scarborough*, die als Eskorte von SC7 Pech gehabt hatte, war diesmal glücklicher und warf ein Muster von sechs Wasserbomben. Alle, einschließlich der beiden von der *Wolverine*, trafen – die erste zerschmetterte alle Instrumente, die zweite ließ die Lichter ausgehen und beschädigte die Struktur des U-Boots. Die Wasserbomben der *Scarborough* beschädigten das Boot so stark, dass achtern Wasser eindrang. Hippel erkannte, dass die *U76* erledigt war und tauchte auf, um die Mannschaft zu retten und das Boot im Anschluss zu versenken.

Aber Hippels Probleme waren noch nicht vorüber, die *Arbutus* preschte vor, um das Boot zu erobern, da sie hoffte, das Enigma Verschlüsselungsgerät und Geheimpapiere zu erbeuten. Sie ging längsseits, ein vierköpfiges Prisenkommando unter First Lieutenant Geoffrey Angus enterte das Vorderdeck des U-Boots. Sie rannten zur Brücke, während andere Besatzungsmitglieder der *Arbutus* versuchten, das Boot mit Kabeln und Trossen am Sinken zu hindern. Als Angus die Brücke erreichte, stellte er fest, dass das Boot bereits mit Seewasser vollschlug, das mit der Batterieflüssigkeit reagierte, sodass aus der Luke eine tödliche Chlorgaswolke strömte. Angus schlug die Luke zu, gleichzeitig ein Versuch, die Luft am Entweichen und damit das Boot am Sinken zu hindern. Das reichte aber nicht, *U76* nahm weiter Wasser und sank schnell. Da die *Arbutus* in Gefahr geriet zu kentern, kappte man die Trossen und ließ das Boot untergehen. 42 Mann konnten gerettet werden.

Aus dem Angriff auf SC26 schloss man, dass die Entscheidung, die Konvoirouten weiter nach Westen zu verlegen, weniger taktische Vorteile brachte als erhofft. Elf Schiffe waren auf ihrem Weg ins Vereinigte Königreich samt ihrer Last versenkt, im Gegenzug nur ein U-Boot zerstört worden, und das beruhte wahrscheinlich, wie Clay Blair berichtet, mehr auf Glück als auf Geschick, da man es mit dem unerfahrenen Hippel zu tun gehabt hatte. Die U-Boote waren zwar erfolgreich, mussten aber immer noch außerhalb jenes Gebietes operieren, das die reichste Ernte versprach.

Das Schicksal von SC26 stellte sicher, das dem Ausbau der U-Boot-Abwehr der Alliierten auf Island mehr Aufmerksamkeit geschenkt wurde. Auf neu errichteten Hafenanlagen wurden drei Eskortengruppen stationiert, das Coastal Command verlegte mehrere Sunderlands und Hudsons auf isländische Basen. Auch die Ausstattung sowohl der Land- als auch der Seekräfte mit ASV II kam dem Schutz der Konvois zugute. Die Tage wurden länger und verhinderten, dass U-Boote sicher an der Oberfläche operieren konnten, zusätzlich bot ihnen nun, dank des ASV, auch die Nacht keinen Schutz mehr. Allerdings bedeutete das noch nicht, dass die Briten im Nordatlantik ein

UNTEN: Kapitän und Offiziere eines britischen Zerstörers beobachten den Konvoi, der unter ihrem Schutz in die Heimat läuft.

wasserdichtes Eskortensystem aufgebaut hatten: Noch verhinderten Schwierigkeiten die volle Effizienz der Maßnahmen. Exakte Routen- und Zeitpläne waren nötig, waren aber vom unbeständigen Wetter abhängig, Eskorten verzögerten sich oder konnten im schlechtesten Fall ihre Konvois gar nicht entdecken. Es entspricht den Tatsachen, dass die Briten einen kleinen Vorteil gegenüber den U-Booten errungen hatten, aber die Gefahr war noch lange nicht gebannt.

Enigma wird geknackt

Die hervorragende Arbeit der Dechiffrierer von Bletchley Park bei der Analyse des Funkverkehrs zwischen den Booten und dem Führer der U-Boot-Kräfte leistete einen weiteren wertvollen Beitrag zum relativen Erfolg der U-Boot-Abwehr. Sie lieferten zwar wertvolle Erkenntnisse, die Ergebnisse lagen in der Regel aber zeitverzögert vor. Daher wollte die Admiralität ein U-Boot erbeuten und hoffte damit auf den entscheidenden Durchbruch in Hinblick auf die schnelle Entschlüsselung von Signalen. Die Gelegenheit ergab sich bei einer Attacke auf OB318.

Konvoi OB318 wurde am 7. Mai 1941 von *U94* unter Herbert Kuppisch entdeckt. Ein Angriff würde nicht einfach sein, da ihm zehn Eskorten zugeteilt waren. Als Kuppisch den Konvoi sichtete, schloss sich eben die 3rd Escort Group dem Konvoi an, um die erste Abteilung ab der Mitte der Reise abzulösen. Fünf Korvetten und die Slup *HMS Rochester* blieben beim Konvoi, um die Sicherheit der Übergabe zu gewährleisten.

OBEN: Die Besatzung eines britischen Schiffs hilft bei der Rettung der Überlebenden eines U-Boots, das soeben von der Eskortengruppe versenkt worden ist.

RECHTS: *U76*, ein Boot vom Typ VIIB, hatte eine relativ kurze Karriere, sie wurde am 5. April 1941, während eines Angriffs auf Konvoi SC26, versenkt. Alle außer einem Besatzungsmitglied wurden gerettet.

U76

Nation: Deutschland
Stapellauf: Oktober 1940
Besatzung: 44
Wasserverdrängung: 741 Tonnen aufgetaucht, 843 Tonnen abgetaucht
Abmessungen: 66,5 x 6,2 x 4,7 m

LINKS: Eine Enigma Schlüsselmaschine. Dieses unscheinbare Gerät war einer der Schlüssel zum Sieg im U-Boot-Krieg. Sobald man in den Besitz einiger Codebücher gelangt war, konnte die Admiralität die Entschlüsselungsfunktion nutzen, um die an U-Boote gesandten Nachrichten zu lesen und Konvois umzuleiten, sodass sie Schäden entgingen.

Daher waren gar 15 Eskorten im Gebiet, als Kuppisch seinen Bericht sandte.

Da die Nacht des 7. Mai mondhell war, entschloss sich Kuppisch, in Tauchfahrt anzugreifen. Er ließ die ersten Eskorten passieren und schlich sich ins Zentrum des Konvois. Dann feuerte er vier Torpedos auf vorbeifahrende Schiffe und versenkte zwei. Dies sollte seine einzige Attacke bleiben, die Zerstörer *Bulldog* und *Amazon*, in Begleitung der *Rochester*, gingen zu einen energischen Gegenschlag mit Wasserbomben über. Vier Stunden lang setzten sie insgesamt 89 Wasserbomben in Richtung *U94* ab, die diese schwer beschädigten. Trotzdem wurde Kuppisch nicht zum Auftauchen gezwungen und konnte die Schäden reparieren, nachdem die Zerstörer abgezogen waren. Zwar war er nicht mehr in der Lage anzugreifen, nahm aber seine Patrouille wieder auf.

Sechs andere U-Boote waren zu OB318 gerufen worden, zwei von ihnen fanden den Konvoi in der Nacht des 8. Mai: *U110* unter Julius Lemp und *U201*, ein Boot vom neuen Typ VIIC. Die beiden U-Boote blieben dem Konvoi auf der Spur und tauchen am nächsten Morgen an seiner Spitze auf. Der Kommandant von *U201*, Adalbert Schnee, besprach mit Lemp die beste Angriffstaktik. Sie stimmten darin überein, dass ein Nachtangriff in Überwasserfahrt gefährlich wäre und entschieden, bei Tag in Tauchfahrt anzugreifen. Lemp sollte vorangehen, Schnee eine halbe Stunde später folgen. Anfangs funktionierte der Plan: Lemp griff den Konvoi gegen Mittag an und versenkte zwei Frachter an dessen rechter Flanke. Zu seinem Pech entdeckte die Korvette *HMS Aubrietia* das Periskop von *U110* und warf 16 Wasserbomben. Sie fielen nahe dem U-Boot und wirkten verheerend. Die Instrumente des Bootes wurden zerstört, Seiten- und Tiefenruder sowie die Elektromotoren versagten und aus den Batterien strömte Chlorgas aus. Das U-Boot nahm Wasser und begann, über das Heck zu sinken. Lemp erkannte, dass *U110* nicht mehr zu retten war und befahl dem Bordingenieur, das Ausblasen der Ballasttanks vorzubereiten. Aber *U110* brach, noch bevor er den Befehl geben konnte, von selbst an die Oberfläche.

Lemp eilte zur Brücke und musste mitansehen, wie die *Aubrietia* gemeinsam mit der *Bulldog* und einem weiteren Zerstörer, der *HMS Broadway*, aus vollen Rohren auf sein Boot feuerten. *Bulldog* und *Broadway* preschten in voller Fahrt vor, um das Boot zu rammen. Lemp befahl der Mannschaft, sofort von Bord zu gehen, auch wenn keine Zeit bliebe, die Sprengladungen zur Selbstvernichtung zu zünden. Zwar befahl er noch als schnelle Alternative, das Boot zu versenken, die Ventile der Ballasttanks zu öffnen, doch, vermutlich wegen eines technischen Defekts, blieben die Ventile geschlossen.

Der Befehl zur sofortigen Aufgabe des Boots ließ den Funker von *U110*, der jeden Grund zur Annahme hatte, das Boot würde schnell sinken, weder die Enigma Verschlüsselungsmaschine noch die Codebücher vernichten. Die Mannschaft sprang im dichten Geschützfeuer der Eskorten von Bord.

Der Kommandant der Eskorten, A. J. Baker-Cresswell an Bord der *Bulldog*, sah, dass *U110* zwar am Heck tief lag, aber nicht sank – *die* Gelegenheit, ein U-Boot zu kapern. Baker-Cresswell befahl volle Fahrt zurück,

Bewaffnung:	fünf 533-mm-Torpedorohre, ein 88-mm-Geschütz, eine 20-mm-Kanone, bis zu 39 Minen
Antrieb:	je zwei Diesel- und Elektromotoren, zwei Wellen
Reichweite:	aufgetaucht 12.038 km bei 12 Knoten
Leistung:	17,2 Knoten aufgetaucht, 8 Knoten abgetaucht

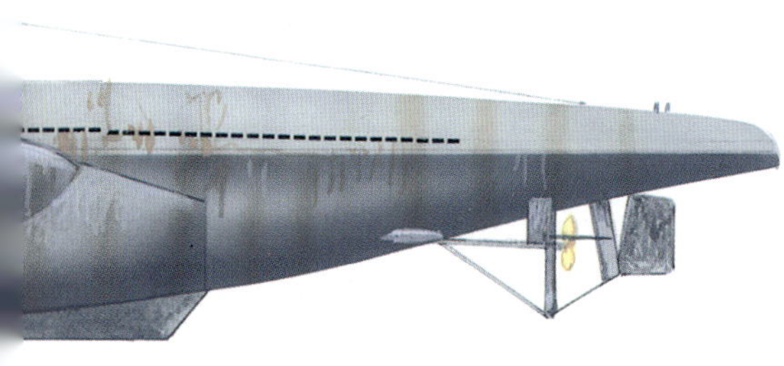

USS SIMS

Nation:	USA	**Antrieb:**	gekoppelte Dampfturbinen
Stapellauf:	1939	**Reichweite:**	aufgetaucht 12.000 km bei 12 Knoten
Besatzung:	192	**Leistung:**	35 Knoten
Wasserverdrängung:	1.737 Tonnen		
Abmessungen:	106,15 x 10,95 x 3,9 m		
Bewaffnung:	fünf 127-mm-Zweifach-Geschütze, acht 533-mm-Torpedorohre, zwei Wasserbombenwerfer am Heck		

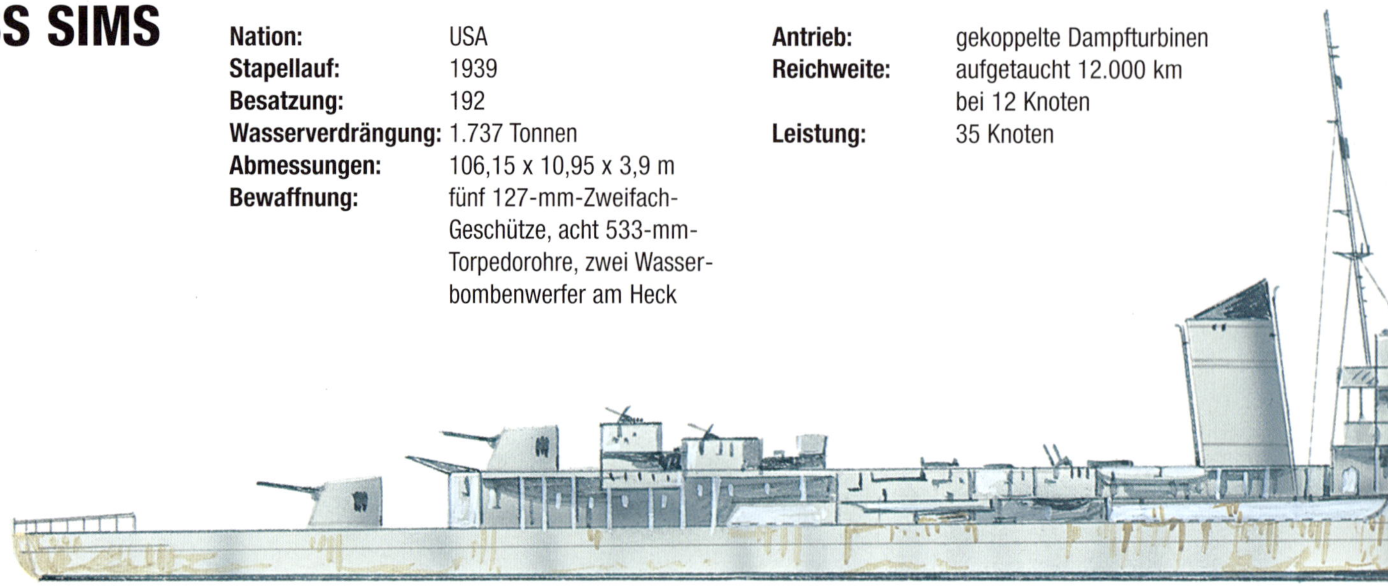

OBEN: Die *Sims* war ein Langstreckenzerstörer der US Navy und zählte zu jenen Schiffen, welche die Vereinigten Staaten 1941, in der Zeit, als sie immer stärker in die Atlantikschlacht verwickelt wurden, zum Schutz von Sicherheitszone und Konvois einsetzten, ohne noch ihre Neutralität offiziell aufgekündigt zu haben. Die *Sims* wurde nach dem Kriegseintritt der USA in den Pazifik verlegt und 1942 bei der Schlacht in der Korallensee versenkt.

um den Rammstoß zu vermeiden, und ließ ein Prisenkommando antreten. Die *Bulldog* verlangsamte rechtzeitig und kam knapp neben der beschädigten *U110* zu liegen. Auch die *Broadway* konnte den Angriff abbrechen, als man sah, dass das Rammmanöver eingestellt worden war, allerdings hielt sie, um die Deutschen zum schnellen Verlassen des Bootes zu zwingen und an der Versenkung zu hindern, weiter auf den Bug des U-Boots zu. Zwei Wasserbomben, auf Zündung knapp unter der Oberfläche eingestellt, wurden geworfen, was die Deutschen, wie geplant, von „dummen Gedanken" abhielt. Das Vorgehen der *Broadway* war nicht ohne Risiko und tatsächlich stieß der Zerstörer an die Tauchzellen und verursachte weitere Schäden.

Dennoch sank *U110*, entgegen Lemps Annahme, nicht. Es wird berichtet, dass er zurückschwimmen und doch noch versuchen wollte, das Boot zu versenken. Was dann geschah, ist ungewiss. Einige Quellen berichten, dass das Prisenkommando Lemp ausmachte und erschoss, um ihn an dieser Tat zu hindern. Andere meinen, dass Lemp sein Versagen erkannte und der Kraft der Wellen keinen Widerstand mehr entgegensetzte. Wie auch immer, Lemp war nicht unter den Überlebenden, die erst geborgen wurden, als alle Opfer der U-Boot-Attacke gerettet waren.

Sub-Lieutenant David Balme, der das Prisenkommando führte, sprang auf das Vorderdeck von *U110* und machte sich auf den Weg zur Brücke. Zu seiner Überraschung fand er die Luke fest verschlossen - kaum etwas, was er auf einem sinkenden Schiff erwartet hätte. Balme entschied, dass Vorsicht angebracht war und zog seine Pistole, möglicherweise war jemand von der Besatzung zurückgeblieben, um die Kaperung des Bootes zu verhindern. Vorsichtig glitt er ins Innere von *U110* und stellte fest, dass diese tatsächlich leer war. Das U-Boot schien unbeschädigt, das Licht brannte, es gab keine Anzeichen, dass es Wasser nahm oder Giftgase vorhanden wären.

Balme signalisierte der *Bulldog*, dass *U110* seiner Ansicht nach seetüchtig sei und in Schlepp genommen werden könne. Baker-Cresswell befahl der *Broadway*, ihm einen Ingenieur zu senden, und brachte die *Bulldog* dicht an dicht mit dem aufgegebenen U-Boot, um eine Trosse zu übernehmen, die das Prisenkommando in einem Fach gefunden hatte. Unter Deck setzten Balme und seine Leute die Durchsuchung fort. Zwar dachte Balme, dass das U-Boot über Wasser bleiben würde, aber er war sich dessen nicht gewiss. Er befahl, alle Bücher, abgesehen von solchen, die offensichtlich der Unterhaltung der U-Boot-Fahrer dienten, einzusammeln. Bei der Durchsuchung entdeckten sie im Funkraum alle Codebücher, Signalverzeichnisse und die Verschlüsselungsmaschine in so perfekter Ordnung, als wollte sich gleich jemand davorsetzen und mit der Arbeit beginnen. Alan Long, der Signalgast der Gruppe, war verwirrt, da er das Gerät für eine Schreibmaschine hielt. Nachdem er einige Tasten gedrückt hatte, entdeckte er, dass diese Maschine definitiv nicht zum Briefschreiben diente und fügte das Gerät zur Sammlung des Prisenkommandos hinzu.

Während dies alles geschah, wurde auch *U201* mit Wasserbomben belegt und hatte

einige Mühe zu entkommen. Als die *Bulldog* die Ortung von *U201* via Asdic meldete, war das Prisenkommando auf *U110* kurzfristig in Sorge. Baker-Cresswell befahl, das Schleppkabel freizugeben und beteiligte sich für gut 90 Minuten (gemeinsam mit der *Aubrietia* und der *Broadway*) am Angriff auf den georteten Feind, bevor er zur *U110* zurückkehrte. Wieder nahm man das U-Boot in Schlepp, das Prisenkommando ging von Bord und die *Bulldog* nahm Kurs auf Island. Alles lief bestens, bis sich *U110* um 11 Uhr am folgenden Vormittag plötzlich aufbäumte und Heck voran sank. Baker-Cresswell war zwar über den Verlust seiner Prise enttäuscht, aber die Gegenstände, die sein Prisenkommando von Bord des Bootes geborgen hatte, sollten sich als viel wertvoller erweisen als das U-Boot selbst.

Als die *Bulldog* Island erreichten, legte Baker-Cresswell größten Wert darauf, vor der Besatzung von *U110* zu verbergen, dass ihr Boot durchsucht worden war. Er übernahm alle Gefangenen von der *Amazon* und machte sich auf den Weg nach Scapa Flow. Während der Fahrt verhörte er die Offiziere unter den Überlebenden und fand heraus, dass diese dachten, ihr Boot wäre gesunken, und glücklicherweise nicht wussten, dass ein Prisenkommando an Bord gehen konnte. Demnach wussten sie auch nicht, was man erbeutet hatte. Klarerweise hatten einige der Deutschen das Prisenkommando bemerkt, daher verbreitete man zur Tarnung die Geschichte, dass dieses, zum Bedauern der Eskorten, das U-Boot nicht mehr rechtzeitig erreicht habe. Die Besatzungen der *Bulldog*, *Aubrietia* und *Broadway* und die Seeleute der Handelsschiffe, die von der *Aubrietia* gerettet worden waren, wurden zur Verschwiegenheit verpflichtet. Keiner von ihnen sagte ein Wort, bevor 1959 ein offiziell genehmigtes Buch erschien.

Nach der Heimkehr der *Bulldog* wurde die kostbare Beute in zwei Kisten verpackt und zur Untersuchung eingesandt. Erst da erkannte man ihren Wert. Es gab nicht nur eine funktionstüchtige Enigma, man besaß auch die Schlüssel der in den Heimatgewässern der Deutschen gültigen Codes für April und Juni (allerdings nicht für den Mai) sowie jene der doppelt verschlüsselten, nur für Offiziere bestimmten Nachrichten, zudem zahlreiche Tabellen, Signallisten, Handbücher und ein Sammelsurium anderer Dinge, einschließlich des Verleihungsdekrets des Eisernen Kreuzes II. Klasse an den Bordingenieur der *U110*. Die Admiralität war mehr als erfreut. Baker-Cresswell erhielt den Distinguished Service Order, Balme das Distinguished Service Cross, auch sechs andere (darunter die Kapitäne der *Broadway* und *Aubrietia*) wurden ausgezeichnet, 14 Mann im Tagesbefehl belobigt. Angesichts ihrer Leistung ein gerechter Lohn.

UNTEN: Ein Atlantikkonvoi mit einem der berühmten „Liberty Schiffe“: ein Lastschiff vom Typ BC2 im Vordergund. Das Tempo, in dem die US-Werften diese Schiffe bauten, machte es für die U-Boote mehr als nur schwer, ihr Ziel, mehr Handelsschiffe zu versenken, als die Alliierten bauen könnten, zu erreichen.

HMS Bulldog

Nation: Großbritannien
Stapellauf: Dezember 1930
Besatzung: 138
Wasserverdrängung: 1.338 Tonnen
Abmessungen: 98 x 9,8 x 3,6 m

Bewaffnung: drei 120-mm-Geschütze, zwei zweipfündige Flugabwehrkanonen, fünf 7,7-mm-Maschinengewehre, acht 533-mm-Torpedorohre. Zusätzlich Wasserbomben
Antrieb: zwei gekoppelte Dampfturbinen, zwei Schrauben
Leistung: 35 Knoten

OBEN: ***HMS Bulldog*** **war als Flottenzerstörer in der Zwischenkriegszeit gebaut und mit Kriegsbeginn für die Eskortenarbeit umgerüstet worden. Obwohl sie kaum besonders bemerkenswert aussieht, leistete die *Bulldog* einen wichtigen Beitrag zum Krieg, da sie *U110* kaperte und eine Engima-Maschine samt Codebüchern erbeutete.**

Versteckspiel

Auch das Verleihungsdekret des Eisernen Kreuzes sollte eine Rolle spielen. Es wurde dem Bordingenieur übergeben, der einigermaßen überrascht reagierte. Er wusste, das es an Bord des versunkenen Schiffes zurückgeblieben war. Waren die Briten, fragte er sich, doch an Bord der *U110* gewesen? Zwar schien die Übergabe ein kolossaler Fehler, tatsächlich war sie eine schlaue List. Britische (und zuvor englische) Geheimdienste bedienten sich der Taktik, Personen Dokumente zuzuspielen, die auf den ersten Blick nicht in deren Hände gelangen dürften, schon Jahrhunderte bevor *U110* sank. Zum bekanntesten Opfer dieser Taktik wurde Maria Stuart. Die schottische Königin wurde durch ihr zugespielte Papiere überzeugt, dass sie bald Königin von England würde, statt in Schutzhaft ihrer Kusine Elisabeth I. zu bleiben. Durch ihre Reaktion belastete sie sich selbst und sollte eine weit weniger angenehme Zeremonie erleben, den Gang aufs Schafott. In diesem Kontext

RECHTS: Ein U-Boot nähert sich einem Handelsschiff. Die Bekleidung der Besatzung erlaubt den Schluss, dass diese Begegnung in wärmeren Gefilden stattfand. Allein laufende Handelsschiffe waren U-Boot-Angriffen gegenüber besonders verletzlich.

OBEN: U-Boote außerhalb ihrer Bunker in Trondheim, Norwegen. Aufgrund der massiven Bauweise der Bunker sollten die Boote darin bis fast zum Kriegsende vor britischen Bomben sicher sein. Dies bedeutete auch, dass ihre Wartungsmannschaften kaum gestört wurden, wenn sie die Boote für eine weitere Feindfahrt vorbereiteten.

erscheint die Übergabe der Auszeichnung in ganz anderem Licht.

Loewe, der erste Wachoffizier von *U110,* war von ähnlichen Zweifeln geplagt und wollte Dönitz die verschüsselte Nachricht zukommen lassen, die Briten hätten *U110* möglicherweise gekapert. Selbstverständlich las man die Post vor dem Versand. Der verwendete Code war bereits im I.Weltkrieg entschlüsselt worden, sodass den Briten seit Jahren alle so verschlüsselten Nachrichten zugänglich waren. Sie hatten dieses Vorgehen erwartet und wurden nicht enttäuscht, als sie Loewes Brief an Dönitz sahen (der diesen nie erreichte). Loewe wurde danach mit einem anderen Überlebenden von *U110* zusammengelegt, der ihm versicherte, das U-Boot sei versenkt worden. Loewe schrieb einen weiteren verschlüsselten Brief, der sich ebenfalls nie in Dönitz' Posteinlauf fand, des Inhalts, dass unter Umständen ein Prisenkommando an Bord von *U110* gelangt wäre. Letztendlich legte man ihn 1944 mit einem weiteren Überlebenden von *U110* zusammen, den man instruiert hatte, Loewe weiszumachen, ein Prisenkommando habe *U110* zwar erreicht, aber nur eine Schlepptrosse angebracht und nicht ihr Inneres betreten. Das unter Zug gesetzte Boot sei gesunken und ein Betreten absolut auszuschließen. Loewe, im Glauben, Dönitz erhielte die dritte einer Serie von Nachrichten, meldete, dass *U110*, ohne vom Feind durchsucht worden zu sein, gesunken wäre. Diese Nachricht ließ man durch.

Seinen Abschluss fand der Plan, als der Geheimdienst dafür sorgte, dass Loewe im Zug eines Gefangenenaustauschs freikam. Der pflichtbewusste Offizier ging zu Dönitz und meldete ihm direkt, dass der Feind das Innere des U-Boots nicht betreten hätte. Dönitz blieb bis nach Kriegsende im wohligen Irrglauben, Enigma sei nach wie vor sicher. Dass es das nicht war, brachte den Briten reichen Lohn, sobald Bletchley Park in der Lage war, alle Nachrichten zwischen U-Booten und ihrem HQ zu entschlüsseln. Ein schwerer Schlag für die Kriegsbemühungen der Deutschen, nicht nur für den U-Boot-Krieg. Und innerhalb von zwei Monaten sollte die Lage noch schlechter werden.

Technische Verbesserungen

Nicht nur der Umstand, dass Enigma geknackt worden war, blieb Dönitz und seinem Stab verborgen. Dass im Sommer die

U110

Nation:	Deutschland
Stapellauf:	August 1940
Besatzung:	48
Wasserverdrängung:	1.034 Tonnen aufgetaucht, 1.159 Tonnen abgetaucht
Abmessungen:	76,5 x 6,8 x 4,7 m
Bewaffnung:	sechs 533-mm-Torpedorohre, ein 105-mm-Geschütz, eine 37-mm-Kanone, eine 20-mm-Kanone
Antrieb:	zwei MAN Diesel- und zwei Elektromotoren
Reichweite:	aufgetaucht 16.112 km bei 12 Knoten
Leistung:	18,2 Knoten aufgetaucht, 7,3 Knoten abgetaucht

OBEN: *U110* war eines der wichtigsten Boote des Kriegs. Da ihre Besatzung beim Auftrag zur Selbstversenkung versagte, konnte die Royal Navy eine Enigma Schlüsselmaschine samt zugehöriger Codebücher erbeuten. *U110* ging am 11. Mai 1941, während sie unter Schlepp stand, unter.

Erfolge gegen Konvois ausblieben, beruhte nicht allein auf der Fähigkeit der Briten, feindliche Nachrichten zu entschlüsseln, es gab auch Fortschritte bei den gegen U-Boote eingesetzten Geräten.

Eine der wichtigsten Techniken, die die volle Aufmerksamkeit der Admiralität hatte, war das Direction Finding (D/F) Zielpeilsystem. Diese Technik war bereits im I. Weltkrieg erfolgreich gewesen, aber die Verluste von D/F-Stationen in Frankreich waren ein schwerer Schlag gewesen. Doch 1941 hatte man eine Kette landgestützter D/F-Stationen errichtet, die von Land's End, England, über Kanada zu den karibischen Inseln reichte und eine ziemlich genaue Dreipunktpeilung des U-Boot-Funkverkehrs ermöglichte. Obwohl Dönitz die Existenz dieser Einrichtung annahm, begriff er nicht deren Tragweite. Das U-Boot-Hauptquartier glaubte anscheinend, gestützt auf die Erfahrung der frühen Kriegszeit, dass das D/F nur auf kurzen Distanzen effektiv sei. Jenseits eines Radius von 480 km nahm man eine Fehlerbreite von bis zu 130 km an, über 965 km vermutete man eine Abweichung der Dreipunktpeilung von bis zu 515 km. Damit wurden die Fortschritte dieser Technik erheblich unterschätzt. So verhalf das falsche Vertrauen der U-Boote in die Unbedenklichkeit des Funkverkehrs, vor allem bei Sichtungsberichten von Konvois, den Briten zu wertvollen Erkenntnissen über deren Standort und gab dem Tracking Room die Möglichkeit, neue Routen auszuarbeiten, ohne auf entschlüsselte Signale warten zu müssen.

Auch die Radartechnik kam ganz gut voran. ASV III, das auf dem 10-cm-Band arbeitete, brachte viele Vorteile und sollte in naher Zukunft Teil der Flugzeugausrüstungen werden. Ähnliche Radargeräte wurden für Schiffe entwickelt und im Juli 25 Schiffe mit dem neueste Modell, Typ 271M, ausgestattet. Trotz der bei neuen Technologien üblichen Kinderkrankheiten war der Fortschritt groß, nun war eine wirksame Abwehr von Nachtangriffen an der Oberfläche möglich. *HMS Vanoc* hatte ihr Gerät Typ 271 bereits im März mit gutem Erfolg gegen *U100* eingesetzt, der technische Fortschritt erwies sich klar als viel versprechend.

Zusätzlich brachte die Entwicklung eines seegestützten High-Frequency Direction Finding (HF/DF oder 'Huff-Duff') Hochfrequenz-Peilverfahrens den Vorteil, auch die kürzesten Funksprüche von U-Booten zurückverfolgen zu können. Das erste praxistaugliche Modell mit dem Codenamen FH 2 wurde im Juli 1941 auf See eingesetzt. Nunmehr mussten U-Boote beim Absetzen von Funksprüchen extrem vorsichtig sein, da diese den Eskorten die Möglichkeit eröffneten, sie zu lokalisieren und anzugreifen, ohne auf den Erhalt vielleicht schon wieder veralteter Informationen landgestützter Stationen angewiesen zu sein.

Das Hauptproblem der Neuerungen war, dass die Ausrüstung noch abgestimmt und nachgebessert werden musste, um wirklich zuverlässig zu werden. Auch die Beobachter brauchten erst Erfahrung, um alle Möglichkeiten ausschöpfen zu können. Das brauchte Zeit und, anders als im Frieden, konnte man Änderungen nicht unter Laborbedingungen in sorgfältigen Versuchsanordnungen und unzähligen Tests zur Perfektion bringen. Die Ausrüstung wurde im harten Kampfalltag erprobt, das Personal in Schnellkursen ausgebildet. Keinesfalls ein Vorgehen, das man außerhalb des Kriegs toleriert hätte.

Die amerikanische „Intervention"

Die Entscheidung von Präsident Franklin Delano Roosevelt, alte Zerstörer nach Großbritannien zu schicken, betrachtete Hitler als feindlichen Akt. Er tobte, auch wenn eigentlich klar war, dass die Sympathien der US-Regierung eher dem Vereinigten Königreich denn Deutschland galten. Bei Kriegsausbruch hatte Roosevelt eine „Neutrality Patrouille" autorisiert, die jede Annäherung von Schiffen der Kriegsparteien an die Vereinigten Staaten oder die karibischen Inseln berichten und deren Bewegungen verfolgen sollte. Nach Diskussionen über diese Patrouille am 23. September 1939 auf einer panamerikanischen Konferenz beschloss man am 2. Oktober in der Deklaration von Panama eine „Sicherheitszone" zum Schutz der US-Neutralität. Bezeichnenderweise begründete man damit die Aufstellung von U-Boot-Abwehrkräften der US Navy.

Dies war nur scheinbar ein Zeichen absoluter Unparteilichkeit, denn de facto wurden britische Handelsschiffe innerhalb dieser Zone durch die Vereinigten Staaten vor Angriffen geschützt. Die Briten sahen keinen Grund, die Amerikaner durch Verletzung der Sicherheitszone zu provozieren. Die Deutschen taten gut daran, dies ebenfalls zu lassen, sodass sich die Briten nicht mehr um ihre Schiffe sorgen mussten, sobald sie die Sicherheitszone erreicht hatten.

Infolge des Lend-Lease-Programms wuchs Hitlers Verdacht, Roosevelt würde Großbritannien begünstigen. Im April 1941 erhielten britische Kriegsschiffe die Erlaubnis, amerikanische Docks zur Reparatur anzulaufen. Die Bedeutung dieser Entscheidung war enorm, die USA gestatteten, ihrer Neutralität zum Trotz, einer der Kriegsparteien, ihre Werften zu benutzen, was die britischen Anlagen sehr entlastete. Am 10. April barg die *USS Niblick* gerade Überlebende eines torpedierten holländischen Schiffes, als ihr Sonar (die amerikanische Bezeichnung für Asdic, die sich später allgemein durchsetzte) einen Kontakt meldete. Die *Niblick* begann einen Angriff mit Wasserbomben, der nach ihrem Bericht dazu führte, dass sich das U-Boot aus dem Gebiet zurückzog. Da jedoch Hinweise deutscher U-Boote auf eine Begegnung an dem Tag fehlen, ist anzunehmen, dass der Kontakt falsch war. Die Tatsache aber, dass die US Navy bewusst einen Angriff auf ein U-Boot begann, ist von einiger Bedeutung. Am nächsten Tag ordnete Roosevelt die Ausdehnung der US Security Zone nach Osten an, und zwar von 60 auf 26° W.

Die Anordnung wurde von den Briten aus gutem Grund wärmstens begrüßt. Dönitz stellte verbittert fest, dass dies eine Ausweitung der Security Zone auf eine Distanz 4.260 km vor der US-Küste ergab, die nun selbst die Azoren umfasste. Damit reichte das extrem große Schutzgebiet bis 1.190 km vor die iberische Halbinsel, was das Agieren der U-Boot-Flotte deutlich erschwerte. Nun war man auch dort der Gefahr einer Beobachtung durch die Amerikaner ausgesetzt, die kein Hehl daraus machten, dass sie den Standort aller deutschen Schiffe und U-Boote an die Briten weiterleiteten.

Das Verhältnis zu den Amerikanern wurde durch Aktionen der U-Boot-Kommandanten noch gespannter. *U69* hatte die Erlaubnis erhalten, die afrikanischen Häfen Takoradi und Lagos zu verminen. Auf dem Weg nach Afrika entdeckte der Posten am 21. Mai ein Schiff. Obwohl es beleuchtet war, hegte man den Verdacht, es könnte eine U-Boot-Abwehreinheit sein, als neutrales Handelsschiff getarnt. *U69* näherte sich und forderte Identifikation. Das Schiff signalisierte *„Robin Moor"*. Die Verwirrung stieg, das *Lloyd's Register* verzeichnete kein Schiff dieses Namens. Bei Tagesanbruch erkannte man am Heck den Namen *Exmoor*. Der Kapitän des

UNTEN: *U570* war das erste U-Boot des Kriegs, das, nachdem es sich am 28. August 1941 einer Hudson der 269. Squadron, R.A.F. ergeben hatte, zur Kriegsbeute wurde.

U570

Nation:	Deutschland
Stapellauf:	März 1941
Besatzung:	44
Wasserverdrängung:	749 Tonnen aufgetaucht, 851 Tonnen abgetaucht
Abmessungen:	67,1 x 6,2 x 4,8 m
Bewaffnung:	fünf 533-mm-Torpedorohre, ein 86-mm-Geschütz, eine 20-mm-Kanone, bis zu 39 Minen
Antrieb:	zwei Diesel-, zwei Elektromotoren
Reichweite:	aufgetaucht 12.038 km bei 12 Knoten
Leistung:	17,2 Knoten aufgetaucht, 7,6 Knoten abgetaucht

OBEN: *U570* war eines der in verschiedenen Varianten und großer Zahl gebauten Typ VII U-Boote und deswegen bemerkenswert, weil sie sich einem angreifenden Flugzeug ergab.

geheimnisvollen Schiffs setzte mit einem Walfangboot zur *U69* über, um anhand seiner Unterlagen zu beweisen, dass das Schiff erst kürzlich von einem US-Konzern gekauft und der Name geändert worden war. Dies reichte den Deutschen nicht. Der Skipper von *U69*, Jost Metzler, wollte auf dem Schiff Geschütze und Funkausrüstung erkannt haben, die *Robin Moor* beförderte also Schmuggelware und war ein legitimes Ziel. Trotz des klaren Verbots Hitlers, US-Schiffe anzugreifen, versenkte Metzler die *Robin Moore*, nachdem er der Besatzung gestattet hatte, in die Rettungsboote zu wechseln. Von Metzler mit zusätzlichen Vorräten versehen, trieb die Mannschaft zwei Wochen in offenen Booten, bevor sie Land erreichte.

Der Zeitpunkt für die Versenkung war denkbar ungünstig. Die Briten rührten bereits die Propagandatrommel: das deutsche Kriegsschiff *Atlantis* hatte einen ägyptischen Passagierdampfer auf dem Weg von Ägypten nach New York versenkt. Angeblich sei das Linienschiff *Zamzam* mit Mann und Maus gesunken, an Bord 196 Amerikaner, alle freiwillige Rettungsfahrer. Die Zeitungen machten mit der Schlagzeile auf, die Deutschen hätten brutalst ein „Schiff der Barmherzigkeit" versenkt. Der Versuch war ziemlich plump - Passagiere und Besatzung der *Zamzam* waren samt Gepäck an Bord des Frachters *Dresden* auf dem Weg nach Frankreich - und Berlin konnte zeigen, dass die Briten Informationen verfälschten. Aber gerade als man beweisen wollte, dass man sehr wohl auf Unschuldige Rücksicht nahm, kam die Nachricht von der Versenkung der *Robin Moor* und wischte die Wahrheit über die *Zamzam* vom Tisch. Bei den Amerikanern entstand der Eindruck, die Deutschen hätten bei der brutalen Versenkung eines Schiffs 196 Amerikaner getötet (es waren nur 138 an Bord) und dann, in Steigerung der Perfidie, die *Robin Moore* versenkt.

Dönitz war wütend, seine Nachrichten an Metzler ließen diesen fürchten, nach seiner Rückkehr vor ein Kriegsgericht gestellt zu werden. Doch als er im Juli zurückkehrte, hatte man ihm vergeben. Er hatte nicht nur einige Schiffe auf konventionelle Art versenkt, sondern auch den bewaffneten Frachter *Robert L. Holt* mit seinem Deckgeschütz in einem unglaublich riskanten Artillerieduell bezwungen. Bei der Heimkehr erwartete ihn Dönitz statt mit einem Kriegsgericht mit dem Ritterkreuz.

Die Erklärung des unbeschränkten nationalen Notstands durch Roosevelt erfolgte mit einiger Wahrscheinlichkeit im Zusammenhang mit den Versenkung der *Zamzam* und der *Robin Moore*. In seiner Rede an die

Nation erklärte er es als selbstmörderisch für die Vereinigten Staaten, zu warten, bis sie der Krieg erreichte, ohne vorher selbst aktiv zu werden. Ohne dass dies offiziell erklärt worden wäre, hatten die Briten in der Folge einen Verbündeten gewonnen, der sie bei der Sicherung ihrer Konvois unterstützte.

Der Angriff auf die U-Boote

Durch den unverhofften Aufklärungserfolg durch die Kaperung von *U110* konnte Bletchley Park ab Juni alle Enigma-Nachrichten der Marine sofort und zur Gänze lesen. Man gewann ein erfreulich komplexes Bild der U-Boot-Flotte, einschließlich der Zahl der Boote auf See. Da die Nachrichten von und zu diesen Booten gelesen werden konnten, hätte die Admiralität die Jagd auf sie eröffnen können. Die fesselnde Idee, die auch der offensiven Grundeinstellung entsprach, wurde nicht umgesetzt. Zwar hätte ein Simultanschlag gegen die über den Ozean verstreuten U-Boote der Bedrohung durch sie für einen nennenswerten Zeitraum eine Ende gemacht, aber gleichzeitig den Deutschen den Beweis geliefert, dass Enigma geknackt worden war. Sie würden mit Sicherheit alle Codes ändern oder gar das Verschlüsselungsgerät wechseln, wodurch Bletchley Park wieder mit größtem Aufwand nach dem Schlüssel suchen und in dieser Zeit auf wesentliche Erkenntnisse über die deutschen Pläne verzichten müsste. Aber man wollte die Versorgungsschiffe angreifen, welche den U-Booten Treibstoff und Waffen brachten, um so deren Einsatzdauer zu begrenzen. Das Misstrauen würde sich in Grenzen halten, da diese Schiffe immer schon durch offensive Patrouillen gefährdet waren. Die Deutschen würden bei einer Analyse die Verluste dieser Schiffe auf viele Faktoren zurückführen, kaum aber an einen Durchbruch der Briten in Bezug auf Enigma denken.

Am 3. Juni wurde die *Belchen* angegriffen und versenkt. In den nächsten beiden Tagen griff man vier weitere Versorgungsschiffe an. Drei wurden versenkt, eines, die *Gedania*, gekapert. Die Papiere an Bord der *Gedania* lieferten eine Fülle geheimdienstlich relevanter Erkenntnisse. Der Verlust von vier Schiffen traf Dönitz hart, dadurch wurden Operationen im Westen Afrikas schwer behindert. Dem nicht genug: Bis Monatsende hatte die Royal Navy noch fünfmal Glück und kaperte auch ein Wetterbeobachtungsschiff, das weitere Erkenntnisse über Enigma brachte, sodass Bletchley Park nun die Julinachrichten lesen konnte. Die Verluste erregten doch Misstrauen und die Deutschen gingen bei der Positionsmeldung von U-Booten zu komplexeren Codes über. Bletchley Park brauchte einige Zeit, um die Codes zu knacken, was die Effektivität der Informationen in der zweiten Monatshälfte beeinträchtigte. Aber auch die U-Boot-Skipper hatten ihre liebe Not mit dem neuen, recht verwirrenden System.

Der Juni endete mit erheblichen Vorteilen für den britischen Geheimdienst, die sicher kurzfristig, möglicherweise aber für längere Zeit die U-Boot-Abwehr erleichterten. Zu Monatsende hatten sie zudem einen neuen Alliierten gewonnen: die Sowjetunion.

Operation Barbarossa

Hitlers Besessenheit, den Kommunismus zu zerstören, musste irgendwann dazu führen, dass er die Sowjetunion angriff. Am 22. Juni 1941 gab er den Befehl zur Operation Barbarossa und ein Sieg der Deutschen zeichnete sich, zumindest in den ersten

UNTEN: Nachdem sie gekapert und repariert worden war, stellte man *U570* als *HMS Graph* in britischen Dienst. Sie wurde erst bei operativen Patrouillen eingesetzt, später als Ausbildungseinheit verwendet. Sie wurde 1944 abgewrackt, wurde aber 1961 geborgen, um verschrottet zu werden.

RECHTS: Sir Philip Joubert de la Ferté, von 1941 bis 1943 AOC-in-C (Oberbefehlshaber) des R.A.F. Coastal Command. Joubert, der 1914 den ersten Aufklärungseinsatz des Royal Flying Corps geflogen war, schmiedete das Coastal Command zu einer äußerst effizienten Truppe.

Wochen, ab. Letztendlich kam es nie dazu, die Deutschen mussten für die Entscheidung in Russland einzufallen einen fast unvorstellbar hohen Preis zahlen. Kurzfristig beeinflusste der Feldzug auch entscheidend die Art, wie der U-Boot-Krieg geführt wurde.

Der erste Aspekt kam mit dem Befehl des Führers, dass jeder Zwischenfall mit US-Schiffen zu vermeiden sei, um die Vereinigten Staaten nicht zum Kriegseintritt zu bewegen. Diese Politik wurde am 20. Juni einer ernsten Belastungsprobe ausgesetzt, als Rolf Mützelburg, der Kommandant von *U203*, ein von einem Zerstörer eskortiertes Schlachtschiff sichtete. Das Schlachtschiff war die *USS Texas*, die als Teil einer von den Vereinigten Staaten aufgestellten Kampfgruppe den Briten beistehen sollte, da man von der *Lützow* Angriffe auf den Seehandel erwartete. Die *Texas* war unwissentlich in eine Zone geraten, in welcher Hitler Angriffe auf neutrale Schiffe freigegeben hatte, daher nahm Mützelburg die Verfolgung auf, bis ihm nach 16 Stunden klar wurde, das er das Schlachtschiff nicht stellen konnte.

Die Nachrichten vom Einsatz der *Texas* führten in Berlin zu erregten Kommentaren. Dönitz und Raeder waren der Ansicht, dass die Vereinigten Staaten Deutschland damit herausfordern wollten. Die einzig richtige Antwort wäre, jedes US-Schiff, das weiter als 32 km in die Einsatzzone eindringen würde, (*U203* hatte die Verfolgung aufgegeben, als die Texas fast 240 km in der Zone war) anzugreifen sei. Hitler stimmte anfangs zu, änderte aber seine Meinung und befahl, dass jede Aktion gegen ein US-Schiff von ihm selbst autorisiert werden müsse. Damit konnten die U-Boote ausschließlich positiv identifizierte britische Schlachtschiffe, Träger und Kreuzer angreifen. So klug die Maßnahme war, um eine Konfrontation mit den USA zu vermeiden, bedeutete sie laut Dönitz , dass seine U-Boote nicht gegen jene Konvoieskorten vorgehen konnten, die für sie die größte Bedrohung darstellten. U-Boote griffen zwar üblicherweise keine Eskorten an, Dönitz beschwerte sich mehr aus Prinzip, dass es ihm verboten war.

Als nächste Auswirkung der Operation Barbarossa forderte Hitler deutliche U-Boot-Präsenz in der Baltischen See, wo sie aber kaum nützte. Zwar hatten die U-Boote einigen Erfolg gegen britische Konvois auf der Arktisroute, ob dies ein wirkungsvoller Gebrauch der Boote war, steht jedoch in Zweifel, da sie in ihrem Haupteinsatzgebiet fehlten. Weiters kamen die Briten zur Überzeugung, dass für den Rest des Jahres 1941 keine Invasion drohte (auch wenn, wie befürchtet, die Sowjetunion gegen Jahresende fiele), und warfen die zur Abwehr eines Landungsversuches in Bereitschaft stehenden Einheiten in die Atlantikschlacht.

Die Besetzung Islands

Am 6. Juni befahl Präsident Roosevelt den US-Streitkräften, Island zu besetzen. Im Zug der so genannten Operation Indigo erreichten sie am 7. Juli Reykjavik und errichteten innerhalb von Stunden Stützpunkte auf der Insel. Ab 6. August unterstützte der Patrol Wing 7 der US Navy mit seinen Catalinas und Martin Mariner Flugbooten die Hudsons und Catalinas der drei bereits hier stationierten Einheiten des Coastal Command sowie die heute fast in Vergessenheit geratenen Northrop Seeflugzeuge der aus Norwegern bestehenden 330. Squadron. Zwei Wochen nach der ersten Landung folgten sechs Schlachtschiffe und neun Zerstörer. Im August wurden weitere 21 Überwassereinheiten nach Island verlegt. Ende des Monats hatte sich Island in eine nahezu uneinnehmbare Festung verwandelt.

Dönitz war erzürnt und wollte auf die Okkupation mit einer U-Boot-Offensive antworten. Hitler, der weiter entschlossen versuchte, die Vereinigten Staaten aus dem Krieg zu halten, lehnte ab. Damit war der U-Boot-Krieg in der Nähe Islands wegen der dort konzentrierten Abwehrkräfte erheblich schwieriger geworden. Obwohl die USA noch nicht am Krieg teilnahmen, leisteten sie durch die bloße Präsenz ihrer Kräfte einen erheblichen Beitrag zur U-Boot-Abwehr. Dank Hitlers Reaktion geschah nichts.

U570 geht verloren

Die U-Boote hatten im Juli kaum Erfolg, da die Fähigkeit der Briten, Enigma zu lesen, ihnen Erkenntnisse über die Vorhaben des Feindes brachte, sodass die Konvois umgeleitet wurden. Daher blieben die Ergebnisse im Sommer weit unter Dönitz Erwartungen. Aber es schien möglich, südlich von Island einen Konvoi abzufangen, vom B-Dienst abgefangene Signale wiesen auf eine Konzentration von Schiffen in diesem Gebiet hin. Tatsächlich liefen dort drei Konvois mit starker Bedeckung. Dönitz befahl einen Angriff auf den „Konvoi", obwohl Hitler nur begrenzte Operationen gestattet hatte und enorme Verteidigungskräfte in Island stationiert waren.

Die Operation verlief gar nicht gut. *U452* sank aufgrund einer Aktion einer Catalina der 209. Squadron gemeinsam mit dem Trawler *Vascama*. Dann schlug die letzte Stunde von *U570*. *U570* war am 24. August 1941 um 8:00 Uhr von Trondheim ausgelaufen, schlecht gewartet und mit einer sehr unerfahrenen Besatzung. Als sie offenes Wasser erreichte, wurde ein gut Teil der Männer seekrank, wodurch ihre Effizienz weiter sank. *U570* hatte den Auftrag, den „Konvoi" zu suchen und tat dies pflichtbewusst. Ihre Hydrophone funktionierten nicht, sodass sich Kommandant Hans Rahmlow auf Sichtkontakt stützen musste. Am 27. August um etwa 10:50 Uhr wähnte er sich nach einem Blick durchs Periskop in feindfreiem Gebiet und tauchte auf. Leider vergaß er, den Himmel nach Flugzeugen abzusuchen, mit fatalen Folgen. Als er die Luke öffnete, hörte er das Dröhnen von Motoren. Er befahl einen Schnelltauchgang und *U570* tauchte ab.

Das Flugzeug war eine Hudson der 269. Squadron, R.A.F. Pilot James Thompson hatte das U-Boot mittels ASV-Radar geortet und war bereits im Anflug, als Rahmlow den Nottauchgang befahl. Thompson gelang es, seine Wasserbomben direkt über *U570* auszuklinken, noch bevor das Boot unter der Wasseroberfläche verschwand. Die Wasserbomben waren auf eine Tiefe von 15,24 m eingestellt und überzogen *U570*. Ihre Explosionen ließen Licht und Instrumente ausfallen, die unerfahrene und demoralisiete Besatzung geriet in Panik. Jemand wollte im hinteren Abschnitt des U-Boots Chlorgas gerochen haben und alles drängte zum Bug. Rahmlow versuchte, nochmals zu tauchen, musste aber entdecken, dass die Tiefenruder nicht funktionierten. Die Explosion hatte das elektrische System beschädigt, man hätte es neu hochfahren müssen, dazu hätte jedoch noch jemand im Heck sein müssen. Rahmlows nächster Fehler: Er sah keine andere Möglichkeit und befahl, das Schiff aufzugeben. Man warf Enigma-Gerät und Geheimpapiere über Bord, aber die Mannschaft zögerte, ohne Hoffnung auf Rettung in die kalte, raue See zu springen.

In seiner Hudson sah Thompson die Deutschen an Deck kommen und nahm an, dass sie Bordkanone und Maschinengewehr besetzen und das Feuer auf ihn eröffnen wollten. Daher flog er, der Dienstvorschrift entsprechend, mehrere Angriffe. Erst beim vierten Anflug bemerkte er, dass ein Mann mit einem weißen Hemd winkte, andere hielten weiß bemalte Bretter hoch. Es dauerte eine Weile, bis er auf den Gedanken kam, dass sich das Boot *ergeben* wollte. Was sollte er tun? Er umkreiste das U-Boot und setzte einen Notruf ab. Eine weitere Hudson

UNTEN: Obwohl veraltet, leistete die Supermarine Stranraer bis zum Jahr 1941, als die letzte ihres Typs durch die weit effektivere Catalina ersetzt wurde, wertvolle Dienste.

STRANRAER

Nation:	Großbritannien	**Leistung:**	Höchstgeschwindigkeit 265 km/h, Reichweite 1.609 km, max. Flugzeit 9,6 Stunden, Dienstgipfelhöhe 5.640 m
Jungfernflug:	1934		
Besatzung:	6		
Antrieb:	zwei Bristol Pegasus X Kolbenmotoren	**Bewaffnung:**	ein 7,7-mm-Lewis Maschinengewehr im Bug, in der Mitte und am Heck, 454 kg Bomben oder Wasserbomben

UNTEN: Die nach der gleichen Spezifikation, die der Stranraer zugrunde lag, entworfene London flog in den ersten beiden Kriegsjahren viele Aufklärungseinsätze über der See. Die letzte Maschine des Typs wurde im Juni 1941 in Gibraltar außer Dienst gestellt.

und jene Catalina, die *U452* versenkt hatte, erschienen, umkreisten ebenfalls das Boot und warteten auf die Helfer. Die Admiralität, im vollen Bewusstsein der großen Chance, die in einem U-Boot-Fang lag, sandte zwei Zerstörer und vier Trawler - die Kaperung musste gelingen.

Als erstes erschien der Trawler *Northern Chief* am Schauplatz. Er traf um 22:00 Uhr mit dem Auftrag ein, die Selbstversenkung des U-Boots zu verhindern, geleitet von den Leuchtbomben, welche die nach wie vor kreisende Catalina und zwei neu hinzugekommene Hudsons abwarfen. Thompson war zur Basis zurückgekehrt, als sein Treibstoff knapp wurde; sein Tag wurde etwas verdorben, da seine Maschine bei der Landung von einer unerwarteten und heftigen Bö erfasst und beschädigt wurde. Der größte Schaden war der verletzte Stolz der Crew, obwohl sich Thompson bei diesem Vorfall nichts vorzuwerfen hatte.

Die *Northern Chief* leitete einstweilen die Aktion und man drohte der U-Boot-Besatzung, dass man sie nicht retten würde, so sie versuchte, ihr Boot zu versenken. Die Briten konnten ja nicht wissen, dass den durch und durch verzweifelten Deutschen nichts ferner lag. Im Lauf der Nacht traf der Rest der Einsatzgruppe ein, die Noble losgeschickt hatte. Endlich konnte die Catalina abdrehen, die *U570* unglaubliche 13 Stunden lang umkreist hatte.

Commander S. R. J. Woods, der Kapitän des Zerstörers *HMS Burwell*, übernahm das Kommando. Sein Standpunkt lautete: Erlaubte man den Deutschen *U570* zu verlassen, würden sie es sofort versenken. Daher mussten Rahmlow und dessen verschreckte Mannschaft weiter an Bord bleiben. Woods Versuch, das Boot anzuleinen, gestaltete sich wegen der schweren See schwierig, zumal die U-Boot-Crew keine große Hilfe war. Plötzlich erschien ein Patrouillenflugzeug des 330. Northrop Geschwaders und nahm *U570* unter Feuer, obwohl sechs befreundete Schiffe vor Ort waren - das Unternehmen geriet immer mehr zur Farce. Dem nicht genug, griff das Flugzeug die *Northern Chief* an, die das Feuer erwiderte. Woods musste das Flugzeug über Funk bitten, das Feuer einzustellen. Die abschließende Frage der enthusiastischen Norweger, ob sie vielleicht *U570* noch einmal bombardieren sollten, wurde höflich, aber bestimmt verneint.

Der Angriff der Norweger hatte ein Gutes: Die jetzt gänzlich verstörten Deutschen zeigten endlich Kooperationsbereitschaft und halfen, ihr Boot in Schlepp zu nehmen. Man warf das Schlepptau, es riss. Woods dachte sofort an Sabotage und befahl, eine Maschinengewehrsalve über die Köpfe der Mannschaft zu feuern. Leider stand die raue See der Zielgenaugkeit des Schützen entgegen. Er traf den Kommandoturm des Bootes, Querschläger forderten fünf Verletzte. Jetzt war die Crew endgültig überzeugt, dass es den Briten ernst war, sie unterstützte deren Bestrebungen perfekt und blies für maximalen Auftrieb Ballast- und Treibstofftanks aus. Natürlich wollte Woods Rahmlows Bitte nachkommen, die Verwundeten zu bergen.

Da es schwierig war, an *U570* längsseits zu gehen, befahl Woods dem Trawler *Kingston Agathe*, ein Prisenkommando für den Transfer auszuschicken. Im Übereifer nahm *Kingston Agathe* erst einige Offiziere, darunter Rahmlow, fest, bevor man die

SARO LONDON

Nation:	Großbritannien
Jungfernflug:	1934
Besatzung:	6
Antrieb:	zwei Bristol Pegasus X Kolbenmotoren
Leistung:	Höchstgeschwindigkeit 250 km/h, Reichweite 1.770 km, max. Flugzeit 5,2 Stunden, Dienstgipfelhöhe 6.065 m
Bewaffnung:	ein 7,7-mm-Lewis Maschinengewehr am Bug, in der Mitte und im Heck. 907 kg Bomben oder Wasserbomben

Verletzten barg. Damit erlitt Woods Plan, die Besatzung als Geisel für die Sicherheit ihres Bootes zu halten, einen Rückschlag, da man gerade die drei Männer von Bord geholt hatte, die die Verantwortung für die Seetüchtigkeit ihres Bootes trugen. Daraufhin sandte der kanadische Zerstörer *Niagara* ein Schlauchboot aus, um *U570* zu evakuieren. Die Männer waren verwirrt, einmal hatte man ihnen befohlen, an Bord zu bleiben, nun sollten sie diesen Befehl missachten. Sie taten es und wurden von der *Niagara* aufgenommen. Zu dieser Zeit hatte das Prisenkommando bereits die Zugtrosse zwischen dem U-Boot und der *Kingston Agathe*, die *U570* in Schlepp nahm, gesichert. Die Trosse brach in der Nacht und die *Northern Chief* übernahm die Aufgabe. Nach einem anstrengenden Tag erreichte *U570* Thorlakshafn.

Anders als bei *U110*, die selbst in der neun Jahre nach dem Krieg publizierten offiziellen britischen Seekriegsgeschichte als „gesunken" aufscheint, sahen die Briten hier keinen Grund zur Geheimhaltung. Sie bezweifelten, dass die Kaperung vertuscht werden konnte und nutzten begeistert die Chance, die deutsche U-Boot-Flotte recht armselig darzustellen. Selbstverständlich sorgte man dafür, dass die Nachricht, dass man Enigma nicht erbeutet hatte, Dönitz erreichte. *U570* wurde von Briten und Amerikanern penibelst studiert. Churchills Idee, sie den Amerikanern zur Instandsetzung zu überlassen, stellte sich die Admiralität entgegen. So wurde *U570* zur *HMS Graph* und tat mit dem White Ensign unter britischer Kriegsflagge Dienst.

Das Coastal Command

Mit der Kaperung eines U-Boots durch ein Flugzeug schien sich das Glück des Coastal Command zu wenden. Bis Juni 1941 hatten Flugzeuge nur wenig Erfolg im Kampf gegen U-Boote gehabt. Die Hauptursache war, wie erwähnt, dass man dem Coastal Command anfangs nicht die gleiche Priorität einräumte wie dem Bomber Command und es deswegen nur über rund 200 Flugzeuge verfügte. Obwohl die Lieferung der ersten Liberators gerade begonnen hatte und die Aufstellung der 120. Squadron erlaubte, gab es immer noch zuwenig geeignete Maschinen. Und ein kurzer Blick zeigt, dass der – gleichwohl beachtliche – Beitrag des Coastal Command zu dem Umstand, dass U-Boot-Angriffe in den North Western Approaches schwieriger wurden, mit geeigneteren Flugzeugen weit größer hätte sein können. Zwar freute man sich über ein paar übertragene Vickers Wellington, die mehr Wasserbomben mitführten als die Hudson oder Whitley. Ihre Reichweite aber war doch sehr begrenzt.

Air Chief Marshal Bowhill wurde im Juni durch Air Marshal Sir Philip Joubert de la Ferté, der 1914 die erste Aufklärungsmission des Royal Flying Corps geflogen war, als Air Officer Commanding-in-Chief abgelöst. Jouberts Ziel war, mehr offensive Patrouillen fliegen zu können, und er fordete eine Verstärkung seines Kommandos. Insbesondere wollte er den Krieg bis in den Golf von Biskaya tragen, wo die Flugzeuge die Fahrt der U-Boote von und zu ihren Einsatzgebieten erschweren sollten. Joubert war keinesfalls so naiv zu glauben, dass seine Anforderung sofort erfüllt würde, und suchte noch andere Wege, um die Erfolgsrate des Coastal Command zu verbessern.

Er wandte sich an einige Wissenschaftler, allen voran an den späteren Nobelpreisträger Professor P. M. S. Blackett. Dies war der Beginn der lebenswichtigen Einsatzforschung (operational research/OR). Blackett und sein Assistententeam analysierten tausende Seiten Einsatzdaten des Coastal Command und gaben mehrere Empfehlungen.

Als erstes wurde festgehalten, dass der Navigationsstandard beim Coastal Command niedrig war. Die Besatzungen wussten nur selten, wo sie wirklich waren, was zur Folge hatte, dass sie nicht unbedingt in jenen Gebieten patrouillierten, in die man

OBEN: Professor P. M. S. Blackett spielte die Schlüsselrolle bei der Weiterentwicklung der Strategien für die operativen Aufklärungseinsätze des Coastal Command. Aufgrund seiner ausführlichen Auswertung von Einsatzberichten entwickelte er Verbesserungsvorschläge, welche die Effektivität der Flugzeuge des Coastal Command gegen U-Boote erheblich steigen ließen.

UNTEN: Einer von Britanniens berühmtesten Flugzeugträgern, die *Ark Royal*, entkam in den ersten Kriegstagen mit viel Glück einem Topedoangriff. Danach leistete sie sowohl in den Heimatgewässern als auch im Mittelmeer wertvolle Dienste, bis sie im November 1941 von *U81* torpediert wurde und sank.

sie gesandt hatte. Daher verfehlten sie auch immer wieder zu schützende Konvois. Der Fehler lag weniger in der Unfähigkeit der Besatzungen, vielmehr hatte Geldmangel vor dem Krieg eine fundierte Ausbildung verhindert. Dem fehlenden Training galt auch der zweite Punkt, der feststellte, in Anbetracht ihrer schlechten Schulung würde von den ASV-Radarbeobachtern zu viel verlangt. Überdies flogen die Flugzeuge meist zu hoch, um von der Leistungsfähigkeit des Radars zu profitieren. Da Flugzeugbesatzungen daher kaum U-Boote aufspürten, vertrauten sie dem ASV nur bedingt.

Es gab aber auch Probleme beim Angriff auf die U-Boote. Üblicherweise entdeckten die U-Boote Flugzeuge zuerst und die benutzten Wasserbomben waren ungeeignet. Meist stellte man auch den Explosionspunkt der Ladungen auf zu große Tiefen ein. Blacketts Lösungsansätze waren einfach. Radarbeobachter und Navigatoren waren besser auszubilden, die Unterseiten der Flugzeuge sollten weiß getarnt werden, damit sie gegen den Himmel schlechter auszumachen wären, die vorgeschriebene Einsatzhöhe sollte herabgesetzt, die Sprengkraft der Wasserbomben durch hochexplosive Ladungen (TORPEX) und Zündorte, die knapp unter der Wasseroberfläche lagen, verbessert werden. Schließlich könnten sie, in größeren Abständen freigegeben, eine längere Spur legen.

Lediglich der Vorschlag, dass man besser eine größere Zahl kleiner Wasserbomben anstelle weniger großer werfen solle, wurde vom Coastal Command nicht gänzlich akzeptiert und man entwickelte parallel bessere kleine und einen größeren Typ mit 900 kg. Blacketts, im übrigen fortgesetzte Arbeit erwies sich als erster richtiger Ansatz für die Bekämpfung von U-Booten durch die R.A.F. Die erfolgreiche Kaperung von *U570* durch eine tiefer fliegende Hudson, deren Wasserbomben auf nur 15 anstelle von mindestens 30 Meter wie früher eingestellt waren, war der beste Beweis, wie zielführend die Arbeit von Analytikern sein kann.

Konvois in der Arktis

London sah den Kriegseintritt der Sowjetunion mit einer Mischung aus Optimismus und Pessimismus. Churchill bestand darauf, die Russen mit Nachschub zu unterstützen, zuvorderst mit Hawker Hurricane Jägern. Zwar waren die Hurricanes den neuesten deutschen Flugzeugen unterlegen, aber besser als viele Maschinen der sowjetischen Luftwaffe. Die sowjetische Flugzeugindustrie sollte noch Hervorragendes leisten, damals aber war die Lieferung von britischen Maschinen und solchen aus dem Lend-Lease-Programm, das Roosevelt auf die Sowjetunion ausdehnte, von großer Bedeutung.

Zum Start der Überstellfahrten brachten der alte Flugzeugträger *Argus* und Handelsschiffe 48 Hawker Hurricanes nach Archangelsk. Der Konvoi lief am 21. August von Reykjavik aus und erhielt sechs Eskorten, darunter den Träger *Victorious*. Die Maschinen der *Argus* flogen selbst nach Murmansk, die auf den Handelsschiffen in Packkisten verstauten Flugzeuge samt der Ausrüstung für alle Maschinen kamen sicher in Archangelsk an. Dies war nicht der erste PQ-Konvoi von Großbritannien nach Russland. Der erste offizielle Konvoi auf der Russlandroute war QP1, wie die Konvois auf der Rückfahrt genannt wurde. Der erste Konvoi, PQ1, verließ am 28. September Großbritannien und eröffnete eine lange Serie von Fahrten. Die Konvois mussten unter den härtesten Bedingungen eine Strecke von 2.250 bis 3.200 km zurücklegen. Da Häfen

ARK ROYAL

Nation:	Großbritannien	**Bewaffnung:**	sechzehn 114-mm-Geschütze, 32 zweipfündige Kanonen, vier dreipfündige Kanonen
Stapellauf:	1937	**Antrieb:**	gekoppelte Dampfturbinen an drei Wellen
Besatzung:	1580	**Reichweite:**	14.075 km bei 20 Knoten
Wasserverdrängung:	21.652 Tonnen	**Leistung:**	31 Knoten
Abmessungen:	243 x 29,3 x 8,5 m		

LINKS: Seemänner, die sich kurz entspannen, blicken über den Konvoi, den sie zu schützen haben. Die Besatzungen der Eskorten hatten bei ihrer Arbeit Kälte und Schlechtwetter zu ertragen und waren nicht allzu selten Gefahren ausgesetzt. Obwohl ihre Arbeit keineswegs „schillernd" war, war sie für die Kriegsbemühungen lebenswichtig.

zur Betankung fehlten, mussten sie von Tankern begleitet werden.

Man beabsichtigte erst, die Konvois in Abständen von 40 Tagen laufen zu lassen, aber schon im Oktober entschied die Admiralität, alle zehn Tage einen Konvoi auf den Weg zu schicken. Das bereitete der Home Fleet ernste Schwierigkeiten, da ihre Ressourcen bis ans Limit ausgeschöpft werden mussten: Da ein Schiff für die Reise von und nach Murmansk drei Wochen brauchte, hatte man Probleme, genügend Eskorten zur Verfügung zu halten. Doch die Deutschen unterschätzten anfangs Größe und Umfang der Konvois und warfen ihre U-Boote noch nicht in die Schlacht. Sobald man aber die Bedeutung ihrer Last realisierte, setzte die Kriegsmarine schwere Eineiten ein, um ein Durchkommen der Konvois zu vereiteln. Der Rest des Jahres 1941 war in Hinblick auf U-Boot-Angriffe gegen Konvois eine ruhige Zeit, aber das sollte nicht lange so bleiben.

ABLENKUNG IM MITTELMEER

Ende August erlitt die U-Boot-Flotte einen weiteren Schlag. Hitler befahl, Marineeinheiten ins Mittelmeer zu verlegen. Auf den ersten Blick schienen Hitlers Überlegungen Sinn zu machen: Das Afrikakorps hatte ernsthafte Versorgungsprobleme. Deutsche und italienische Versorgungsschiffe wurden durch die Royal Navy und Luftangriffe behindert. Zwar konnten U-Boote (und in diesem Fall auch Überwassereinheiten) Gegendruck auf die U-Boote und Schiffe der Royal Navy ausüben, aber nichts gegen die die Schiffe angreifenden Flugzeuge tun. Hauptangriffsziel der U-Boote sollten britische Kriegsschiffe sein, die aber weit gefährlicher als Handelschiffe waren. Durch den Mangel an einsatzfähigen U-Booten hinterließ jedes ins Mittelmeer entsandte Boot eine Lücke im Kampf gegen den Handel. Dönitz' Protest verhallte wirkungslos: Er hatte seine Einheiten ins Mittelmeer zu senden, ob er wollte oder nicht.

Dies bedeutete eine grundlegende Änderung der Strategie, ohne sichtbaren Vorteil. Dönitz erachtete einen Sieg im Mittelmeer zwar als wichtig, gab ihm aber keinesfalls das gleiche Gewicht wie einem über England. Er wusste, welche Kampfzone für U-Boote profitabler wäre, wurde aber überstimmt. Und die U-Boote waren keineswegs ineffektiv. Am 13. November versenkte *U81* den Flugzeugträger *Ark Royal* und glich damit die Schmach mit den defekten Torpedos von 1939 aus. 10 Tage später hatte *U331* beim Schlachtschiff *HMS Barham* Erfolg. Worauf Hitler Dönitz davon in Kenntnis setzte, dass das Mittelmeer nun Hauptoperationsgebiet der U-Boote sei und alle Kräfte dorthin zu verlegen wären. John Terraine hält diese Entscheidung für den größten Schlag, den die U-Boote je im Kampf gegen die britische Schifffahrt erhielten – von ihrem eigenen Oberkommando. Mit ein paar Erfolgen im Mittelmeer gegen Kriegsschiffe, egal wie groß, wäre der Krieg nicht zu gewinnen, zumal sich die Kampfhandlungen innerhalb weniger Wochen ausweiten sollten, als die Vereinigten Staaten in einen Konflikt hineingezogen wurden, den sie verzweifelt zu meiden getrachtet hatten.

5. KAPITEL

U-BOOTE GEGEN AMERIKA: JANUAR BIS JULI 1942

Amerikas Kriegseintritt gab den U-Booten eine unerwartete Chance. Nach einem Jahr der Enttäuschungen geriet die Schifffahrt der Alliierten wieder in schwere Bedrängnis.

Offiziell begann der Krieg für die USA erst am 7. Dezember 1941, nach dem berüchtigten Angriff der Japaner auf Pearl Harbor. Tatsächlich hatten die Vereinigten Staaten schon lange vor diesem Tag Einheiten in die Schlacht um den Atlantik geworfen. Wäre der Plan von Karl Dönitz, die in Island stationierten US-Kräfte anzugreifen, akzeptiert worden, hätte der Kriegsverlauf für Amerika wahrscheinlich völlig anders ausgesehen.

Der Angriff auf Pearl Harbor bedeutete nicht zwangsläufig, dass sich die USA am Krieg in Europa beteiligen würden. Die öffentliche Meinung war, dass die Herausforderung des verbrecherischen Angriffs angenommen und Japan geschlagen werden müsse. Eine Verwicklung in den Krieg gegen Deutschland würde notgedrungen dazu führen, Ressourcen aus dem Pazifik abzuziehen. Daher war bis Dezember 1941 keinesfalls sicher, ob Präsident Roosevelt Deutschland den Krieg erklären würde, auch wenn er offensichtlich keinerlei Sympathie für Hitler hegte. Etwaige letzte Zweifel Roosevelts wurden schließlich von Hitler

LINKS: Amerika stand de facto bereits vor dem Angriff auf Pearl Harbor im Krieg. Dieses Bild zeigt den Zerstörer *USS Kearny* auf dem Weg nach Reykjavik, nachdem er am 17. Oktober 1941 torpediert wurde.

USS REUBEN JAMES

Nation:	Vereinigte Staaten	**Wasserverdrängung:**	1.082 Tonnen (Standard)
Stapellauf:	Oktober 1919	**Reichweite:**	4.023 km bei 20 Knoten
Besatzung:	150	**Leistung:**	35 Knoten
Antrieb:	gekoppelte Dampfturbinen an zwei Wellen		
Bewaffnung:	vier 101-mm- und ein 75,75-mm-Geschütz, 12 Torpedorohre		

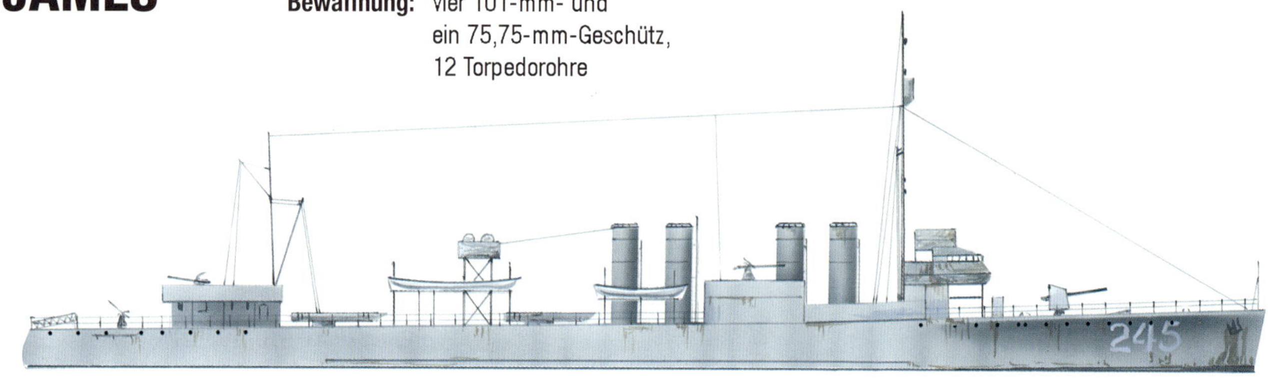

OBEN: Die *Reuben James* zählte zur großen Gruppe an Zerstörern, die gegen Ende des I. Weltkriegs im Auftrag der US Navy auf Kiel gelegt worden waren. Später sollten 50 dieser Schiffe an die Royal Navy übertragen werden, bei der sie als dringlichst benötigte Eskorten im Kampf gegen U-Boote dienten.

endgültig ausgeräumt, er erklärte seinerseits am 11. Dezember 1941 den USA den Krieg. Ob aus Solidarität mit Japan oder um dem bereits ohne Kriegserklärung geführten Seekrieg eine formale Grundlage zu geben, ist ungewiss. Die ersten Schüsse waren längst gefallen. Am 10. Oktober hatte *U552* unter Erich Topp Konvoi HX156, der unter dem Schutz von fünf US-Zerstörern stand, entdeckt. Topp nahm die *USS Reuben James* ins Visier, feuerte zwei Torpedos ab und traf die nichts ahnende Eskorte an Backbord. Die darauf folgenden Explosionen zerfetzten das Schiff. Nur 45 von 160 Mann konnten gerettet werden.

Damit wurde der *Reuben James* die zweifelhafte Ehre zuteil, als erstes US-Kriegsschiff im II. Weltkrieg vom Feind versenkt worden zu sein. Der Verlust führte zu einer heftigen Auseinandersetzung zwischen Politikern und Militärs, die in der Äußerung des Chief of Naval Operations (CNO), Admiral Harold R. Star, gipfelten: „Ob es Amerika wahrhaben will oder nicht, wir sind im Krieg." Trotz der Dramatik dieser, obschon privaten Meinung wurde wenig getan, um den Schutz der US-Schiffe für den Fall einer Kriegserklärung zu verstärken.

Dönitz erkannte, dass der Kriegseintritt der USA durch die enorme Zahl an US-Schiffen zu einer großen Herausforderung würde. Die Kapazitäten der amerikanischen Werften könnten den Nachschub zur Unterstützung der Briten auf der Atlantikroute deutlichst verstärken. Während die britischen Werften unter ständigem Bombarde-

RECHTS: 16. November 1941. Ein amerikanischer Zerstörer läuft bei schwerer See im Atlantik.

LINKS: Ein Boot vom Typ VIIC im Hafen. Typ VII und IX wurden, bezogen auf die Produktionszahlen, zu den wichtigsten U-Boot-Klassen. Aber es sollte weit länger dauern, als Dönitz gehofft hatte, bis seine U-Boot-Flotte eine Größe erreichte, mit der sie zu einer echten Bedrohung der alliierten Schifffahrt werden konnte.

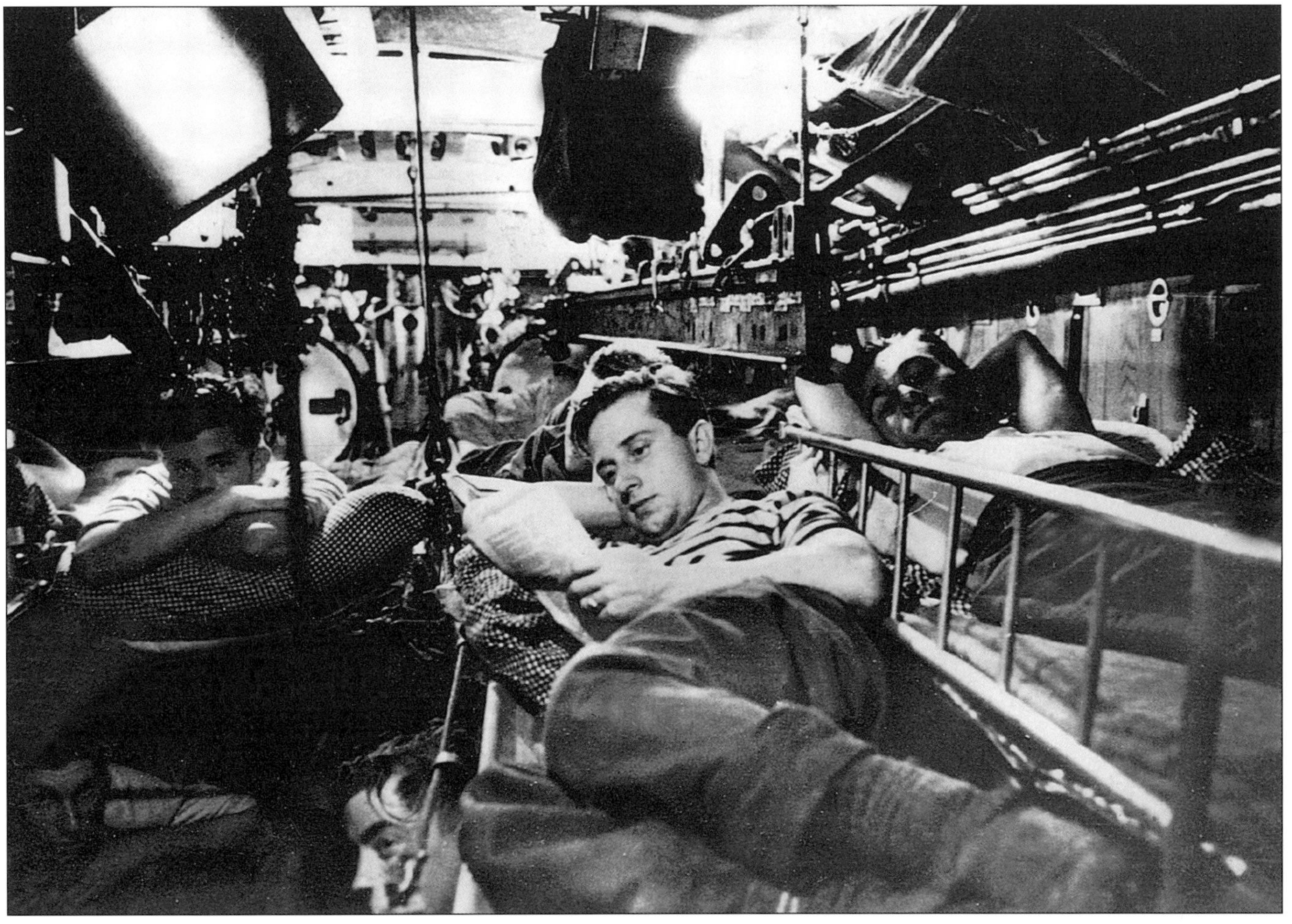

OBEN: Die Besatzung versucht, sich in den beengten Bedingungen eines U-Boots zu entspannen. Oft schliefen die Männer einfach dort, wo sie arbeiteten, manchmal nutzten sie gar die Torpedos als behelfsmäßige Kopfkissen.

ment der Luftwaffe standen, waren jene in den USA kaum anzugreifen. Es gab keine Ultra-Langstrecken-Flugzeuge, um damit die Vereinigten Staaten zu erreichen. Auch den Japanern fehlte die Möglichkeit, durch Angriffe auf Docks unterstützend einzugreifen. Die einzige Hoffnung lag in einer Verschärfung des Tonnagekriegs, um mehr Schiffsraum zu versenken, als selbst US-Werften zu bauen imstande wären.

Für einen Erfolg der Kampagne müssten laut Dönitz' Berechnungen 800.000 Tonnen Schiffsraum pro Monat auf dem Meeresgrund landen. Die Ergebnisse der letzten sechs Monate des Jahres 1941 gaben wenig Anlass zu Optimismus, die U-Boote hatten gerade einmal 15 % dieses Wertes versenkt. Zum Glück für Dönitz bestand mehr Grund zur Hoffnung, als auf den ersten Blick angenommen, denn erstmals liefen U-Boote in größerer Zahl vom Stapel. Im Januar 1942 standen 91 U-Boote im Dienst, bis Juli sollten es 138 sein. Was aber noch lange nicht bedeutete, dass alle auch auf See waren. Viele mussten nach Einsätzen instand gesetzt oder gar ausgeschieden werden, manche taugten nur mehr als Schulschiffe. Außerdem gab es Ausfälle im Kampf, sodass

U123

Nation: Deutschland
Stapellauf: März 1940
Besatzung: 48
Wasserverdrängung: 1.034 Tonnen aufgetaucht
1.159 Tonnen abgetaucht
Abmessungen: 6,5 x 6,8 x 4,7 m
Bewaffnung: sechs 533-mm-Torpedorohre, ein 105-mm- und ein 37-mm-Geschütz, eine 20-mm-Kanone
Antrieb: 2 MAN Diesel, zwei Elektromotoren
Reichweite: aufgetaucht 14.000 km bei 12 Knoten
Leistung: 18,2 Knoten aufgetaucht, 7,3 Knoten abgetaucht

OBEN: *U123* hatte eine äußerst aktive Karriere. Nicht nur die Liste ihrer Opfer ist beeindruckend, 1942 gelang es ihr, nach einem Artillerieduell mit einem Schiff der US Navy zu entkommen, im Jahr danach wurde sie von einer Mosquito der R.A.F. an der Oberfläche entdeckt und schwer beschädigt. Auch 1944 erlebte *U123* schwere Kämpfe und musste letztendlich, weil sie seeuntüchtig geworden war, vom Einsatz abgezogen werden. Sie wurde in Lorient gesprengt, später aber von der französischen Marine geborgen und rekonstruiert. Unter dem Namen *Blaison* diente *U123* bis 1959, dann wurde sie endgültig außer Dienst gestellt.

die tatsächliche Größe der U-Boot-Waffe nicht vorhersagbar war. Bedenkt man, dass die Hälfte der 1942 abgenommenen 266 Boote erst 1943 einsatzfähig waren, wird das Problem deutlich. Am 1. Januar waren nur 64 der 91 im Dienst stehenden U-Boote auch seetüchtig. Und von diesen konnten gerade einmal sechs Stück sofort gegen die USA eingesetzt werden.

Dönitz wollte so schnell wie möglich mit Angriffen vor Amerika beginnen. Zum einen sollte den Amerikanern keine Zeit bleiben, starke U-Boot-Abwehrkräfte aufzubauen, zum anderen hätten unmittelbare Attacken nicht unbeträchtliche Auswirkungen auf die Moral. So kam es zur Operation Paukenschlag. Am 17. Dezember 1941 erhielten die Kommandanten der sechs für den Einsatz verfügbaren U-Boote ihre Befehle. Da Dönitz keine Hinweise hatte, dass die Amerikaner Konvois laufen ließen, hielt er Rudeloperationen nicht für nötig und sandte die U-Boote – mit dem Auftrag, sich auf möglichst große Schiffe zu konzentrieren – einzeln auf Patrouille. Jeder Kontakt mit Geleitzügen sollte vermieden werden.

Als erstes lief *U125* am folgenden Tag aus, die anderen folgten im Lauf der nächsten neun Tage. Neben diesen Booten vom Typ IX entsandte er zehn Einheiten vom Typ VII. Sie

EAGLE KLASSE

Nation: Vereinigte Staaten
Stapellauf: 1917
Besatzung: 61
Wasserverdrängung: 500 Tonnen (Standard)
Antrieb: Gekoppelte Turbinen an einer Schraube
Bewaffnung: zwei 101-mm-Geschütze, 12 Wasserbomben
Reichweite: 2091km
Leistung: 18 knoten

RECHTS: Eagle war die Klassenbezeichnung einer großen Gruppe von Schiffen zur U-Boot-Abwehr, die im I. Weltkrieg gebaut worden waren. Ihr Name beruht auf dem Bauort, der Eagle Boat Plant (Adler-Werft) des Ford-Konzerns.

sollten vor der kanadischen Küste operieren. Mal sehen, ob man nicht auch dort ein wenig Schaden anrichten konnte. Der Tracking Room der Admiralität hatte Schwierigkeiten, die Absichten dieser Boote zu durchschauen. Man warnte Washington zwar über Funk mehrmals vor möglichen U-Boot-Angriffen, aber konkrete und schlüssige Hinweise auf deren Vorhaben fehlten. Die Wetterlage im Atlantik machte es nicht eben einfach, den Weg der Boote zu verfolgen. Mehrere Boote liefen in Tauchfahrt, um dem Schlechtwetter zu entgehen, und gingen nur zum Aufladen der Batterien oder um das Boot zu belüften an die Oberfläche. Damit wurde allerdings auch die Navigation schwierig, da man unter Wasser das astronomische Besteck nicht einsetzen konnte.

Am 2. Januar verfügte die Admiralität über Informationen, die darauf hindeuteten, dass fünf oder sechs U-Boote Kurs auf die USA hielten. Damit war Dönitz' Versuch, die Alliierten über das wahre Ziel des Einsatzes zu täuschen, gescheitert. Er hatte *U653* in die North Western Approaches gesandt, um dort möglichst viele Funksprüche abzusetzen, da er hoffte, dies würde als Hinweis auf eine Konzentration von U-Booten in diesem Gebiet interpretiert. Bisherige Erfahrungen ließen den Tracking Room aber eine List vermuten, und die Bereitschaft wurde nur geringfügig erhöht. Davor gewarnt zu sein, dass U-Boote im Anmarsch waren, war eine Sache, darauf auch reagieren zu können eine gänzlich andere.

„Goldene Zeiten"– Teil zwei

Am 12. Januar erreichten die ersten U-Boote amerikanische Gewässer, bald danach fanden sie auch ihr erstes Opfer. Tags darauf tauchte *U123* kurz vor 1.00 Uhr auf, um nach Frachtern Ausschau zu halten, wenig später, um 3.00 Uhr, torpedierte sie den allein laufenden britischen Frachter *Cyclops* und versenkte innerhalb der folgenden 48 Stunden zwei bewaffnete Trawler. Die U-Boot-Besatzung berichtete, der Schiffsverkehr sei in diesem Gebiet nahezu unvorstellbar dicht, im Schnitt 120 bis 130 Schiffe pro Tag, sodass man unmöglich alle potenziellen Ziele alleine angreifen könne.

Die Antwort der Amerikaner auf diesen Schlag beeindruckt wenig. Historiker kritisieren gerne harsch die fehlenden U-Boot-Abwehrmaßnahmen und schreiben dieses Versagen der Inaktivität und dem fehlenden Problembewusstsein der Führungsoffiziere der US Navy zu. Der Sachverhalt ist aber komplexer. In erster Linie hatte der Krieg im Pazifik zur Folge, dass Schiffe, die man zur U-Boot-Abwehr gebraucht hätte, statt dessen dort gebunden waren. Außerdem hatte man jeden entbehrlichen Zerstörer im Rahmen von Lend Lease an die Briten übertragen. Diese kämpften zwar auch gegen U-Boote, aber anderswo. Der Commander in Chief der Atlantikflotte, Admiral Ernest J. King, hielt es für sinnlos, Konvois ohne ausreichende Bedeckung auf Fahrt zu schicken, sinnvoll sei diese Maßnahme erst, wenn entsprechende Ressourcen vorhanden wären. Die Briten ließen sich von diesen Argumenten nicht überzeugen und forderten mit Nachdruck, auf jeden Fall Konvois zu bilden, egal, wie stark deren Eskorten wären.

OBEN: Sommer 1942 – die Besatzung von *U563* wirft sich vor dem Turm ihres Bootes für die Kamera in Pose.

Ein anderer Grund für den Mangel an geeigneten Einheiten lag in der Struktur der US Navy. Wäre die Bedrohung von Überwassereinheiten ausgegangen, hätte man ihnen sofort die Atlantikflotte entgegengeworfen. Da die Gefahr küstennahe Gebiete betraf, fiel die Hauptlast der Verteidigung jedoch dem Eastern Sea Frontier unter Admiral Adolphus Andrews zu. Andrews war in keiner glücklichen Lage. Nur unter größten Anstrengungen konnte er eine kunterbunt zusammengewürfelte Streitmacht aus 20 Schiffen aufstellen. Die besten dieser Schiffe waren sieben Kutter der Küstenwache, von denen allerdings nur ein einziger den technischen Anforderungen des modernen U-Boot-Kriegs entsprach. Darüber hinaus gab es drei U-Boot-Jäger der Eagle Klasse aus dem I. Weltkrieg, zwei 1905 in Dienst gestellte Kanonenboote und vier große Yachten. Das waren wohl nicht gerade die

RECHTS: Die Brückenmannschaft der *HMS Wolsey* bei der Arbeit. Der Offizier rechts im Bild verwendet die „Talk Between Ships"-Sprechfunkverbindung. Ihre Einführung machte eine weit bessere Koordination zwischen Eskorten möglich.

UNTEN: Das spektakuläre Ergebnis eines Torpedoangriffs 1941, irgendwo im Atlantik. Zu dieser Zeit hatten die Deutschen ihre Probleme mit der Unzuverlässigkeit der Torpedos gelöst.

besten Schiffe zur U-Boot-Abwehr. Aber sie waren alles, was Andrews hatte.

Andrews fehlte es auch an Luftüberwachung. Die Catalinas der US Navy waren mit Einsätzen gegen Überwassereinheiten beschäftigt und suchten nach der Hauptmacht der feindlichen Flotte. Das bedeutete, dass sie für das Eastern Sea Frontier unerreichbar blieben. Es gab auch kaum Chancen auf neue Catalinas, da diese, sobald sie vom Band liefen, in den Pazifik oder an das Coastal Command im Vereinigten Königreich gingen, um die Verluste an diesen Schauplätzen auszugleichen. King sah sich zwischen Januar und März sogar gezwungen, die Lieferungen an Großbritannien auszusetzen, um seine eigenen Streitkräfte ausrüsten zu können.

Andrews stand zudem vor dem Problem, dass die zur U-Boot-Abwehr nötigen Flugzeuge unter dem Kommando der United States Army Air Forces (USAAF) standen, die sich als ebenso begeistert erwiesen wie das Bomber Command, wenn es darum ging, Maschinen statt als strategische Bomber als U-Boot-Jäger einzusetzen. Die US Navy begann einen erbitterten Kampf um die Kontrolle der Anti-U-Boot-Einheiten, aber der Widerstand der USAAF war erheblich. Die aus Großbritannien bekannte Geschichte wiederholte sich: Die besten Flugzeuge zur Bekämpfung von U-Booten, die Flying Fortress B-17 und die B-24 Liberator, beide als strategische Bomber entworfen, sowie die B-25 Mitchell waren auch für Bombenangriffe ideal.

Da man keine Konvois bildete und die Abwehrwaffen beschränkt waren, fanden die U-Boote ihre Ziele nur allzu leicht. Jeden Tag wurden Funkrufe abgefangen, perfekte Hinweise auf den Aufenthaltsort potenzieller Opfer. *U123* war weiter erfolgreich und sichtete allein am 19. Januar nicht weniger als 20 Schiffe. Ihre Attacken sandten zwei auf Grund, eines wurde beschädigt. Aller Torpedos ledig ging *U123* auf Heimatkurs und beanspruchte in ihren Jubelmeldungen acht Versenkungen für sich, da die Besatzung nicht realisiert hatte, dass einige Schiffe nur beschädigt worden waren. Nichtsdestotrotz war ihr Erfolg beeindruckend und für Dönitz eine große Ermunterung. Auf dem Heimweg besserte *U123* seine Bilanz weiter auf, zwei Schiffe fielen ihrer Deckkanone zum Opfer. *U66* erfreute sich ähnlicher Ergebnisse, versenkte am 22. und 23. Januar drei Schiffe und nahm dann Kurs auf die Heimat. In nur zehn Tagen hatten drei U-Boote zehn Schiffe versenkt, ohne eigene Verluste. Das war noch kein Grund für die Alliierten, in Panik zu verfallen, aber Anlass zu ernster Besorgnis.

Auch die Angriffe vor der Küste Kanadas waren ähnlich erfolgreich, obwohl das Wetter schlecht und das Wasser kalt war. *U130* wurde am 12. Januar von einem Flugzeug entdeckt, konnte sich aber durch einen Schnelltauchgang retten, ohne nennenswerte Schäden davonzutragen. Schon am nächsten Tag machten ihre Torpedos zwei Frachtern den Garaus. Am Tag darauf wurde das U-Boot wieder angegriffen. Wieder entkam es durch einen Nottauchgang dem feindlichen Schiff. Doch durch den Frost waren die Verschlüsse der Auspuffendstücke ihrer Dieselmotoren festgefroren, sodass bei dem Manöver acht Tonnen Wasser ins Boot brachen. Gelassen pumpte

UNTEN: *U333* hatte eine besonders bewegte Karriere. Sie schoss drei Flugzeuge ab und wurde selbst zweimal von Eskorten beschädigt, allerdings gelang es ihr jedesmal zu entkommen. Überdies versenkte sie irrtümlich den Deutschen Blockadebrecher *Spreewald*, der allerdings selbst dafür verantwortlich gewesen sein dürfte, weil er in ein Sperrgebiet eingelaufen war. Das Glück von *U333* endete im Juli 1944, als sie von der *HMS Starling* und der *HMS Loch Killin* versenkt wurde, die ihre Squid-AS-Wasserbombenwerfer zum Einsatz gebracht hatten.

U333

Nation:	Deutschland
Stapellauf:	Juni 1941
Besatzung:	44
Wasserverdrängung:	749 Tonnen aufgetaucht, 851 Tonnen abgetaucht
Abmessungen:	67,1 x 6,2 x 4,8 m
Bewaffnung:	fünf 533-mm-Torpedorohre, ein 86-mm-Geschütz, eine 20-mm Kanone, bis zu 39 Minen
Antrieb:	zwei Diesel- und zwei Elektromotoren
Reichweite:	aufgetaucht 12.038 km bei 12 Knoten
Leistung:	17,2 Knoten aufgetaucht, 7,6 Knoten abgetaucht

USS DICKERSON

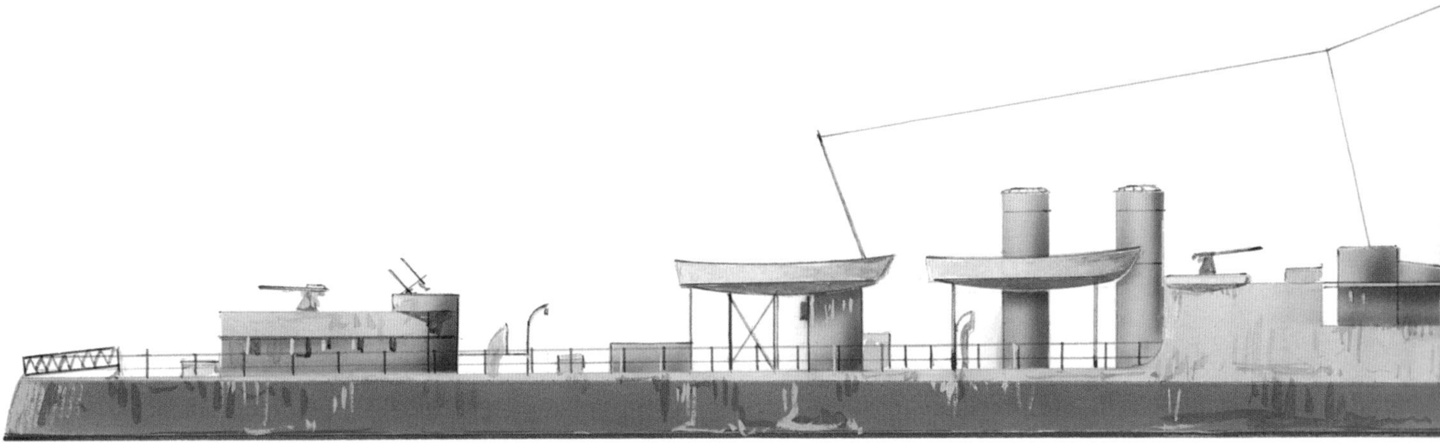

OBEN: Die 1919 vom Stapel gelaufene *Dickerson* war bereits bei Kriegsausbruch in europäischen Wassern. Dort blieb sie, bis sie 1940 der Neutralitäts-Patrouille zugeordnet wurde. Nach dem Kriegseintritt Amerikas war sie kurz in Neufundland stationiert, danach diente sie als Küstenpatrouille und Eskorte, wobei sie während dieser Tätigkeit vom bewaffneten Handelsschiff *Liberator* unter Beschuss genommen wurde, dessen Besatzung die *Dickerson* mit einem U-Boot verwechselte. 1943 wurde die *Dickerson* zum Hochgeschwindigkeitsfrachter umgewidmet. Am 2. April 1945 machte sie ein japanischer Kamikaze zu einem schwelenden Wrack. Zwar konnten die Feuer noch gelöscht werden, zwei Tage danach wurde sie jedoch von der US Navy selbst versenkt.

die Mannschaft das Wasser ab, tauchte auf und setzte die Patrouille fort. Dönitz stellte es *U130* über Funk frei, nach Cape Hatteras zu laufen, wo reichere Beute lag.

U130 war das letzte der ersten Welle von U-Booten in amerikanischen Gewässern. Am 22. Januar versenkte sie den Tanker *Olympic*, drei Tage später den unter norwegischer Flagge laufenden Tanker *Varanger*. Die Explosion der *Varanger* war so gewaltig, dass ihre Fenster bis an die 55 km entfernte Küste geschleudert wurden. Am 27. Januar entdeckte *U130* den US-Tanker *Francis E. Powell* und deckte ihn mit Torpedos ein.

Aber es gab auch einen schwerwiegenden Fehler in der ersten Phase der Operation. *U333* kreuzte den Weg eines unbeleuchteten Schiffes, hielt es für ein britisches und torpedierte es. Tatsächlich aber war das Schiff der deutsche Blockadebrecher *Spreewald*. Dönitz war über diesen Zwischenfall so empört, dass er den Kommandanten von *U333*, Peter Cremer, nach dessen Heimkehr vor ein Kriegsgericht stellen ließ. Dabei stellte sich heraus, dass Cremer nicht ganz so nachlässig gehandelt hatte, wie Dönitz anfangs dachte. Die *Spreewald* war getarnt und lief in einem Gebiet, wo sie nicht zu erwarten war. Das Gericht schloss sich dem Standpunkt der Verteidigung an, dass Cremer den Umständen gemäß korrekt gehandelt habe und nicht bestraft werden solle.

Dies blieb der einzige Wermutstropfen und man konnte den ersten Angriff in amerikanischen Gewässern durchaus als Erfolg sehen. 41 Schiffe waren versenkt worden, ohne auch nur ein U-Boot zu verlieren. London war ernsthaft besorgt, vor allem, weil Admiral King auch weiterhin keine Konvois bilden wollte, und das nicht nur weil es kaum Eskorten gab. Die Admiralität bot der US Navy zehn Korvetten und zwei Dutzend Trawler an, die für die U-Boot-Abwehr ausgestattet waren. Man akzeptierte lediglich die Trawler, da man fälschlicherweise dachte, den Mangel durch die Produktion der US-Werften ausgleichen zu können.

London sandte mehrere Militärdelegationen nach Washington, die mit düsteren Berichten zurückkehrten: Die US Streitkräfte seien im Nachteil, weil ihnen jede Erfahrung damit fehle, wie schwer feindliche U-Boote aufzuspüren und zu versenken seien. Außerdem mangle es an der Koordination zwischen Luft- und Seeeinheiten. Während Coastal Command und Admiralität bereits im Verbund operierten, hätten US Navy und USAAF noch zu keiner tragfähigen Kooperation gefunden. Überdies fehle es an einer Institution, deren Aufgabe die Entwicklung einer U-Boot-Abwehrdoktrin wäre, und auch Forschung und Entwicklung auf diesem Gebiet steckten erst in den Kinderschuhen. Schlussendlich seien die Zünder der amerikanischen Wasserbomben recht anspruchslos und ließen nur eine maximale Explosionstiefe von 91 m zu. Dies wäre zwar um Cape Hatteras, wo das Meer eher flach sei, kein großes Problem, aber die U-Boote könnten relativ einfach weit tiefere

Nation:	USA
Stapellauf:	März 1919
Besatzung:	114
Wasserverdrängung:	1.090 Tonnen
Abmessungen:	95,8 x 9,3 x 3,45 m
Bewaffnung:	vier 126-mm- und ein 76-mm-Geschütz, 12 Torpedorohre
Reichweite:	7.038 km bei 15 Knoten
Leistung:	35 Knoten

See erreichen, wo diese Wasserbomben kaum etwas bewirkten.

So wenig erfreulich die Lage auch war, zeichnete sich doch kurzfristig eine wesentliche Verbesserung ab. Die Frage war nur, ob sie schnell genug kommen würde, damit die Verluste nicht zu schwerwiegenden Problemen führten. Anfangs sah es schlecht aus. In der ersten und zweiten Angriffswelle hatten die Deutschen 46 Schiffe versenkt und nur ein U-Boot verloren: *U82* war am 6. Februar von der Slup *Rochester* und der Korvette *Tamarisk* gesichtet und aufgebracht worden. Ein U-Boot gegen 46 Frachter – eine akzeptable Verlustrate für die Deutschen.

Und die U-Boote dehnten ihr Operationsgebiet weiter aus. Ab 16. Februar kreuzten sie in der Karibik, wo sie jedes mögliche Ziel angriffen, bevorzugt jene, die mit der Erdölindustrie in Verbindung standen. In diesem Zusammenhang kam es zu heftigen Diskussionen, Admiral Erich Raeder wollte, dass die U-Boote mit ihren Deckgeschützen Küstenanlagen unter Feuer nahmen. Dönitz empfand dies als wenig zweckmäßige Einsatzart seiner Boote. Sie sollten besser Tanker versenken und nicht kleine Tender, die die Raffinerien versorgten. Die beiden kamen zu keiner Übereinkunft und Dönitz ignorierte einfach die erhaltenen Befehle.

Am 16. Februar griff *U156* drei Tanker an, die im Hafen von Arube, San Nicholas, vertäut waren. Einer sank, zwei wurden schwer beschädigt. Zwar war jetzt bekannt, dass U-Boote in diesem Gebiet waren, das hinderte *U156* aber nicht daran, bei Einbruch der Dunkelheit die nahe gelegene Raffinerie und das Tanklager anzugreifen. Das Unglück nahm seinen Lauf. Im Übereifer vergaß die Geschützmannschaft die Haube am Lauf ihres Geschützes, das dann

LINKS: Britische und amerikanische Seeleute diskutieren über die Feinheiten eines im Rahmen von Lend Lease gelieferten Zerstörers. Die Schiffe aus dem Lend-Lease-Programm wurden zwar nicht besonders geliebt, erfüllten aber trotzdem eine lebenswichtige Rolle.

UNTEN: Eine Wasserbombe wird gegen ein U-Boot abgefeuert. Die Einführung von Werfern war für die Eskorten ein entscheidender Schritt. Zuvor konnten sie nichts anderes tun, als die Wasserbomben über das Heck des Schiffes zu rollen, danach waren sie in der Lage, effektive Muster zu legen, womit die Chancen, ein U-Boot zu beschädigen oder zu versenken, stiegen.

beim ersten Schuss explodierte. Ein Kanonier kam zu Tode, der Artillerieoffizier wurde schwer verletzt. Man brachte ihn unter Deck und wollte ihn versorgen, doch sein zerfetztes Bein verlangte eine bessere Behandlung als an Bord eines U-Bootes möglich. Daher nahm *U156* Kurs auf Martinique, um dem Unglücklichen auf der von Vichy-Frankreich verwalteten Insel Hilfe angedeihen zu lassen. Die französischen Ärzte retteten das Leben des Mannes, nicht aber sein Bein. Die Tatsache, dass man *U156* die Landung gestattet hatte, um einen Verwundeten versorgen zu lassen, erregte Roosevelts Zorn. Er sah es als Beweis, dass die Vichy-Regierung den U-Boot-Krieg unterstützte. Anscheinend konnten U-Boote ungestraft in US-Gewässern operieren.

Da eine effektive Strategie zur U-Boot-Abwehr fehlte, kam es zu weiteren unglücklichen Zwischenfällen. *U578* versenkte am 27. Februar den Tanker *R. P. Resor*, worauf zwei Zerstörer aus dem New Yorker Hafen ausliefen, um sie abzufangen. Die beiden Schiffe, die *Dickerson* und die *Jacob Jones*, eilten an den Schauplatz. Am 28. Februar um 05.00 Uhr entdeckte *U578* die Ankunft der *Jacob Jones* und feuerte zwei Torpedos ab. Beide trafen, die *Jones* flog in die Luft. Um die Sache noch schlimmer zu machen, löste dies Folgeexplosionen ihrer Wasserbomben aus, die viele der im Wasser treibenden Mannschaftsmitglieder töteten. Nur elf der 200 Mann Besatzung wurden gerettet. Aber auch die *Dickerson* sollte den Angriff des U-Boots nicht unbeschadet überstehen.

U124 unter Johann Mohr begann ihren Siegeszug sogar bevor sie US-Gewässer erreichte. Auf Höhe der Bermudas sichtete sie den Tanker *British Resource*. Mohr griff an und jagte ihn in die Luft. Am Abend des 16. März versenkte er einen in Honduras registrierten Frachter. Tags darauf näherte sich *U124* in Tauchfahrt Cape Hatteras. Mohr entdeckte drei Schiffe. Als erstes erlag ihm ein Frachter, gefolgt vom Tanker *E. M. Clark*. Das dritte Schiff, der Tanker *Acme*, wurde nur schwer beschädigt, doch Mohr meinte, er habe auch ihn versenkt. Die *Dickerson* und ein Kutter der Coast Guard waren in der Region, konzentrierten sich aber auf die Bergung Überlebender, statt das U-Boot zu jagen. Die Wasserbomben eines plötzlich aufgetauchten Seeflugzeugs, nur

OBEN: Ein Frachter sinkt langsam nach einem U-Boot-Angriff. Die Nahaufnahme des Schiffs lässt vermuten, dass Überlebende das Glück hatten, geborgen zu werden. Oft waren die Konvois gezwungen weiterzulaufen, um sich der Gefahr zu entziehen, und mussten die Männer im Wasser - einem sicheren Tode entgegentreibend - zurücklassen.

knapp neben seinem Boot platziert, überzeugten Mohr von den Vorteilen eines Rückzugs. Er würde wiederkommen.

Mohr nützte die Atempause, gönnte seiner Mannschaft einen Ruhetag und kehrte am 18./19. März in die Küstengewässer zurück. *U124* lauerte über Wasser auf das nächste Ziel, in Anbetracht des verkehrsreichen Gewässers musste sie nicht lange warten. Die unglücklichen Opfer kamen bald heran, die US-Tanker *Papoose* und *W. E. Hutton*. Mohr torpedierte sie beide. Die *Hutton* ging in einem Feuerball auf. Dies blieb nicht unbemerkt und die *Dickerson* wurde an den Schauplatz gesandt. Ihr Weg kreuzte den des US-Frachters *Liberator*. Dessen unerfahrene Wachmannschaft verwechselte die *Dickerson* mit einem feindlichen U-Boot, eröffnete das Feuer und erzielte, mehr durch Glück als durch Können, zwei direkte Treffer. Diese schlugen in der Brücke der *Dickerson* ein, töteten zwei Seeleute und verletzten den Kapitän lebensgefährlich. Dem nicht genug, erregten die Mündungsblitze der Geschütze der *Liberator* die Aufmerksamkeit von *U332*, die sie daraufhin torpedierte.

In den nächsten beiden Tagen beschädigte *U124* noch zwei Schiffe, *U71* versenkte einen Frachter. Am 23. März feuerte Mohr seine letzten beiden Torpedos gegen den Tanker *Naeco*, der nach einer mächtigen Explosion versank. Vier Schiffe der US Navy eilten herbei, doch als sie am Schauplatz ankamen, hatte Mohr längst tiefe Wasser erreicht und nahm Kurs Richtung Heimat.

Unterdessen blieb *U71* vor Ort und versenkte zwei weitere Schiffe. Nachdem das zweite Schiff gesunken war, griffen ein Flugzeug und ein Zerstörer das U-Boot mit Bomben und Wasserbomben an, brachen den Angriff aber bald wieder ab, um Überlebende zu bergen. Auf ihrem Weg zurück sandte *U71* zwei weitere Schiffe auf Grund, bevor sie am 20. April, nach 56 Tagen auf See, in den Hafen einlief. Der Erfolg der U-Boot-Einsätze im März führte in London zu lähmenden Diskussionen über die Effektivität der amerikanischen U-Boot-Abwehr. Man beschwor die Amerikaner, Konvois zu bilden, King und andere beharrten darauf, dass es zuerst genügend Geleitschutz geben müsse. Aus vielleicht etwas voreingenommener britischer Sicht musste es unweigerlich zum Desaster führen, wenn sich Amerika zu sehr auf den Pazifik konzentrierte. Würden nicht bald nennenswerte Einheiten in den Atlantik verlegt, hätte man der U-Boot-Gefahr nichts entgegenzusetzen.

Und doch begann sich die Lage langsam zu bessern. Ende März war die Kampfkraft der Eastern Sea Frontier schon weit größer als im Januar. Admiral Royal Ingersoll war King, der zum Commander in Chief der US-Flotte aufgerückt war, als Oberbefehlshaber der Atlantikflotte gefolgt und tat sein Bestes, um den Druck auf die Eastern Sea Frontier zu mindern. Allerdings waren von den vorübergehend abkommandierten 14 Zerstörern im Schnitt meist nur zwei auf See. Zwar stellte auch das eine Verbesserung dar, doch die U-Boote erhielten noch Gelegenheit zu einigen spektakulären Feindfahrten, bevor die erstarkenden Verteidigungslinien sie lieber auf Angriffe verzichten ließen. Während der ersten beiden Märzwochen machten sich acht Typ-VII-Boote zu den US-Gewässern auf und erzielten große Erfolge. Erich Topp versenkte mit *U552* zwischen 3. und 10. April sechs Schiffe, ebenso Hans Oesterman mit *U754*. Gemeinsam brachten es die acht Boote auf 26 Versenkungen und bewiesen einmal mehr die Unwirksamkeit der Verteidigungsmaßnahmen.

Die U-Boot-Abwehr verzeichnete zwar ein paar Erfolge, aber die vielversprechendste Aussicht auf geheimdienstliche Erkenntnisse wurde durch Übereifer zunichte gemacht. In der Nacht vom 13. zum 14. April entdeckte der Zerstörer *USS Roper U85* unter Eberhard Greger. Die *Roper* war gerade mit Typ-286-Radar ausgestattet worden, das aber, anders als seine nummerische Bezeichnung vermuten ließ, älter war als das 271er der Royal Navy. *U85* wurde über Radar beobachtet und verfolgt. Greger wusste nicht, dass sein Verfolger mit Radar ausgestattet und sein Fluchtversuch vergebens war. Die *Roper* stellte das U-Boot und es schien, als hätte Greger sich entschlossen, es zu versenken. Er drehte die *U85* mit der Breitseite zur *Roper*, die in diesem Moment das Feuer eröffnete. Ihre unerfahrene Mannschaft dachte, dass die über Deck laufenden Deutschen die Geschütze bemannen wollten, obwohl es mehr als unwahrscheinlich war, dass sich ein U-Boot mit einem überlegenen Zerstörer in ein Gefecht einlassen würde. Die unglücklichen Deutschen wurden von Maschinengewehrsalven niedergemäht, als sie zu ihren Rettungsbooten eilten.

U85 begann zu sinken, die Besatzung der *Roper* sah viele Deutsche im Wasser. Aus Unerfahrenheit, gepaart mit Gefechtseifer, unternahm man nichts, um Gefangene zu machen, deren Befragung wertvolle Information hätte liefern können. Vielmehr griff die *Roper* das ohnehin schon sinkende Boot mit Wasserbomben an, die viele der Schwimmer töteten und *U85* schwer beschädigten. Damit wurde eine Bergung des U-Boots samt seines möglicherweise wertvollen Inhalts, wie etwa Enigma, die im flachen Wasser technisch durchaus möglich gewesen wäre, vereitelt.

Diese Chance war vergeben, nichtsdestotrotz begannen die Verteidigungsbemühungen wirksamer zu werden. Mitte April fehlte es zwar immer noch an Erfahrung, das Meer vor Cape Hatteras aber war bereits weit besser geschützt. Nach dem 20. April blieben die Typ-VII-Boote, die sich seit März hier aufhielten, ohne jeden Erfolg. Zuvor hatten

RECHTS: Zwischen den Läufen der Fliegerabwehrkanone einer Eskorte fällt der Blick auf eine detonierende Wasserbombe. Die Zünder von Wasserbomben konnten auf verschiedene Tiefen eingestellt werden, was die Erfolgsaussichten der Eskorten verbesserte. Einem Wasserbombenangriff ausgesetzt zu sein, war wohl die größte Nervenbelastung, die ein U-Boot-Fahrer erleben konnte.

LINKS: Sicher daheim. Die Mannschaft eines U-Boots dicht an dicht an Deck. Erschöpft zwar, aber sie sehen den Heimathafen. Je weiter der Krieg fortschritt, desto weniger Besatzungen kehrten zurück.

OBEN: Überlebende eines versenkten Frachters nähern sich einem U-Boot. Es war üblich, sie an Bord zu nehmen und sobald wie möglich an ein deutsches Schiff zu übergeben. Ging dies nicht, blieben sie an Bord und mussten gemeinsam mit der Besatzung alle Gefahren bestehen, bis das U-Boot in seinen Heimathafen einlaufen konnte.

die 20 Boote dieser Gruppe insgesamt 46 Schiffe versenkt, weit weniger als erwartet. Die ständige Verbesserung der Verteidigungsmaßnahmen zwang die U-Boote, neue Jagdgründe zu suchen.

Ein neues Schlachtfeld

Da die Verteidigung besser geworden war, zogen die U-Boote in die erfolgversprechenderen Wasser der Karibik und des Golfs von Mexiko. Im Mai versenkten sie in den beiden Gebieten 77 Schiffe, im Juni 88. General George C. Marshall brachte in einem Schreiben vom 19. Juni an Admiral King seine Befürchtung zum Ausdruck, dass die U-Boot-Offensive zur Bedrohung aller Kampfanstrengungen der USA werden könnte. Zwar gestand Marshall zu, dass der Mangel an Eskorten ein Faktor sei, zeigte sich aber verwundert, dass man nicht versuchte, einige „verbesserte Methoden" anzuwenden. Kings Antwort traf den Kern der Sache: Er stimmte Marshall zu und schloss, dass Konvois die einzige Möglichkeit darstellten, der Bedrohung durch die U-Boote Herr zu werden.

Aufgrund von Kings zweifelhaftem Ruf (Churchill soll gesagt haben, dass der Krieg besser verliefe, wenn jemand den Admiral hinausgeleiten und erschießen würde) ist man sich über die Gründe seiner bisherigen Abneigung gegen Konvois uneinig. Historiker wie Clay Blair weisen darauf hin, dass King, seiner Dienstpost zufolge, den Wert von Konvois schon vor dem Krieg erkannt haben dürfte. Andere, wie John Terraine, verweisen auf die seltsame Diskrepanz zwischen der Behauptung, dass Konvois die einzige Lösung wären, und dem Widerwillen gegen ihre Einführung. Vielleicht hat sich King zu sehr in die Idee verbissen, nur sorgfältig geplante Konvois würden ihren Zweck erfüllen. Praktisch hätten aber auch improvisierte Konvois, so man nur genug von ihnen gebildete hätte, die U-Boot-Kommandanten vor das Dilemma gestellt, anzugreifen oder nicht. Ein Schiffsgeschütz bleibt ein Schiffsgeschütz, auch auf einer nicht dafür konstruierten Plattform, auf der man nicht die optimale Exaktheit und Zuverlässigkeit erreichen kann. Gleiches gilt für Wasserbomben. Zwar konnte man nicht davon ausgehen, dass solche Eskorten je ein U-Boot fingen, aber das war nicht der Punkt. Die Konvois sollten keine U-Boote versenken, sondern Handelsschiffe vor diesem Schicksal bewahren. Jedes Abschreckmittel gegen U-Boote war einer Überlegung wert. Dies schien nicht voll erfasst worden zu sein und weil Konvois fehlten, konnten sich die

U-Boote großer Erfolge erfreuen: Mangels Abschreckung sahen sich die Kommandanten kaum in ihren Aktivitäten beschränkt.

Tatsächlich waren Marshalls Befürchtungen etwas übertrieben: Bereits Anfang Mai hatte man begonnen, Konvois laufen zu lassen und im Juni, als er seinen Brief schrieb, dehnte man das Konvoisystem auf die Karibik aus, wodurch der Handlungsspielraum der U-Boote im Vergleich zum Jahresbeginn weiter abnahm. Aber der Kampf war noch lange nicht vorbei, die U-Boote wandten sich einmal mehr den Konvois auf der Nordatlantikroute zu. Bis Ende Juni hatten U-Boote mehr als drei Millionen Tonnen Schiffsraum in Form von 585 Schiffen versenkt. Obwohl ihre zweite „goldene Zeit" dem Ende zuging, war ihre Schlagkraft weiterhin zu spüren.

Die Wolfsrudel kehren zurück

Die graduelle Verbesserung der Verteidigungslinien an der Ostküste der Vereinigten Staaten zwang Dönitz, nach einem anderen Gebiet zu suchen, in dem die geforderten monatlichen Versenkungsraten erzielbar waren. Im Sommer 1942 waren die Erfolgsaussichten größer denn je, da mehr U-Boote verfügbar waren als je zuvor. Auf alliierter Seite gab es weiterhin Grund zu großer Besorgnis, da die Probleme, hervorgerufen durch den Krieg auf zwei Ozeanen, allzu offensichtlich wurden. Die US Navy befand, dass mehr und mehr ihrer Schiffe im Pazifik gebraucht wurden und zog ständig Einheiten aus dem Nordatlantik ab. Das hatte zur Folge, dass Royal Navy und Royal Canadian Navy die Hauptlast der Eskortenarbeit zu tragen hatten. Dabei halfen einige organisatorische Änderungen: Der Verantwortungsbereich der Newfoundland Escort Force, die früher zwischen ihrer Basis und Island gelaufen war, wurde ausgedehnt. Auf Mid-Ocean Escort Force (MOEF) umbenannt, sollte sie in Zukunft Konvois den ganzen Weg von Neufundland bis zur Küste Irlands geleiten.

Diese Reorganisation nahm, neben der Einrichtung neuer Direktrouten und der Tatsache, dass die U-Boote vor der US-Küste schwer beschäftigt waren, einigen Druck von den Geleitzügen. Damit konnte aber ein fundamentales Problem nicht verborgen werden: der Mangel an Eskorten. Im ersten Halbjahr 1942 waren 32 Zerstörer verloren gegangen, und hätte man nicht über 200 Korvetten verfügt (später wegen der Transfers an die US Navy nur mehr über 190), wäre ein effektiver Kampf gegen U-Boote kaum möglich gewesen. Im April wurde die erste Super-Korvette, die man bald „Fregatte" nannte, in Dienst gestellt. Die Schiffe

OBEN: Ein Besatzungsmitglied hält sorgfältig nach feindlichen Schiffen und Flugzeugen Ausschau. Ein scharfes Auge entschied oft zwischen der Möglichkeit, ungesehen abzutauchen oder mit Wasserbomben belegt zu werden.

LINKS: Ein U-Boot-Skipper genießt seine Mahlzeit. Zerzaust wie er aussieht, ist er sicher schon länger auf Feindfahrt. Daher isst er lieber an Deck, anstatt sich von den unerfreulichen Bedingungen im Inneren den Appetit verderben zu lassen.

RIVER KLASSE

Nation: Großbritannien
Stapellauf: November 1941 (erste Einheit)
Besatzung: 107 (140 bei späteren Einheiten)
Wasserverdrängung: 1.370 Tonnen
Abmessungen: 91,9 x 11,12 x 3,91 m

waren schneller und besser bewaffnet als Korvetten, hatten eine größere Mannschaft und bessere Hochseeeigenschaften. Das erste Schiff der River Klasse, die *HMS Rother*, wurde im April abgenommen, kurz darauf folgte die *Spey*. Die Sache hatte nur einen Haken, die Bauzeit von Fregatten war lang. Daher mussten selbst große Konvois mit bis zu 50 Schiffen mit nur fünf oder sechs Eskorten auskommen, kaum genug, um mit großen Wolfsrudeln fertig zu werden. Ein entdecktes U-Boot zu verfolgen, war gänzlich unmöglich.

Viele Gruppenkommandanten und Kapitäne einzelner Geleitschiffe kamen aus kampferprobten Einheiten, die gut zusammenarbeiteten. Doch je mehr Kriegsschiffe die Reihen füllten, desto offensichtlicher wurde der Mangel an Erfahrung, den es zu bekämpfen galt. Auch wenn die auf Admiral

UNTEN: Eine Liberator I des Coastal Command. An den Nummern, welche die R.A.F. ihren Liberators gab, konnten die verschiedenen Bewaffnungsvarianten identifiziert werden.

LIBERATOR

Nation: USA
Jungfernflug: 1939
Besatzung: 8-10
Antrieb: vier Pratt und Whitney Twin Wasp Sternmotoren
Leistung: Höchstgeschwindigkeit 434 km/h, Reichweite 3.685 km. Dienstgipfelhöhe 9.753 km
Bewaffnung: vier 20-mm-Kanonen in Unterrumpfhalterung, bis zu acht 7,7-mm-Maschinengewehre in der Nase, in seitlichen Rumpf- und Heckstellungen. Maximale Bombenlast 5.800 kg

Bewaffnung: zwei 101-mm-Geschütze, zwei 2-pfündige Flugabwehrgeschütze, Hedgehog AS Wasserbombenwerfer und bis zu 100 (bei späteren Einheiten 200) Wasserbomben
Antrieb: Dreifachexpansions-Dampfkessel an zwei Wellen
Reichweite: 12.945 km
Leistung: 20 Knoten

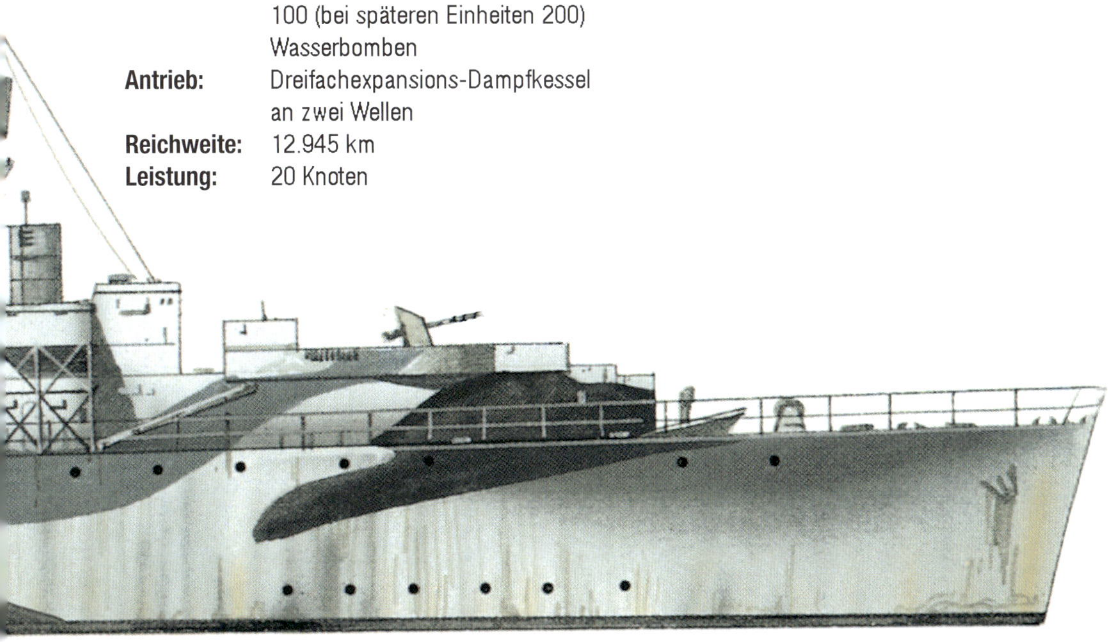

LINKS: Die Fregatten der River Klasse waren deutlich besser als viele ihrer Vorgänger. Sie hatten gute Hochseeeigenschaften und erwiesen sich im Kampf gegen U-Boote als höchst erfolgreich. Über 130 Exemplare wurden in britischen, kanadischen und australischen Werften gebaut.

Nobles Betreiben eingerichtete Schule zur Unterweisung in den Details der U-Boot-Abwehr von unschätzbarem Wert war, galt das Sprichwort, dass es keinen Ersatz für Erfahrung gebe. Mangel an Erfahrung und an Kriegsschiffen bedeutete aber, dass man noch weit davon entfernt war, den Krieg gegen die U-Boote zu gewinnen.

Krieg im Äther

Die Lage der Alliierten wurde nicht gerade besser, als Bletchley Park die Fähigkeit zur Entschlüsselung verlor. Der relative Misserfolg der U-Boot-Waffe das Jahr 1941 hindurch erregte Dönitz' Besorgnis. Obwohl das U-Boot-Hauptquartier eine hochnotpeinliche Untersuchung durchführte, fand man keinen Beweis, dass Enigma geknackt worden wäre. Trotzdem blieb Dönitz misstrauisch und gab Verbesserungen an der Signalsicherheit seine Zustimmung. Enigma wurde mit einer vierfachen Verschlüsselungswelle nachgerüstet, ein neuer Code, TRITON, eingeführt. Zwar behielt man die existierenden Codes bei Übungsfahrten in der Baltischen See und deutschen Gewässern bei, sie unterschieden sich aber völlig von jenen, die man bei kritischen Operationen im Atlantik benutzte. Demzufolge konnte Bletchley Park nicht mehr mit aktuellen Informationen über Standort und Absichten der U-Boote dienen, die Planung von Ausweichrouten wurde weniger präzise. Das Risiko für die Konvois stieg.

LINKS: Admiral Ernest King, Commander in Chief der US-Marine und Architekt des Seekriegs gegen Japan. Während des ganzen Jahres 1942 blieb er beharrlich bei seiner Meinung, dass Konvois erst dann gebildet werden sollten, wenn genügend Eskorten für ihren Schutz verfügbar wären.

Etwa zur gleichen Zeit, als Bletchley Park seine Fähigkeit zur Decodierung deutscher Signale verlor, knackte der B-Dienst den Naval Cipher Number 3 der Admiralität. Im Februar lasen die Deutschen etwa 80 % der auf diese Art codierten Nachrichten, und als sich ihr Interesse von Amerikas Küste zurück in den Atlantik wandte, verfügten sie über entscheidende Informationen über alle Konvois, die den Cipher verwendeten.

OBEN: Eine U-Boot-Besatzung während einer Patrouille im Mittelmeer auf Wache. Hier waren die U-Boote weit weniger erfolgreich und Dönitz meinte, dass sie gegen Atlantik-Konvois weitaus nützlicher wären.

Der Gesamteffekt war interessant. Hätte Bletchley Park zu jener Zeit, als der B-Dienst den britischen Marinecode las, Enigma noch decodieren können, hätten die superben Informationen der Briten über U-Boot-Konzentrationen wohl bald jemanden im deutschen Geheimdienst stutzig gemacht. Kaum wahrscheinlich, dass man dann nicht zu dem Schluss gekommen wäre, Enigma sei unsicher geworden, mit fatalen Auswirkungen auf die Arbeit der Kryptologen der Alliierten. Da dem aber nicht so war, gab es für den für B-Dienst keinen Anlass zu vermuten, dass Enigma entschlüsselt worden wäre. Allerdings gilt umgekehrt, dass die Admiralität unmöglich erkennen konnte, dass ihr Schlüssel geknackt worden war. Das waren jedoch nicht die einzigen Probleme der Briten, auch das Coastal Command steckte immer noch in Schwierigkeiten.

HMS EXMOOR

Nation:	Großbritannien
Stapellauf:	März 1941
Besatzung:	168
Wasserverdrängung:	1.067 Tonnen
Abmessungen:	85,3 x 9,6 x 3,7 m
Antrieb:	gekoppelte Dampfturbinen an zwei Wellen
Leistung:	29,7 Knoten
Reichweite:	2.500 km bei 12 Knoten
Bewaffnung:	sechs 101-mm-Geschütze, eine zweipfündige Vierlings-FLAK, zwei 20-mm-Kanonen, 60 Wasserbomben

Flugzeuge gegen U-Boote

Obwohl das Coastal Command durch neue Flugzeugtypen und bessere Waffen aufgewertet worden war und auch von den operativen Erkenntnissen profitierte, war es Anfang 1942 in einem eher erbärmlichen Zustand. Air Chief Marshal Joubert klagte, dass sein einziges Liberator-Geschwader zum Sterben verurteilt sei. Der ganze Nachschub war an das Bomber Command (das diese Flugzeuge außer für die elektronische Kriegsführung gar nicht über Europa einsetzte) und nach Übersee gegangen. Das einzige echte Langstreckenflugzeug des Coastal Command war also nur in völlig unzureichender Zahl verfügbar. Die alte Sunderland tat weiter gute Dienste, hatte aber nicht die Reichweite, um die Lücke über dem mittleren Atlantik zu schließen. Mit Ausnahme der Liberator konnte kein Flugzeug, bevor es umkehren musste, so weit über den Atlantik fliegen, dass die Deckung aus der Luft von einer auf der gegenüberliegenden Seite gestarteten Maschine übernommen werden konnte.

Zwar zeigte sich das Bomber Command bereit Whitleys und Wellingtons an das Coastal Command abzutreten, aber auch nur, um Bombern mit größerer Reichweite, wie der Stirling, Halifax und Manchester sowie später der Lancaster, Platz zu machen. Vor allem nachdem Sir Arthur Harris zum

LINKS: U-Boot-Fahrer arbeiten hart. Die Art ihrer Bekleidung lässt erahnen, wie heiß es in warmen Wassern werden konnte. Im Winter, in der eisigen Kälte des Atlantiks, hätte das Bild völlig anders ausgesehen.

LINKS AUSSEN: *HMS Exmoor*, ein Typ-II-Zerstörer der Hunt Klasse. Typ II war schwerer bewaffnet als Typ I, noch wichtiger aber war die Verbesserung der Hochseeeigenschaften, die dank einiger Nachbesserungen erzielt werden konnte. Nahezu die Hälfte aller Schiffe der Hunt-Klasse waren vom Typ II.

RECHTS: Eine Sunderland überfliegt ein U-Boot, in dessen unmittelbarer Nähe bereits ein Muster von Wasserbomben explodiert. Das U-Boot war überrascht worden und konnte sich einer Beschädigung durch die Detonationen nicht mehr entziehen.

UNTEN: Das berühmteste Flugboot im Dienst der R.A.F. war wahrscheinlich die Short Sunderland (hier eine Maschine vom Typ III). In den frühen Kriegsjahren war sie als tragende Kraft des Coastal Command auf allen Schauplätzen erfolgreich. Die letzte Sunderland wurde Mitte der 50er Jahre aus dem R.A.F.-Dienst genommen, erst zu diesem Zeitpunkt hörte sie auf, ein effektiver U-Boot-Jäger zu sein.

Kommandeur der Bomberverbände geworden war, wollte das Bomber Command nicht einsehen, dass Langstreckenflugzeuge bei anderen Aufgaben als Bombenangriffen auf Deutschland von ebenso großer Bedeutung waren. Royal Navy und Coastal Command sahen in der Bombardierung deutscher Städte, anders als in Luftüberwachungseinsätzen, keinen Ansatz zur Minderung der U-Boot-Gefahr. Doch war man höflich genug, nicht darauf herumzureiten, dass das BC die U-Boot-Bunker in den französischen Häfen nicht rechtzeitig, also während des Baus, bombardiert hatte. Als man sich der Bunker besann, musste das BC entdecken, dass seine Bomben die Stahlbetondecken nicht brechen konnten. Der Schluss, dass das Bomber Command eine goldene Chance von immensem strategischen Wert verschlafen hatte, liegt auf der Hand.

SUNDERLAND

Nation: Großbritannien
Jungfernflug: 1937
Besatzung: 13-14
Antrieb: vier Bristol Pegasus Sternmotoren
Leistung: Höchstgeschwindigkeit 434 km/h, Reichweite 3.685 km. Dienstgipfelhöhe 9.753 m
Bewaffnung: acht 7,7-mm- und zwei 12,7-mm-Maschinengewehre in seitlichen Stellungen, vier 7,7-mm-Maschinengewehre starr im Bug (spätere Flugzeuge), 907 kg Bomben oder Wasserbomben

Die Verluste steigen

Am 8. Juni 1942 wurde OS100 von U-Booten ausgemacht und der Konvoi um 2.00 Uhr vom Geräusch zweier Explosionen erschüttert. Ihre Quelle war unschwer zu erraten. Da es keine Treffer zu geben schien, schloss man, dass zwei Torpedos am Ende ihres Laufs explodiert wären. Als der Morgen graute, zeigte sich, dass die Torpedos doch ein Opfer gefunden hatten: Man vermisste die französische Korvette *Mimosa*. Es sollte sich herausstellen, dass das Schiff von Johannes Mohr versenkt worden war, der einen weiteren Erfolg auf das Konto seiner *U124* verbuchte. Die reduzierte Eskorte setzte ihren Weg fort, auf dem *U94* noch zwei Schiffe versenkte, welchen am 11. ein weiteres folgte. Kurz danach erschien Kapitän J. D. Prentice, RCN, mit zwei Schiffen seiner Ausbildungsgruppe am Schauplatz. Am 12. Juni wurde ein Schiff von *U124* versenkt, danach aber konnte der Konvoi ohne weitere Verluste entkommen. Vier Tage später wurde ein Angriff auf ONS102 nach nur einem Verlust zurückgeschlagen, dabei wurden *U94* und *U590* beschädigt. Dies war ein eindeutiges Signal: Der U-Boot-Krieg im Nordatlantik war wieder aufgenommen worden. Zwölf Monate lang sollte es zu erbitterten Kämpfen kommen, der Höhepunkt der Konvoischlachten dieses Kriegs war erreicht.

OBEN: Die Ansicht dieser U-Boot-Bunker verdeutlicht die Dicke ihrer Stahlbetondecken, die den Booten relative Sicherheit vor Luftangriffen gaben. Das R.A.F. Bomber Command versäumte die Chance, die Bunker während des Baus zu zerstören, daher blieben dort die U-Boote nahezu bis Kriegsende gegen Luftangriffe immun.

6. KAPITEL

DER ANFANG VOM ENDE: AUGUST 1942 BIS MAI 1943

Effektive Konvoisysteme dämpften den Erfolg gegen die Schifffahrt in amerikanischen Gewässern. Die Schlacht um den Atlantik trat in ihre letzte Phase.

Die Einführung von Konvois vor der amerikanischen Küste führte, ebenso wie in der Karibik, zum gewünschten Rückgang der Verluste der Alliierten durch U-Boot-Attacken. Admiral Sir Dudley Pound sah Grund zur Hoffnung, dass der Großteil des Schiffverkehrs in diesen Gewässern nun sicher durchkommen würde. Dennoch war er besorgt. Pound nahm an, dass der Krieg gegen die U-Boote vor einem Wendepunkt stand. Karl Dönitz würde letztendlich zu dem Schluss kommen, dass die Verteidigungsmaßnahmen im Westatlantik zu stark wären, um die Offensive dort fortzuführen. Unter diesen Umständen stünde in US-Gewässern und der Karibik der Aufwand in keiner Relation mehr zum Erfolg.

Pounds Annahme war richtig. Auch Dönitz war klar, dass eine neuerliche Kampagne in den Western Approaches mehr Erfolg versprach. Für jedes U-Boot, das man an die Küste der USA schickte, könnten drei im östlichen Atlantik eingesetzt werden und dadurch die in den Western Approaches laufenden Flotte vergrößern, zusätzlich verstärkt durch die

LINKS: Ein U-Boot läuft zu einer Ansammlung von Trümmern, welche von einem amerikanischen Dampfer stammen, der in der Barentsee versenkt wurde. In mittlerer Entfernung sitzen Überlebende auf Wrackteilen und warten auf Rettung.

U459 TYP XIV

Nation: Deutschland
Stapellauf: September 1941
Besatzung: 53
Wasserverdrängung: 1.688 t aufgetaucht; 1.932 t abgetaucht
Abmessungen: 67,1 x 9,35 x 6,51 m
Bewaffnung: zwei 37-mm- und ein 20-mm-Geschütz oder ein 37-mm-Geschütz, vier 20-mm-Zwillingskanonen und eine einzelne 20mm-Kanone
Antrieb: Diesel-/Elektromotoren
Reichweite: aufgetaucht 12.350 km bei 10 Knoten
Leistung: 14,4 Knoten aufgetaucht; 6,2 Knoten abgetaucht

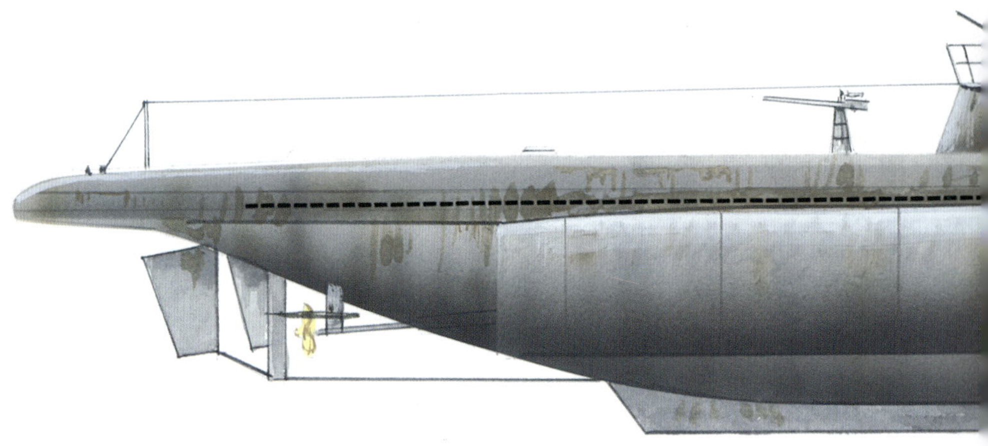

OBEN: *U459* zählte zu den „Milchkühen", Tanker vom Typ XIV, deren Aufgabe es war, die Reichweite von Feindfahrten der U-Boote zu erhöhen. Diese Tanker wurden zu vorrangigen Zielen der U-Boot-Abwehr. *U459* wurde am 24. Juli 1943 bei einer dramatischen Auseinandersetzung mit einem Flugzeug des Coastal Command versenkt.

Versorgungs-U-Boote vom Typ XIV, die „Milchkühe". Die britische Position war weniger günstig, man hatte Verstärkung – einschließlich zweier Eskortengruppen – nach Amerika gesandt, just in dem Moment, als sich die Bedrohung wieder nach Osten wandte, heimischen Gewässern zu.

Die Berechtigung dieser Befürchtungen trat offen zutage, als *U552* am 24. Juli 1942, als Folge einer vom B-Dienst abgehörten Nachricht, Konvoi ON113 aufbrachte. ON113 bestand aus 33 Schiffen, gedeckt von zwei Zerstörern der Town-Klasse (*HMS Burnham* und *HMCS St. Croix*) sowie vier Korvetten aus britischen und kanadischen Navy-Beständen. Die U-Boote wurden vom DF-Peilsystem des Tracking Room ausgemacht, der Kommandant der Eskorte, Kapitän T. Tylor, informiert. Die beiden Zerstörer gingen auf Suche und die *St. Croix* konnte zwei aufgetauchte U-Boote ausmachen. Eines der Boote wurde so lange verfolgt, bis es in etwa 5.480 m Entfernung abtauchte. Das lag außerhalb der Reichweite von Asdic, bedeutete aber nicht, dass das Boot entkommen war. Der Kapitän der *St. Croix*, Lieutenant-Commander A.H. Dobson, hatte bereits Erfahrung in der Jagd auf U-Boote und sah die Bewegungen des Feindes vorher.

Dobsons Annahmen waren richtig, die *St. Croix* konnte das U-Boot mit Asdic orten. Der Kontakt wurde beibehalten und das Boot mit Wasserbomben belegt. Öl und Wrackteile trieben an die Oberfläche, doch das musste nicht das Ende der Jagd bedeuten, wie jeder erfahrene Eskortenkapitän wusste. Die U-Boote konnten Schrott aus ihren Torpedorohren feuern, um den Verfolger, in der Annahme, man hätte das Boot versenkt, zum Abdrehen zu bringen. Dobson fuhr eine weitere Attacke und belegte die Stelle des letzten Kontakts nochmals mit Wasserbomben. Unter den Trümmern, die nach diesen Explosionen auftauchten, waren nicht nur Öl und Schiffsteile, sondern auch Nahrungsmittel, Kleidungsstücke und – menschliche Überreste.

Dieser Erfolg bedeutete jedoch nicht, dass die Gefahr für den Konvoi vorüber war. Die restlichen U-Boote blieben in der Nähe und hatten während der Nacht mehr Glück. Die Eskorten waren weder mit HF-Peilsystemen (HF/DF) noch mit Radar ausgestattet und konnten daher wenig tun. Drei Schiffe gingen verloren, bevor sich Wetter und Sicht so weit besserten, dass sich die U-Boote zurückziehen mussten. Dieser Kampfverlauf, mit wechselnden Vorteilen für beide Seiten, wurde typisch für die nächsten Monate.

Am 27. Juli bestätigte Dönitz in einer Ansprache an das deutsche Volk die Befürchtungen der Admiralität. Dönitz schilderte die Bedingungen des U-Boot-Kriegs und schien die Bevölkerung auf wachsende Verluste vorbereiten zu wollen. Er sprach von der „harten Wirklichkeit" der U-Boot-Kriegsführung und von „schweren Zeiten", die bevorstünden. Der britische Geheimdienst überwachte die deutschen Radiosendungen ebenso wie den militärischen Funkverkehr und zog seine Schlüsse. Dönitz' Aussagen ließen annehmen, dass die U-Boote dort

UNTEN: Zwei U-Boote haben im April 1943 ein Rendezvouz im Atlantik. Sobald ein Konvoi von einem U-Boot entdeckt wurde, verfolgte es diesen, bis andere Boote eintrafen. In einem gemeinsamen Angriff konnten die Abwehrmaßnahmen gebrochen werden.

operieren würden, wo große Gefahr für ihre Sicherheit bestand. Damit konnten nur die Hauptrouten der Konvois gemeint sein. Zufrieden mit diesem Hinweis „aus der Höhle des Löwen" wartete die Admiralität ab, ob ihre Vorhersagen einträfen. Sie taten es.

Anfang August zeigten sich die ersten Anzeichen für die neue Taktik der Deutschen: Ein Wolfsrudel griff SC94 an, der vom kanadischen Zerstörer *Assinboine* und sechs Korvetten erskortiert wurde. Die Kanadier hatten weder HF/DF noch 271-Radar und waren daher weniger nützlich als ihre britischen Gegenstücke. In der Nacht des 5. August geriet der Konvoi in starken Nebel und brach auf. Der Konvoi begann sofort, sich neu zu formieren, doch *U593* hatte die Schiffe bereits entdeckt. Das U-Boot stürzte sich in den Kampf und versenkte ein Schiff.

Die *Assinboine* schlug zurück: Sie stellte *U210* im Nebel und ging so nahe heran, dass dem Boot kein Platz zum Abtauchen blieb. Die beiden Schiffe feuerten mit ihren Geschützen aufeinander. Das U-Boot traf mit seiner 40-mm-Kanone Treibstofftonnen beim Ruderhaus des Zerstörers. Doch der Knall konnte dem Steuermann nichts anhaben, der unbeirrt den Befehlen seines Kapitäns folgte. Die Kanoniere der *Assinboine* trafen dann den Turm von *U210* und töteten den Kommandanten. Das U-Boot war führerlos und die *Assinboine* nahm Kurs, um es zu rammen. Zwei Rammattacken beschädigten das Boot schwer, zusätzliches Geschützfeuer sandte es endgültig auf Grund. Leider hatten die Attacken auch den Bug der *Assinboine* beschädigt, die darauf Heimatkurs einschlagen musste.

Der nächste Tag brachte eine kurze Atempause, man konnte die U-Boote auf Distanz halten. Allerdings verfielen am 8. August zwei der Boote des Rudels auf eine neue Taktik, um den Konvoi aufzuhalten. *U176* und *U379* griffen am helllichten Tag gemeinsam unter Wasser an. Bald hatten sie fünf Schiffe zwischen sich. Die Mannschaften von drei Frachtern, in dem Irrglauben, sie kämen unter Beschuss, gaben ihre Schiffe auf. Als sich herausstellte, dass sie keineswegs torpediert wurden, kehrten zwei Crews zurück. Nicht so jene der *SS Radchurch*. So trieb das unbeschädigte Schiff führerlos im Ozean, bis *U176* zurückkehrte und ihm den Garaus machte.

Bei Einbruch der Nacht sichtete die Korvette *Dianthus* der Royal Navy zwei aufgetauchte U-Boote in etwa 9,5 km Entfernung. Die *Dianthus* eröffnete sofort das Feuer und zwang die U-Boote zum Abtauchen. Eine Suche mit Asdic begann, aber kurz nachdem es völlig dunkel geworden war, machte der Ausguck ein U-Boot über Wasser aus. Obwohl *U379* sofort tauchte, brachte sie eine gezielte Attacke mit Wasserbomben wieder an die Oberfläche. Die *Dianthus* rammte *U379*, aber erst nach vier Stößen ging *U379* auf Grund. Wieder hatten die Zusammenstöße eine Eskorte beschädigt, die *Dianthus* musste sich zwischen die Frachter einreihen und konnte dem Konvoi keinen Schutz mehr bieten. Weniger schlimm, als man annehmen könnte – zwei weitere Zerstörer waren ausgesandt worden und erreichten die Gruppe in den nächsten 24 Stunden. Am 9. August überflog eine Liberator den Konvoi – willkommene Verstärkung.

UNTEN: *U210* war ein weiteres der zahlreichen Typ-VII-Boote. Sie nahm an der epischen Schlacht um Konvoi SC94 teil und ging verloren, nachdem sie vom kanadischen Zerstörer *Assinboine* gerammt worden war.

U210 TYP VII

Nation:	Deutschland	**Abmessungen:**	67,1 x 6,2 x 4,8 m
Stapellauf:	Dezember 1941	**Antrieb:**	Diesel-/Elektromotoren
Besatzung:	44	**Reichweite:**	aufgetaucht 12.038 km bei 12 Knoten
Wasserverdrängung:	761 Tonnen aufgetaucht; 865 Tonnen abgetaucht	**Leistung:**	17,2 Knoten aufgetaucht; 7,6 Knoten abgetaucht
Bewaffnung:	fünf 533-mm-Torpedorohre; ein 88-mm- und ein 20-mm-Geschütz bis zu 39 Minen		

Allerdings konnte das Liberator-Geschwader nicht immer für Deckung sorgen, denn am 10. August verhinderte Schlechtwetter seinen Einsatz. Das U-Boot-Rudel setzte zu einer neuerlichen Attacke an und versenkte wiederum vier Schiffe. Am Nachmittag besserte sich das Wetter, die Liberators kehrten zurück. Von diesem Zeitpunkt an konnte die Deckung aus der Luft ununterbrochen aufrecht gehalten werden, zusätzlich hatte man weitere Eskorten losgeschickt. Die U-Boote kamen nicht wieder. Zwar hatte SC94 fast ein Drittel seiner Schiffe verloren, doch wurde die Bilanz durch die Versenkung von zwei U-Booten etwas aufgebessert. Allerdings rief die Art, wie diese versenkt worden waren (fast auf Art der alten Griechen) die dringende Forderung nach neuerer und besserer Ausrüstung der kanadischen Schiffe hervor. Selbst im dritten Kriegsjahr hatte die britische Admiralität noch Materialprobleme.

Materialprobleme

Noch immer waren die Eskorten zu schwach, um der Bedrohung durch U-Boote Herr zu werden. Zu gering war ihre Zahl, als dass man den Konvoi verlassen und den Feind verfolgen hätte können, ohne die Schiffe schutzlos weiteren Attacken preiszugeben. Der Kommandant der Eskorte von SL118 berichtete, dass man bei zahllosen Gelegenheiten die aussichtsreiche Verfolgung angreifender U-Boote aufgeben hatte müssen, um sicherzustellen, dass genügend

OBEN: ***HMS Enchantress*, 1942 als Eskorte. Die Aufnahme verdeutlicht, in welchen Positionen die Schiffe eines Konvois laufen sollten. Angreifende U-Boote versuchten nämlich meist, in die Mitte des Konvois zu gelangen und die Frachter als Deckung zu nutzen.**

UNTEN: Ein U-Boot beobachtet durch sein Periskop den Untergang eines torpedierten Handelsschiffes.

OBEN: Ein Konvoi wird durch eine Liberator des Coastal Command gedeckt. Aufgrund ihrer guten Reichweite konnte der Luftschutz auf der gesamten Atlantikroute aufrecht erhalten werden. Die überwältigende Präsenz der gefährlichen Gegner in der Luft führte dazu, dass die Deutschen U-Boote zu entwickeln versuchten, denen es möglich sein sollte, nahezu während der ganzen Feindfahrt unter Wasser zu bleiben.

MAC-SCHIFF

Nation:	Großbritannien
Stapellauf:	1942
Besatzung:	105
Antrieb:	Dieselmotor an einer Welle
Wasserverdrängung:	8.000 Tonnen
Abmessungen:	147 x 18 x 8,4 m
Leistung:	13 Knoten
Bewaffnung:	ein 102-mm-Geschütz; mehrere Fliegerabwehr-Waffen kleineren Kalibers
Flugzeuge:	4 Fairey Swordfish

GELEITTRÄGER

Nation:	Großbritannien	**Bewaffnung:**	zwei 102-mm-Geschütze und zehn 20-mm-Zwillingskanonen
Stapellauf:	1941		
Besatzung:	700	**Flugzeuge:**	15 Flugzeuge, und zwar 10 Fairey Swordfish und fünf Jäger (Sea Hurricane, Wildcat oder Fulmar)
Antrieb:	zwei Dieselmotoren		
Wasserverdrängung:	11.800 Tonnen		
Leistung:	18 Knoten		

Eskortenschiffe beim Konvoi blieben. Zusätzlich wurde offensichtlich, dass die Eskorten zu langsam waren. Im Allgemeinen lag ihre Geschwindigkeit nur vier Knoten über jener des Konvois, sodass jeder Versuch, ein U-Boot zu verfolgen und zu stellen, dazu führen musste, dass sie zu weit zurückblieben, um die Frachter wieder einzuholen. Mehr Zerstörer mussten her, um schnellere Geleitschiffe zur Verfügung zu haben; es würde lange dauern, sie zu bauen, ihre Zahl war bereits jetzt zu gering. Mit der Aussicht auf eine größere Zahl schnellerer Eskortschiffe sah es also schlecht aus.

Man brauchte einen neuen Ansatz. So wurden die Support-Gruppen ins Leben gerufen. Deren erste, die 20th Escort Group unter Commander F. J. „Johnnie" Walker, wurde im September 1942 aufgestellt. Was aber noch nicht bedeutete, dass die Gruppe sofort einsatzbereit gewesen wäre, denn vorerst brauchte man jedes verfügbare Schiff, um Konvois nach Nordafrika zu geleiten. So musste die Support-Gruppe noch auf ihre erste gemeinsame Operation warten. Es sollte sechs Monate dauern, bis das Konzept verwirklicht werden konnte.

Doch nicht nur der Mangel an Zerstörern machte den Alliierten zu schaffen, auch Geleitträger wurden für den Geschmack der Admiralität zu langsam in Dienst gestellt. Auch hier war eine Alternative gefragt. Als Lösung boten sich so genannte „MAC-Schiffe" (Merchant Aircraft Carrier) an. Normale Frachter erhielten ein Flugdeck und beförderten eine Handvoll Flugzeuge – in der Regel drei oder vier Swordfish. Zusätzlich transportierten die MAC-Schiffe

OBEN: Die spezialisierten Konvoigeleitträger wurden hauptsächlich in amerikanischen Werften auf Kiel gelegt, da jene in Großbritannien mit der Produktion von Handelsschiffen ausgelastet waren. Daher wurden von den Briten nur fünf Einheiten gebaut. Anders als MAC-Schiffe waren sie groß genug, um sowohl Jagdflugzeuge als auch U-Boot-Jäger an Bord zu nehmen.

LINKS: MAC-Schiffe wurden als Lückenbüßer entwickelt, als die Geleitträger noch in Bau waren. Das MAC-Schiff behielt, obwohl es mit einem Flugdeck nachgerüstet wurde, den größten Teil seiner Transportkapazität. Obwohl sie nur wenige Maschinen an Bord nehmen konnten, reichten diese, um für einen Konvoi eine funktionierende U-Boot-Abwehr zu gewährleisten.

SWORDFISH

Nation:	Großbritannien
Jungfernflug:	1934
Besatzung:	3
Antrieb:	ein Bristol Pegasus Sternmotor
Gewicht:	2.359 kg
Leistung:	Höchstgeschwindigkeit 222 km/h; Reichweite ca.885 km mit Torpedo; Dienstgipfelhöhe 3.260 m
Bewaffnung:	zwei 7,7-mm-Maschinengewehre; ein 457-mm Torpedo, vier 250-Pfund-Bomben/Wasserbomben oder acht Raketenprojektile

OBEN: Die Fairey Swordfish (Schwertfisch) leistete lebenswichtige Dienste. Als Torpedobomber und Aufklärer entworfen, wurde sie für die Vernichtung der italienischen Flotte vor Taranto verantwortlich. Als die Fähigkeiten der Swordfish, sich gegen Feindjäger zu schützen, abnahmen, tat sie als U-Boot-Jäger Dienst.

normale Fracht. Man hoffte, dass drei dieser Einheiten etwa im März 1943 einsatzbereit sein würden; tatsächlich dauerte es bis Mai, bis zumindest die erste fertig gestellt war.

Brasilien

Die nächste große Attacke der U-Boote erwies sich als strategisches Desaster. Ein „Ausflug" von *U507* am 16. und 17. August endete mit der Versenkung von fünf Schiffen, alle unter brasilianischer Flagge. Außer sich schloss sich die bisher neutrale Regierung fünf Tage später den Alliierten an. Nun hatten die Alliierten die schmalste Stelle des Atlantik, zwischen Brasilien und Westafrika, völlig unter Kontrolle. Somit konnte man die gesamte Strecke sowohl aus der Luft als auch zu Wasser bedecken, was die Aufgabe der U-Boote beträchtlich erschwerte.

Der Fall Laconia

Am Abend des 12. September 1942 sichtete *U156* unter Werner Hartenstein das Linienschiff *Laconia*, einen bewaffneten Handels-

U156 TYP IXC

Nation:	Deutschland
Stapellauf:	Mai 1941
Besatzung:	48
Wasserverdrängung:	1.120 t aufgetaucht; 1.232 t abgetaucht
Abmessungen:	76,8 x 6,8 x 4,7 m
Bewaffnung:	sechs 533-mm-Torpedorohre, ein 105-mm-, ein 37-mm- und ein 20-mm-Geschütz
Antrieb:	Diesel-/Elektromotoren
Reichweite:	aufgetaucht 11.000 km bei 12 Kn
Leistung:	18,3 Knoten aufgetaucht; 7,3 Knoten abgetaucht

LINKS: Eine Hawker Hurricane wird auf das Katapult eines CAM-Schiffs gehievt. CAM-Schiffe waren mit Katapulten nachgerüstete Handelsschiffe, von denen Jagdflugzeuge starten konnten, um jede Maschine abzufangen, die dem Konvoi folgte. Sobald das Flugzeug aber einmal in der Luft war, hatte es keine Möglichkeit an Bord zurückzukehren. Der Pilot konnte sich nur retten, indem er wasserte oder mit dem Fallschirm absprang. CAM-Schiffe dienten als Lückenbüßer, bis Geleitträger in Dienst gestellt werden konnten.

kreuzer, der als Truppentransporter verwendet wurde – zweifelsohne ein lohnendes Ziel. Was Hartenstein nicht wissen konnte: Der Großteil der Passagiere waren italienische Kriegsgefangene, auf Überstellfahrt von Nordafrika in Lager in den Amerikas. *U159* schoss die *Laconia* mit einem einzelnen Torpedo manövrierunfähig und sah zu, wie sich Passagiere und Besatzung in die Rettungsboote flüchteten. Als Hartenstein näher ging, musste er feststellen, dass die Passagiere des getroffenen Schiffs auf italienisch um Hilfe riefen. Ob Hartenstein nur seine Verbündeten retten wollte oder aus allgemeiner Menschlichkeit handelte, bleibt unklar; auf jeden Fall drehte er bei und nahm die Schwimmer auf. Dabei machte er keinen Unterschied zwischen Freund und Feind und versuchte, so viele Überlebende wie möglich an Bord zu schaffen. Obwohl es sich um ein Boot vom Typ IXC, also um eines der größeren U-Boote handelte, brachte man natürlich nicht alle Passagiere unter.

Auch wenn Hartenstein anfangs vielleicht nur den Italienern hatte helfen wollen, entsprangen seine nächsten Schritte allein dem Bedürfnis, so viele Leben wie möglich zu retten. Er sandte nicht nur einen Notruf an seine Zentrale, sondern funkte auch auf der internationalen Notfrequenz wiederholt um Hilfe. Dabei gab Hartenstein seine exakte Position an und ersuchte alle Schiffe in der Nähe um Beistand. Er würde die Helfer dann, und nur dann angreifen, wenn er selbst Attacken ausgesetzt wäre. Dönitz kommandierte drei Boote aus Hartensteins Rudel ab und ersuchte die Vichy-Regierung, die Unterseeboote zu unterstützen. Indes bewegte sich *U156*, voll beladen mit den Geretteten, einige Rettungsboote in Schlepp, andere in ihrer Deckung, langsam auf die Elfenbeinküste zu. Da die anderen Boote keine weiteren Überlebenden fanden, nahmen sie ihre Patrouillen wieder auf. Stattdessen sollten *U506* und *U507*, die eben von ihrer Fahrt heimkehrten, Hartenstein helfen. Sie stießen am 14./15. September zu *U156* und übernahmen einen Teil der Passagiere,

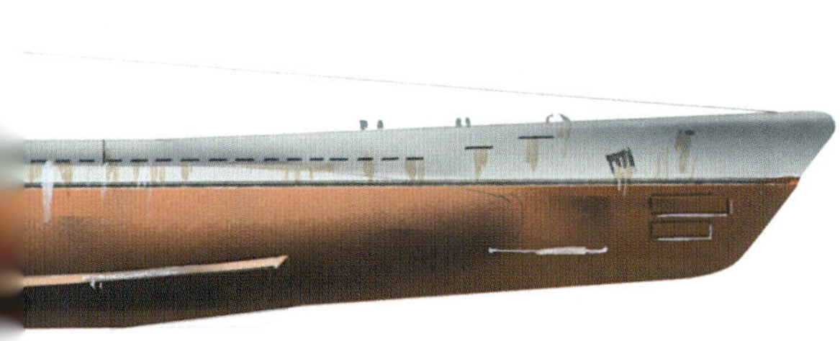

LINKS: *U156* war eines der Typ-IXC-Boote. Sie wurde unter kontroversiellen Umständen prominent. Nachdem sie das Linienschiff *Laconia* versenkt hatte, rettete *U156* so viele Überlebende wie nur möglich. Trotzdem wurde sie von einer Liberator der USAAF angegriffen, als sie mit den Menschen an Bord zu einem Rendezvous mit einem deutschen Schiff lief. Dieser Vorfall veranlasste Dönitz zu dem Befehl, dass deutsche U-Boot-Kommandanten in Zukunft Überlebenden nicht mehr zur Hilfe kommen dürften.

um *U156* zu entlasten. Die drei nahmen Kurs auf das Rendezvous mit den Vichy-Schiffen.

Am Morgen des 16. September kam es zur Katastrophe. Ein US-Flugzeug überflog *U156*, die eine Rot-Kreuz-Fahne gehisst hatte, kehrte etwa nach einer Stunde, um 12.30 Uhr, zurück und griff *U156* an. Hartenstein ließ die Leinen der Rettungsboote kappen. Als sich diese gelöst hatten, fiel eine Wasserbombe der Liberator in ihre Mitte und brachte ein Boot zum Kentern. Der Pilot hatte das U-Boot auf einer Routinepatrouille von St. Helena aus entdeckt und über Funk um Anweisungen gebeten. Die Antwort war eindeutig: Angriff - und das tat er auch. Der Pilot setzte erneut zu einem Angriff an und beschädigte das U-Boot leicht. Hartenstein wurde bewusst, dass ein weiterer Verbleib an der Oberfläche ein tödliches Ende nehmen könnte, er packte die Überlebenden an Bord von *U156* in Rettungsboote und tauchte ab, weg vom Ort des Geschehens. *U506* und *U507* schafften es bis zum Rendezvous - obwohl auch *U506* einer Attacke ausweichen und abtauchen musste - und übergaben den Franzosen etwa 1.200 Menschen.

Dönitz tobte. Seine Männer hatten ihre Sicherheit aufs Spiel gesetzt, um Menschen zu helfen, und wurden zum Dank von den Alliierten unter Beschuss genommen. Am 17. September ging seine Order an alle U-Boote: Überlebende versenkter Schiffe waren ab sofort ihrem Schicksal zu überlassen, außer ihr Verhör wäre den deutschen Kriegsanstrengungen dienlich. Dieser Befehl war Grundlage einer Anklage beim Nürnberger Prozess, Dönitz wurde allerdings dafür nicht verurteilt. Der U-Boot-Krieg sollte ab sofort von beiden Seiten mit noch größerer Härte geführt werden.

WELLINGTON

Nation:	Großbritannien
Jungfernflug:	1936
Besatzung:	6
Antrieb:	zwei Bristol Hercules XVII Kolbenmotoren
Gewicht:	8.417 kg
Leistung:	Höchstgeschwindigkeit 406 km/h, Reichweite 2.816 km, Dienstgipfelhöhe 4.877 m
Bewaffnung:	ein 7,7-mm-Maschinengewehr in der Nase, vier 7,7-mm-Maschinengewehre im Heckturm. Einige Flugzeug mit je einem einzeln 7,7-mm-Maschinengewehr in Seitenstellung. Bis zu 2.041 kg Bomben oder Wasserbomben

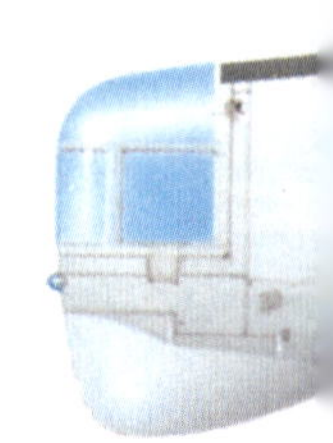

Die Schlacht in der Biskaya

Die Rolle des Coastal Command im U-Boot-Krieg gewann im Lauf des Jahres 1942 zunehmend an Bedeutung, nicht zuletzt, weil Air Marshal Joubert mit Nachdruck sicher-

RECHTS: Eine Swordfish des Trägers *HMS Archer*, am 9. Juli 1943. Unter der Tragfläche sind die Gestelle zu erkennen, an welchen Leuchtbojen, Wasserbomben und Bomben befestigt werden konnten.

OBEN: Die Wellington, ursprünglich tragende Kraft des Bomber Command, wurde, je weiter der Krieg fortschritt, in immer größerer Zahl vom Coastal Command eingesetzt. Diese Maschine vom Typ XIV trägt unter dem Bug ASV-Radar. Unter dem Rumpf, auf Höhe des Buchstaben „G", ist das Gehäuse ihres Leigh Light zu erkennen.

stellte, dass seine Kräfte dort zum Einsatz kamen, wo sie die beste Wirkung erzielten. Der Mangel an VLR-Flugzeugen machte ihm weiter zu schaffen, nach wie vor waren die Ansprüche des Bomber Command an die Flugzeugproduktion ein ernsthaftes Hindernis für das Coastal Command, zu den dringend benötigten Maschinen zu kommen. Wollte man Flugzeuge vom Einsatz als Bomber für die U-Boot-Abwehr abziehen, fand man, wie erwähnt, in Sir Arthur Harris einen sogar noch härteren Gegner. Dennoch musste er sechs Lancaster Bomber „opfern" - sie wurden von der No. 44 Sqn nach Nutt's Corner in Nordirland abkommandiert und drei Wochen für Patrouillen eingesetzt. Zwei U-Boote wurden angegriffen, aber nicht versenkt, und die Maschinen kehrten bald zu ihrem Bombergeschwader zurück - nicht, weil sie zu wenig Erfolg gehabt hätten, sondern weil Harris darauf bestand.

Joubert ließ sich vom Mangel an VLR-Maschinen nicht abhalten, all seine Kräfte in die Schlacht zu werfen, wobei sich der Golf von Biskaya am besten als Operationsgebiet eignete. Luft-Wasser-Radar (ASV), auf den Schiffen extrem nützlich, zeigte den angreifenden Flugzeugen ihre Ziele nicht deutlich genug. Man war auf Sichtkontakt zu den U-Booten angewiesen - besonders bei Nacht eine recht schwierige Aufgabe. Sir Frederick Bowhill hatte die Mitglieder seines Kommandostabs aufgefordert, jede erfolgversprechende Idee zu melden. Squadron Leader Humphrey deV. Leigh ersann die passende Lösung. Er schlug vor, die Flugzeuge mit Scheinwerfern auszustatten. Die Stabsoffiziere waren begeistert, Leigh sollte diesen Ansatz sofort weiterentwickeln.

Ein modifizierter Frazer-Nash-Turm trug den 61-cm-Suchscheinwerfer. Der Turm war für die Vickers Wellington entworfen worden (obwohl nur wenige damit flogen), also wurden die Maschinen dieses Typs als erste umgerüstet. Nach erfolgreichen Tests im März 1941 geriet das Projekt ins Stocken. Man konnte sich nicht auf einen bestimmten Suchscheinwerfer einigen, außerdem sprach sich das Royal Aeronautical Establishment plötzlich für Schleppfackeln aus. Auch diese Schwierigkeiten konnte man meistern und das Leigh Light wurde am 21. Februar 1942, beginnend mit dem No. 1417 (Searchlight) Flight, in Dienst gestellt. Der Flight wurde mit der Wellington ausgerüstet und erhielt, obwohl nach wie vor nur fünf Maschinen zur Verfügung standen, den Stand einer Squadron (No. 172).

Joubert wollte anfangs die neue Entwicklung zurückhalten, bis das Leigh Light in großer Zahl verfügbar wäre, damit das Coastal Command den Golf von Biskaya mit so ausgerüsteten Flugzeugen quasi „überschwemmen" und den Überraschungseffekt für sich nützen könnte. Doch letztendlich entschied er, nicht länger zu warten und alle verfügbaren Mittel einzusetzen. Die ersten Einsätze wurden am 3./4. Juni geflogen und Squadron Leader J. H. Greswell entdeckte ein U-Boot. Greswell folgte einer ASV-Meldung und fand sich geradewegs über dem U-Boot, noch bevor er eine Chance hatte,

U553 TYP VII

Nation: Deutschland
Stapellauf: November 1940
Besatzung: 44
Wasserverdrängung: 761 t aufgetaucht; 865 Tonnen abgetaucht
Abmessungen: 67,1 x 6,2 x 4,8 m
Bewaffnung: fünf 533-mm-Torpedorohre; eine 88-mm-, eine 20-mm-Kanone; bis zu 39 Minen
Antrieb: Diesel-/Elektromotoren
Reichweite: aufgetaucht 12.038 km bei 12 Knoten
Leistung: 17,2 Knoten aufgetaucht; 7,6 Knoten abgetaucht

OBEN: Im Dezember 1942 wurde *U553* mit besseren Flugabwehrwaffen ausgerüstet. Die Installierung erwies sich als wenig zufrieden stellend, das Boot war schlechter handhabbar. *U553* ging kaum ein Monat nach Einbau dieser Waffen verloren.

UNTEN: Die Beaufighter, als Langstrecken-Jagdflugzeug entworfen, wurde beim Coastal Command zu dessen wichtigstem Jäger und Kampfflugzeug gegen Schiffe. Sie stand bis 1950 im Dienst der R.A.F.

sein Licht überhaupt einzuschalten. Infolge falscher Luftdruckprognosen war sein Höhenmesser schlecht justiert, er flog höher, als er dachte. Greswell überwand seine Verwirrung schnell. Da er etwa 30 m mehr an Höhe hatte, als geplant, warf er seine Wellington herum, um einen ordentlichen Angriff zu fliegen. Das U-Boot war noch immer an der Oberfläche und begann plötzlich, Leuchtraketen abzufeuern. Verwirrt überlegte Greswell, ob das Boot vielleicht Signal gab, um sich als britisch auszuweisen. Er verwarf den Gedanken, nunmehr sicher, dass britische U-Boote andere Signalfarben verwendeten, und setzte die Attacke fort. In etwa 1.250 m Entfernung schaltete er sein Leigh Light ein. Greswell konnte das U-Boot deutlich ausmachen und verringerte seine Flughöhe auf 15,25 m. Die Wellington brauste heran und warf vier 110-kg-Wasserbomben. Das U-Boot, der Italiener *Luigi Torelli*, wurde eingegabelt, Steuerung und Kompass so schwer beschädigt, dass das U-Boot den Heimathafen anlaufen musste.

Joubert verlangte sofort, die Produktion der Leigh Lights zu forcieren – und sein Vertrauen in die Scheinwerfer sollte sich bezahlt machen. Den ganzen Juni hindurch fanden die Whitleys mit ihren Fackeln kein einziges U-Boot, die No. 172 Sqn beleuchtete im Golf von Biskaya deren sieben. Schon diese wenigen Wellingtons, die mit dem Leigh Light flogen, zeigten tief greifende Auswirkungen auf die U-Boot-Skipper. Da sie bei jedem Auftauchen entdeckt und angegriffen werden konnten, begannen sie, unter Wasser zu kreuzen. Am 24. Juni befahl Dönitz allen Booten, egal ob bei Tag oder

BRISTOL BEAUFIGHTER

Nation: Großbritannien
Jungfernflug: 1939
Besatzung: 2
Antrieb: zwei Bristol Hercules Sternmotoren
Leistung: Höchstgeschwindigkeit 488 km/h; Reichweite 2.366 km; Dienstgipfelhöhe 4.572 m
Bewaffnung: Vier 20-mm-Kanonen in der Nase, sechs 7,7-mm-Maschinengewehre in den Tragflächen, eines in der Beobachterkanzel am Rücken. Ein Torpedo oder zwei 250-Pfund-Bomben unter der Mittellinie. Acht Raketenprojektile unter den Tragflächen (dann ohne Tragflächen-Maschinengewehre).

OBEN: Ein U-Boot geht längsseits an die Rettungsboote des amerikanischen Dampfers *Carlton*, der am 5. Juli 1942 nördlich von Norwegen torpediert worden war.

Nacht, den Golf unter Wasser zu durchqueren und nur zum Aufladen der Batterien aufzutauchen. Nun waren die U-Boote län-ger zu den Konvoirouten unterwegs, ihre Reichweite sank. All das erreichte man ohne einen einzigen „Abschuss" durch mit Leigh Light ausgestattete Flugzeuge und bewies, dass man, sogar ohne die U-Boote zu versenken, große Erfolge erzielen konnte. Der erste kam am 6. Juli, als *U502* der Wellington von Pilot Officer W. B. Howell zum Opfer fiel.

Die Bedrohung durch die Leigh Lights bedeutete aber auch, dass tagsüber mehr U-Boote entdeckt wurden. Sie konnten ja nicht ständig unter Wasser bleiben und mussten immer wieder auftauchen, um ihre Batterien zu laden - sogar bei Tageslicht. Die Bedrohung aus der Luft war zu einer ernsthaften Gefahr angewachsen, dem war Einhalt zu gebieten. So fasste man im September den Plan, die U-Boote mit zwei 15-mm-Zwillings-Maschinengewehren in der oberen sowie einer 20-mm-Zwillingskanone in der unteren Plattform des Kommandoturms zu bewaffnen. Schnell erkannte man, dass die 15-mm-Waffen bei weitem nicht genug Feuerkraft hatten, um gegen ein angreifendes Flugzeug etwas auszurichten. So erhielten die U-Boote ein 20-mm-Vierfach-Geschütz aus Beständen der Armee sowie eine 37-mm-Kanone. Bevor die Waffen auf den U-Booten eingesetzt werden konnten, versah man sie mit Rostschutz-Anstrich.

Ab Dezember 1942 wurden sie an einigen U-Booten montiert, allerdings nicht ohne Probleme. Als erstes wurde *U553* mit dem Waffenarsenal ausgestattet, und man berichtete, die Konstruktion verursache zu viel Gischt, wenn man über Wasser lief. So war das Boot viel zu leicht zu entdecken. Auch beeinträchtigte die untere Plattform die Tauchfahrt-Eigenschaften des U-Boots, ein Faktor, der die Vorteile der Bordbewaffnung zunichte machte. Dennoch brauchten die Boote irgendeine Art von FLAK, so startete man im Januar 1943 eine Testreihe, um den Kommandoturm für die Aufnahme entsprechenden Geräts zu modifizieren. Bis April waren alle Kampfboote mit zwei 20-mm-Kanonen ausgestattet - mit dem unangenehmen Nebeneffekt, dass sich so mancher Skipper dazu verleiten ließ, an der Oberfläche zu bleiben und die Sache mit dem Flugzeug auszukämpfen, anstatt sich unter Wasser in Sicherheit zu bringen.

Die Jäger des Coastal Command

Als dann auch noch den Junkers Ju 88, die man einsetzte, um die U-Boot-Abwehrpatrouillen anzugreifen, von herumstreifenden Bristol Beaufighters übel mitgespielt wurde, hatten die U-Boote ein weiteres Problem. Anfangs erwies sich die Ju 88, die Jagdversion eines Bombers, als extrem hilfreich. Mit Kanonen und Maschinengewehren schwer bewaffnet, waren sie den Flugzeugen des Coastal Command an Schnelligkeit beträchtlich überlegen. Zum Pech der Luftwaffe (und daher der U-Boote) begann das Coastal Command, die Bewaffnung seiner Flugzeuge drastisch zu verstärken. Die Sunderland trug nun mindestens 14 Maschinengewehre, und ein solches „Stachelschwein" anzugreifen wurde zunehmend schwieriger, vor allem, wenn es der Pilot schaffte, bis knapp an die Wasseroberfläche abzutauchen, sodass die verwundbare Unterseite der Maschine geschützt war.

Die zunehmende Wehrhaftigkeit zwang die Ju 88, paarweise oder in noch größeren

OBEN: Ein Flieger poliert die Linse eines Leigh Light, das unter der Tragfläche einer Liberator des Coastal Command montiert ist. Das Leigh Light konnte in Verbindung mit ASV-Radar eingesetzt werden, wodurch die Effektivität von Nachtpatrouillen deutlich stieg.

Verbänden anzugreifen. Mitte 1942 stießen die Bristol Beaufighters in großer Zahl zum Coastal Command. Die Beaufighter, obschon als zweimotoriger Langstreckenjäger entwickelt, hatte im Dienst des Fighter Command geholfen, die Operation Nachtblitz zurückzuschlagen, der Großbritannien von September 1940 bis Juni 1941 ausgesetzt war. Mit vier 20-mm-Kanonen und zehn 7,7-mm-Maschinengewehren war sie schwerst bewaffnet und der Ju 88 mehr als ebenbürtig. Im Lauf der Zeit erhielten Beaufighters Torpedos oder Raketengeschoße und ließen sich hervorragend gegen Schiffe (und U-Boote) einsetzen. Hermann Göring kam Bitten um Unterstützung nicht nach. So stießen die Patrouillen in der Biskaya nur auf geringen Widerstand.

Sir Max Horton

Am 19. November ernannte Churchill Admiral Sir Max Horton zum Commander in Chief des Western Approaches Command, der damit Sir Percy Noble ersetzte. Allerdings wurde Noble nicht des Kommandos enthoben, sondern ging als Leiter der British Naval Mission nach Washington. Anders als viele leitende Offiziere, die im Verlauf des Kriegs von Churchill „befördert" wurden, landete Noble damit keineswegs auf einem Abstellgleis. Er war eine Schlüsselfigur in der Koordination der anglo-amerikanischen Marinebeziehungen und trug ein gut Teil dazu bei, dass man der Bedrohung durch U-Boote letztendlich Herr wurde. Als Noble das Western Approaches Command verließ, hatte er ein Kommando aufgebaut, dem es lediglich an Material fehlte, um eine Gefahr völlig zu bannen, die zu jener Zeit, als man das Western Approaches nach Liverpool verlegte, schier unüberwindlich schien.

Wie Martin Nasmith kam Horton aus dem Lager der U-Boot-Fahrer, Churchill schien von dem englischen Sprichwort geleitet: „Ein Wilderer ist der beste Wildhüter." Das Sprichwort erwies sich als richtig. Horton galt als entschlossener Befehlshaber und hatte wahrscheinlich mehr Ahnung vom U-Boot-Krieg als irgendjemand sonst auf Seiten der Alliierten. Sein Führungsstil war „geradlinig" (ein Synonym, das unter anderem die Eigenschaften „direkt" und „scharf" beschreibt). Während Noble sehr persönlich agierte – an Bord seiner Eskorten in See stach oder selbst mit dem Coastal Command flog –, stellte Horton eindeutig klar, dass er eines unter gar keinen Umständen ertrug: Dummköpfe. Und manchmal hatte man den Eindruck, er halte jedermann für einen solchen, bevor man ihm das Gegenteil bewies.

Glücklicherweise hielt diese Einschätzung in Bezug auf den U-Boot Tracking Room des Operational Intelligence Centre nicht lange. In einer der ersten Sitzungen des Anti-Submarine Warfare Committee, die er in seiner neuen Position besuchte, machte er seinem Ärger über den Tracking Room Luft. Horton beschimpfte die Abteilung heftig, aktuelle Informationen wären falsch ausgewertet worden, sodass sich die Umleitung eines Konvois als Fehlschlag erwiesen habe. Rodger Winn, Leiter des Submarine Tracking Room, war kein Mann, den solche Anschuldigungen aus der Bahn geworfen hätten.

Er hatte die Leitung des Submarine Tracking Room unter ungewöhnlichen Umständen übernommen. Im Zivilberuf Rechtsanwalt, konnte sich Winn krankheitshalber nicht freiwillig zur Royal Navy melden. 1939, als sich der Beginn des Krieges bereits abzeichnete, bot er der Admiralität seine Dienste an, in der Hoffnung, irgendwo von Nutzen zu sein. Im August wurde er in den Submarine Tracking Room aufgenommen. Da die Royal Navy den Möglichkeiten zur Informationsbeschaffung in der Zwischenkriegszeit keinerlei Aufmerksamkeit gewidmet hatte, war der Submarine Tracking

LINKS: Eine andere Liberator testet ihr Leigh Light. Liberators und Wellingtons machten vom Leigh Light intensivsten Gebrauch, das trieb die U-Boot-Flotte zur Verzweiflung, da Nachtfahrten an der Oberfläche äußerst gefährlich wurden. Als Antwort entwickelte man U-Boote, die für lange Zeit laufen konnten, ohne auftauchen zu müssen. Zum Glück für die Alliierten konnten diese Boote aber erst so spät in Dienst gestellt werden, dass sie nicht mehr zu einer ernsthaften Bedrohung wurden.

Room eine relativ neue Einrichtung. 1937, als Admiral Sir William James fest entschlossen war, im Fall eines Krieges das Konvoisystem wieder zum festen Bestandteil der Strategie der Royal Navy zu machen, nutzte er die Gelegenheit, um auch der mangelnden Aufklärung zu begegnen. Das OIC wurde eingerichtet und in seiner Verantwortung lag das Aufspüren feindlicher U-Boote.

Der Tracking Room unterstand Paymaster-Commander E. W. C. Thring, einem Veteran der Geheimdienstabteilung Room 40 des I. Weltkriegs. Ende 1940 erzwang Thrings kritischer Gesundheitszustand seine Ablösung. Mit wachsender Begeisterung hatte Thring Winns Fähigkeit bemerkt, eine Unzahl von Informationen zusammenzuführen und daraus Schlüsse von beinahe unheimlicher Präzision zu ziehen. Auf den ersten Blick meinten viele Marineoffiziere, Winns Annahmen beruhten auf wenig mehr als simpler Intuition. Es dauerte jedoch nicht lange, bis sie davon überzeugt waren, dass weit mehr dahinter steckte. Daher fand Thrings Vorschlag, Winn solle sein Nachfolger werden, breite Zustimmung innerhalb des OIC. Das war eine absolute Neuheit – ein Zivilist war für eine zentrale Abteilung innerhalb der Admiralität verantwortlich. Damit nicht doch jemand die Nase rümpfte, erhielt Winn bei der Freiwilligen Reserve der Royal Navy ein Offizierspatent im Rang eines Commanders.

Dieser bewegte Hintergrund erwies sich als beträchtlicher Vorteil in der ersten Auseinandersetzung mit Horton. Als Anwalt war Winn Richtern gegenüber gestanden, die, so dies überhaupt möglich war, noch streitbarer waren als Horton. Auf den Vorwurf, der Tracking Room habe versagt, entgegnete Winn höflich, er werde in der nächsten halben Stunde alle Informationen sichten und zusammenstellen, die zu dem Routenvorschlag geführt hatten. Der Admiral könne dann anhand des Materials selbst entscheiden, ob er andere Schlüsse gezogen hätte. Horton war einverstanden und stand 30 Minuten später im Tracking Room. Winn hielt dem Admiral einen riesigen Stapel abgefanger Funksignale, Wettervorhersagen und unzählige andere Nachrichten vor die Nase und ließ ihn mit der Arbeit beginnen.

UNTEN: Zerstörer der Royal Navy üben den Einsatz ihrer „Snowflakes“ (Schneeflocken) genannten Leuchtkörper. Damit konnten die Eskorten U-Boote beleuchten, um sie angreifen zu können. Bei ihrer Anwendung war jedoch Vorsicht geboten, damit diese nicht den U-Booten ein Ziel in strahlendem Licht präsentierten.

OBEN: Ein deutsches Boot im Dezember 1942 auf Feindfahrt im Atlantik. Bis zum Mai 1943, dem Höhepunkt der Atlantikschlacht, würden die 102 verfügbaren U-Boote noch rund 3,8 Millionen Tonnen alliierten Schiffsraum versenken.

Nach wenigen Minuten informierte Winn Horton gelassen, der Einsatzleiter der Western Approaches warte schon dringend auf den Lagebericht. Horton kämpfte sich noch eineinhalb Stunden durch den Papierberg, bevor er aufgab. Er stand auf, lächelte und klopfte Winn auf die Schulter. „Das ist nicht ganz mein Element", soll er Berichten zufolge festgestellt und noch hinzugefügt haben: „Aber deines, Roger." Das Vertrauen, das Horton von diesem Tag an in Winns Prognosen setzte, war durch nichts zu erschüttern. Und das war der Garant dafür, dass dem Tracking Room den ganzen Krieg hindurch eine tragende Rolle zukommen sollte.

Angriff aus der Luft

Hortons Ernennung bedeutete auch, dass das Coastal Command in den Bestrebungen, die dringendst benötigten Flugzeuge zu erhalten, einen Schritt weiterkam. Obwohl man bereits einige Fortschritte erzielt hatte, kam das Aufrüstungsprogramm nur langsam voran. Churchills Anti U-Boat Warfare Committee trat ab 4. November 1942 wöchentlich zusammen. Das Erscheinen Hortons machte diese Sitzungen - gelinde gesagt - interessant. Admiralität und Coastal Command schleuderten Harris ihre Forderungen nach VLR-Flugzeugen förmlich ins Gesicht. Der Befehlshaber des Bomber Command behauptete, durch die Bombardierung der U-Boot-Bunker hätten seine Männer einen weit entscheidenderen Beitrag zur Schlacht im Atlantik geleistet und die Produktion der Unterseeboote um sechs Monate verzögert. Allerdings ist unklar, wie Harris zu seiner Einschätzung kam: Der Bau der Bunker war abgeschlossen und die Produktionsstätten mit dicken Lagen Beton geschützt.

Anders als jene Harris' wurden die Argumente des Coastal Command auch von den Ergebnissen der Einsatzforschung (OR) gestützt. Professor P. M. S. Blackett hatte seine Arbeit konsequent fortgeführt und war zu einer Reihe höchst wertvoller Einsichten gelangt. Unter anderem setzte man die Eintauchtiefe der Wasserbomben weiter herab, auf 7,62 m anstelle jener 15,24 m, die die ersten OR-Berichte vorgeschlagen hatten. Im Vergleich mit dem Widerstand, auf den der erste Vorschlag traf, die Eintauchtiefe auf 15,24 m zu reduzieren, wurde die neuerliche Verringerung fast kommentarlos akzeptiert - ein Beweis, wie sehr sich die Einstellung geändert hatte, seit man den ersten Vorschlag in die Praxis umgesetzt hatte. Blacketts Team schaffte es auch, mit Ideen zur Straffung des Wartungsprogramms die Anzahl der kampfbereiten Flugzeuge um über 50 % zu erhöhen. Bezeichnenderweise betrafen weitere Ansätze nicht das Coastal Command, sondern die Konvois selbst.

Bei Durchsicht der Statistiken hatte er festgestellt, dass die Effektivität der Konvois mit ihrer Größe zunahm. Der mathematische Zusammenhang zwischen Fläche und Umfang eines Kreises diente Blackett als Beweis dafür, dass bei Verdopplung der Konvoigröße weniger Schiffe für einen angemessenem Geleitschutz nötig wären als bisher angenommen. Bei doppelt so vielen Frachtern wäre die Zahl der Eskorten nur um ein Drittel anzuheben: Ein Kreis von acht Schiffen um 48 Frachter richte ebenso viel aus wie sechs Eskorten bei nur 24 Transportern. Weitere mathematische Analysen brachten Blackett und sein Team zu der Einsicht, dass eine Verringerung der Zahl an Konvois bei ihrer gleichzeitigen Vergrößerung auch die möglichen Angriffsziele für die U-Boote reduzierte. Bei einem Angriff gäbe es in einem großen Konvoi auch nicht mehr Verluste, da die Zahl der Opfer eines Rudels durch die Anzahl der U-Boote und den Stauraum für Torpedos begrenzt war. So konnten sie auch in einem großen Konvoi nicht mehr Schiffe versenken als in einem kleinen. Darüber hinaus würde der Ersatz von zwei oder drei kleineren Konvois durch einen großen bedeuten, dass die U-Boote generell weniger Chancen auf Erfolg hätten – es gäbe nur mehr eine Möglichkeit, die Schiffe zu versenken, nicht mehr drei. Es dauerte seine Zeit, bis das Konzept eines größeren Konvois mit weit weniger Eskorten als anfangs für nötig erachtet, akzeptiert wurde. Wie wir sehen werden, führte seine Umsetzung zu dramatischen Ergebnissen.

Im Mittelmeer

Dönitz' Plan, den Krieg auf die Atlantikrouten zurückzutragen, erlitt im Oktober 1942 einen Rückschlag. Am 23. setzte die britische 8. Armee unter General Bernard Montgomery bei El Alamein in Ägypten zu einer Großoffensive gegen die Achsenmächte an. „Wüstenfuchs" General Erwin Rommel war nicht bei seinen Truppen, als der Angriff begann, er lag krank im Lazarett. Als er am 25. Oktober auf das Schlachtfeld zurückkehrte, befand er die Lage als hoffnungslos. Sein Vorschlag, sich den Westmächten zu ergeben, erreichte Hitler in einem seiner sturen Momente. Der wenig hilfreiche Führerbefehl: „Bleibt standhaft." Schlechte Nachrichten für Rommel, und in Verbindung mit den Anweisungen, die Hitler für Dönitz bereithielt, ein zweifacher Tiefschlag. Hitler bestand darauf, alle U-Boote aus dem östlichen in das westliche Mittelmeer zu verlegen – mit sofortiger Wirkung.

Im Grunde genommen war Hitlers Plan gar nicht so abwegig, denn die Mittelmeerflotte hatte im September und Oktober wenig Glück gehabt und nur ein einziges Handelsschiff versenkt. Außerdem vermutete der deutsche Geheimdienst den Flugzeugträger *HMS Furious* und andere Kriegsschiffe vor Gibraltar. Möglicherweise sollten die Jäger der Schiffe Malta beistehen oder eine Invasion Sardiniens unterstützen. Erstere Annahme war richtig, die *Furious* stach am 28. Oktober in See. Sieben deutsche und sieben italienische U-Boote erwarteten die Streitmacht, die mit mehr als 20 Knoten auf Malta zuraste. Zwar wurde die Flotte von drei U-Booten entdeckt, aber nur *U565* kam zum Angriff – und alle vier Torpedos gingen fehl. Die Geschwindigkeit des Konvois

UNTEN: Eine frühe Bristol Beaufighter auf Patrouille. Die Beaufighter war wegen ihrer Vielseitigkeit genau das Flugzeug, das dem Coastal Command gefehlt hatte. Beaufighters wurden den Ju-88-Jägern, welche die Luftwaffe zum Schutz der U-Boote im Golf von Biskaya gegen U-Boot-Jäger des Coastal Command einsetzte, bald überlegen. Sie konnten auch U-Boote angreifen und sollten später im Krieg auch unter Überwassereinheiten reiche Ernte finden.

RECHTS: Professor P. M. S. Blackett auf einem Foto aus dem Jahr 1964. Seinem Wirken ist es zu verdanken, dass die Einsatzforschung zu einem wirkungsvollen Hilfsmittel der Planung von U-Boot-Abwehrnaßnahmen wurde.

machte eine Verfolgung unmöglich. Der neue Plan: Der Träger sollte auf der Rückfahrt versenkt werden, doch wieder wurde die Ausführung durch die Geschwindigkeit des Konvois vereitelt. Noch einmal wurden vier Torpedos abgefeuert, diesmal von *U431*, und wieder gingen sie ins Leere.

Wieder einmal: Enigma

Hitlers Plan ließ nur ein U-Boot im östlichen Mittelmeer zurück, *U559*. In den Morgenstunden des 29. Oktober wurde das Boot von einer Sunderland ausgemacht. Sie rief den Zerstörer *HMS Hero* herbei, doch die Suche mit Asdic blieb ergebnislos. Das war noch nicht das Ende vom Lied. Als sie die Berichte vernahm, machte sich die 12th Destroyer Squadron auf – vielleicht konnte man helfen. Etwa sieben Stunden später erreichten die vier Zerstörer das Gebiet und wurden fast sofort belohnt. Ein betagter Vickers Wellesley Bomber (der Typ war bereits vor dem Krieg vom BC ausgeschieden worden) war mit U-Boot-Abwehraufgaben betraut und entdeckte die Silhouette des U-Boots. Aufgrund der mehr als ausgeprägten Langsamkeit der Wellesley kann man nicht eben behaupten, dass sie einen „Sturmangriff" startete, aber der Pilot ging tiefer und deckte das ahnungslose Ziel mit drei Wasserbomben ein. Dann feuerte er Leuchtraketen ab und begann zu kreisen, um die Zerstörer aufmerksam zu machen.

Die Zerstörer brausten mit 31 Knoten heran, verlangsamten unter dem kreisenden Flugzeug und nahmen die Suche mit Asdic auf. *HMS Dulverton* hatte fast unmittelbar Kontakt und startete eine zehnstündige Verfolgungsjagd. Die *Dulverton* griff sechsmal an und legte insgesamt 56 Wasserbomben; Die *HMS Pakenham* und die *Petard* verbrauchten bei vier Angriffen deren 62, die *Hero*, die sich dem Geschwader für die Suche angeschlossen hatte, 17 bei drei Angriffen. Die *HMS Hurworth* brachte es bei zwei Angriffen auf 15 Stück. Hans-Otto Heidtmann, Kommandeur von *U559*, wollte die Sache auf dem Meeresboden aussitzen, doch die letzten fünf der insgesamt 150 Bomben verursachten schwere Schäden, das Boot begann zu fluten. Um etwa 22:40 Uhr tauchte Heidtmann auf, um in der Dunkelheit zu fliehen. Sofort wurde er vom Radar der *Hurworth* geortet, Suchscheinwerfer erfassten das U-Boot. *Hurworth* und *Petard* waren zu nah, um ihre Hauptbewaffnung einzusetzen und eröffneten das Feuer mit jeder einzelnen ihrer 20- und 40-mm-Kanonen. Der Turm der *U559* wurde mit Sperrfeuer eingedeckt, Heidtmann und andere wahrscheinlich getötet. Ohne Aussicht auf ein Entkommen floh die Mannschaft das Schiff und sprang von Bord. Es war ihnen nicht gelungen, das Enigma-Material zu zerstören.

Lieutenant-Commander Mark Thornton, Kommandant der *Petard*, sah eine Chance, das Boot zu kapern, und brachte sein Schiff längsseits. Einige Mann sprangen an Deck und versuchten, eine Sicherheitsleine anzubringen, während sich ein Prisenkommando in einem Beiboot auf etwas üblichere Weise zu dem U-Boot aufmachte. Lieutenant Francis Fasson, der Anführer des Prisenkommandos, entschloss sich, nicht zu warten, sprang ins Wasser und schwamm auf das U-Boot zu, dicht gefolgt von Able Seaman Colin Grazier. Als sie *U559* erreichten, schloss sich ihnen einer der Männer, die bereits an Bord gesprungen waren, Canteen Assistant Tommy Brown, an, und gemeinsam drangen sie in

UNTEN: Durch ein Bullauge sind die gegen den Himmel gerichteten Geschütze einer Eskorte zu sehen, die mit dem Konvoi langsam auf den Hafen zustampft.

das Boot ein. Sie fanden eine Reihe von Geheimdokumenten, die Brown über den Kommandoturm an die *Petard* weiterreichte. Als Brown zurückkehrte, wollte Fasson eben eine Maschine – welche ist ungewiss – aus der Verkleidung reißen, was misslang.

Fasson war darüber nicht sehr unglücklich und reichte stattdessen eine Kiste in den Turm hinauf, die wahrscheinlich die Enigma enthielt. In diesem Moment begann *U559* zu sinken. Thornton befahl volle Kraft voraus, um das Schlepptau zu spannen und das Boot über Wasser zu halten, fand aber direkt vor sich ein Beiboot. Um es nicht zu versenken und dabei die Dokumente zu verlieren, widerrief er den Befehl und ließ die Leine kappen. Die Männer an Bord des U-Boots schrien nach Fasson und Grazier und sprangen um ihr Leben. Die Kiste wurde fallen gelassen, Fasson und Grazier von den eindringenden Wassermassen erfasst. Die beiden Männern erhielten für ihren Mut postum das George-Cross, Brown die George-Medaille. Durch Zufall beendete diese Auszeichnung seine Karriere bei der Marine ebenfalls: Man entdeckte, dass er erst 16 und daher zu jung für den Kriegsdienst war. Er wurde sofort entlassen aber, tragische Ironie, eben das kostete ihn das Leben. Er starb 1944, als er seine Schwester aus einem brennenden Gebäude retten wollte. Obwohl ihre Leben tragisch endeten, war den drei Männern, gemeinsam mit den Kameraden an Deck des U-Boots, ein entscheidender Beitrag im U-Boot-Krieg gelungen. Sie fanden Codeschlüssel, die es Bletchley Park ermöglichten, Enigma ein weiteres Mal zu knacken.

Die Entschlüsselung gestaltete sich nicht eben einfach, da die Boote im Mittelmeer andere Chiffren verwendeten als jene im Atlantik. Der Fang von *U559* brachte wertvolle Hinweise auf den TRITON-Code, doch es sollte noch einige Zeit dauern, bis man ihn ganz durchschaut hatte.

Torch und die November-Katastrophen

Am 8. November begannen die Alliierten mit Operation „Torch“ (Fackel), der Invasion Nordafrikas. Dies führte zu einer massiven Konzentration von U-Booten im Mittelmeer, das nie ihr bevorzugtes Einsatzgebiet gewesen war. In Anbetracht der Wichtigkeit ihrer Aufgabe bestand Dönitz darauf, dass die U-Boote mit den neuen FAT-Torpedos ausgestattet würden, deren neuartiger Steuermechanismus die Torpedos in einer langen

OBEN: Am Heck seines Schiffes bereitet ein Matrose Wasserbomben zum Abwurf vor. Diese Art des Einsatzes erforderte ein sehr präzises Timing und bot dem Schiff nur ein begrenztes Schussfeld. Erst die Einführung von Werfern ermöglichte es den Eskorten, Wasserbomben auch über die Seiten abzusetzen, sodass sie keine Zeit mehr für Manöver vergeuden mussten, die sie in Positionen direkt über dem U-Boot brachten.

Schleife den Konvoi durchpflügen ließen und so die Chance auf einen Treffer erhöhten. Allerdings gab es von diesen Torpedos nur 24 Stück, auch schien ihr Effekt bei den U-Booten auszubleiben. Am 10. November versenkte *U81* den Frachter *Garlinge*, *U431* machte zwei Stunden später dem Zerstörer *HMS Martin* ein Ende. Weitere Attacken schlugen fehl, der Grund: Torpedoversager.

Die Antwort der Alliierten war heftig. Am 13. November sandten die Korvetten *HMS Starwort* und *Lotus U660* auf Grund. Am nächsten Tag erlitt *U605* das gleiche Schicksal, diesmal durch Hudsons der R.A.F., *U595* wurde schwer beschädigt. Der U-Boot-Skipper, Jürgen Quaet-Faslem, sah ein, dass sein Boot am Ende war und setzte es auf Grund, in dem Glauben, die Truppen der Vichy-Regierung würden seinen Männern die Flucht ermöglichen. Tatsächlich wurde die Mannschaft den Alliierten übergeben, eine Panzereinheit der US Army hatte die besondere Ehre, als erste Einheit der Bodentruppen ein U-Boot gefangen zu nehmen. Am 15. November versenkte eine Hudson der No. 500 Sqn *U458*, aber der Explosionsdruck der Wasserbomben brachte auch das Flugzeug zum Absturz. Zwei Tage später spürte Sqn Ldr Ian Patterson, auch von der No. 500 Squadron, *U331* auf und schoss sie zum Wrack. Als sich zwei weitere Hudsons der Attacke anschlossen, wurde dem Kommandanten von *U331*, Hans-Dietrich von Tiesenhausen, klar, das es kein Entkommen gab. Er hisste die weiße Flagge, doch vor den Augen der Hudsons tauchte eine Martlet (die Bezeichnung der Royal Navy für die Grumman Wildcat) auf und griff – in völliger Missdeutung der Lage – das U-Boot im Tiefflug an. Zum wachsenden Missfallen der Hudsons folgte ihr ein Albacore Torpedo-Bomber und versenkte *U331*, wobei ein Großteil der Besatzung den Tod fand. Glücklicherweise erschienen kurz darauf ein Zerstörer sowie ein Supermarine Walrus Rettungsflugzeug. Sie bargen 17 Mann, darunter Tiesenhausen.

Die Raubzüge in Antwort auf die Operation Torch blieben außergewöhnlich erfolglos, vor allem, weil die Alliierten für erstklassiges Geleit sorgten. Demgegenüber forderte sogar die kleine Zahl an U-Booten, die im Atlantik verblieben, von den Feindschiffen einen grausamen Zoll. Da man alle Eskorten vor Nordafrika zusammengezogen hatte, erwies sich die Schifffahrt im Atlantik als extrem verwundbar. Im November, als die Einsätze im Mittelmeer nur von mäßigem Erfolg gekrönt waren, hatten jene U-Boote, die für die Atlantikroute abgestellt waren, ihre beste Zeit: 126 Schiffe gingen verloren, in der Admiralität machte sich wieder einmal Besorgnis breit. Statt eine neue, tödliche Kriegsphase einzuleiten, war der November 1942 ihr Höhepunkt. Die Admiralität hielt fest, dass die Lage „niemals ernster" gewesen sei. Stetige Verluste führten dazu, dass die Treibstoffvorräte auf 300.000 t zurückgingen, bei einem monatlichen Verbrauch von 130.000 t. Die britischen Importe beliefen sich auf knapp ein Drittel der Werte von 1939. Die Admiralität sah voraus, dass man Anfang 1943 die Krise in der Schlacht um die Konvois erreichen werde. Die Einschätzung lag nicht sehr daneben.

UNTEN: Ein Atlantikkonvoi aus dem Blickwinkel eines Eskortenflugzeugs. Die Aufnahme vermittelt einen Eindruck, über welches Gebiet sich Konvois erstreckten. Zwar boten Konvois den U-Booten ein weit größeres Ziel als unabhängige Schiffe, aber sie mussten sie erst einmal aufspüren, und das war viel schwieriger, als auf allein fahrende Schiffe zu lauern.

LINKS: Die *HMS Hero*, ein Zerstörer der „H“-Klasse, eskortiert einen Konvoi. Die *Hero* versenkte 1942 zwei U-Boote, bevor sie an die Royal Canadian Navy übertragen wurde.

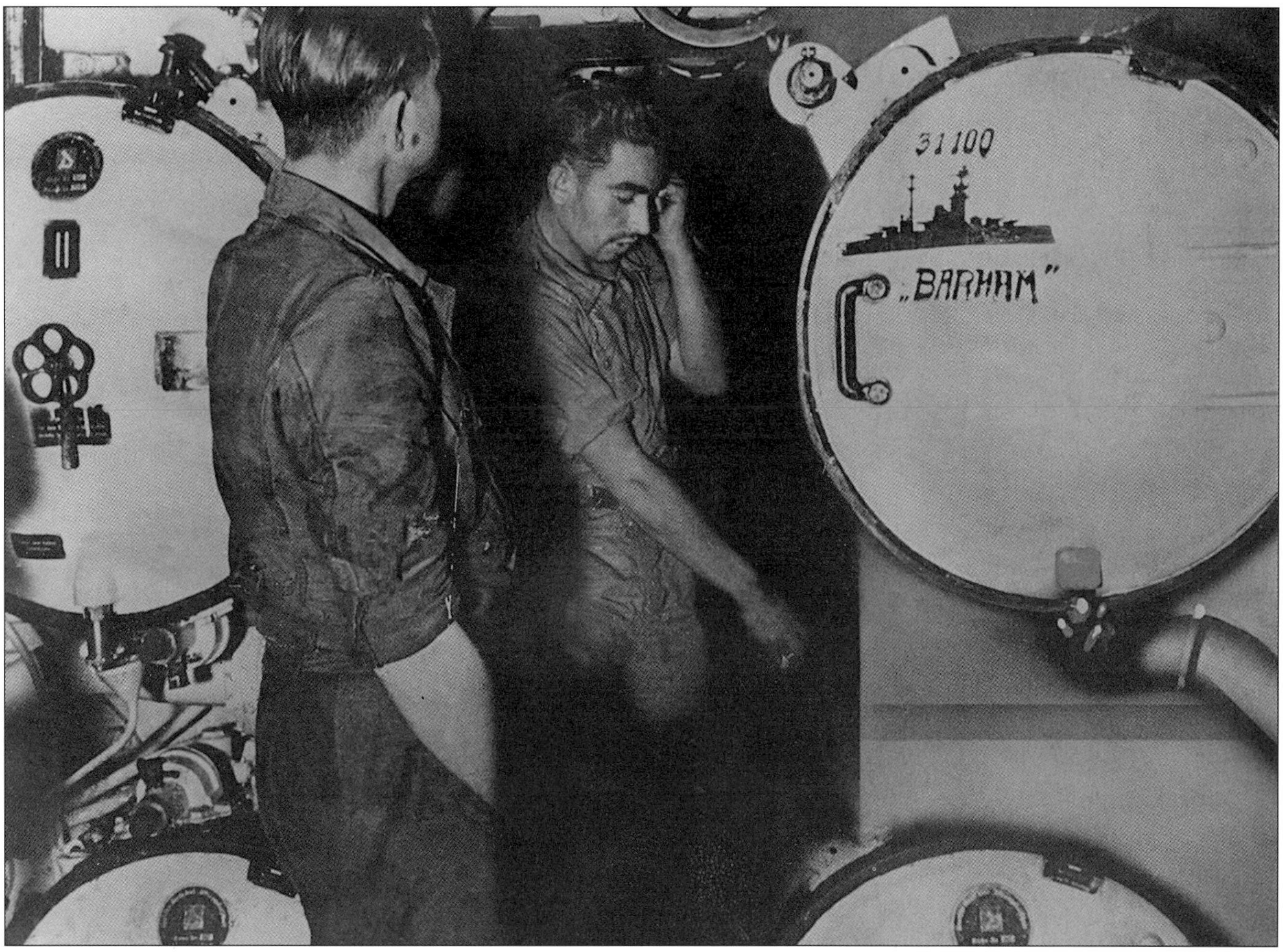

OBEN: Bei der Arbeit im Torpedoraum von *U331*: Die Identität des Bootes kann aus den für ihre Versenkungen stehenden Markierungen am oberen Torpedorohr bestimmt werden. Am 25. November 1941 fiel ihr im Mittelmeer die *HMS Barham* zum Opfer.

Enigma

Am 13. Dezember meldete Bletchley Park, der TRITON-Code der Enigma-Maschinen der U-Boote sei geknackt. Die Neuigkeit ließ die Admiralität aufatmen, obwohl die Stimmung dadurch gedämpft wurde, dass Roger Winn einen gesundheitlichen Zusammenbruch erlitt. Winns Blutdruck war gefährlich niedrig. Gönnte er sich keine Ruhepause, warnten seine Ärzte, könnte er möglicherweise nie wieder arbeiten. Eine Rückkehr zu seinen Aufgaben bei der Admiralität kam nicht in Frage. Die Nachricht schlug im Tracking Room ein wie eine Bombe, doch Winn war aus hartem Holz geschnitzt. Das Tempo seiner Genesung grenzte an Zauberei, nach nur einem Monat kehrte er, alle ärztlichen Ratschläge missachtend, an seinen Schreibtisch zurück. Die Entschlüsselung des Codes brachte keinen unmittelbaren Vorteil, vorher musste noch ein ganzer Berg chiffrierter Nachrichten aufgearbeitet werden, um die verschiedenen Einstellungen der Enigma kennen zu lernen. Das

OBEN: Die *USS Benson* steht am 19. Oktober 1942, nach einem Zusammenstoß mit der *USS Trippe* bei einem Transatlantik-Konvoi, in Flammen. Sie überlebte den Unfall und diente 1943 und 1944 als Geleitschiff im Mittelmeer.

dauerte. Trotzdem erwies sich die Tatsache, dass man einmal mehr den deutschen Funkverkehr abhören konnte, im Lauf der Zeit als nicht zu unterschätzender Vorteil. Auf kurze Sicht zeigte nichts deutlicher die Dringlichkeit, den Code zu knacken, als das Desaster der Konvois ONS154 und TM1.

ONS154 und TM1

ONS154, bestehend aus 45 Schiffen, geleitet von Escort Group C1, stach am 19. Dezember in See. Die Eskortengruppe war noch unerfahren und hatte keine Gelegenheit gehabt, vor der Abfahrt zu üben. Zu allem Überfluss unterlief dem Tracking Room im Versuch, den Konvoi aus einer Schlechtwetterfront im Nordatlantik herauszuhalten, einer seiner wenigen Fehler. Die Idee war gut, doch das Fehlen jedweder Information über die Bewegungen der U-Boote erwies sich als fatal. ONS154 tappte mitten in zwei U-Boot-Rudel mit 20 Booten.

U154 meldete am 26. Dezember ersten Sichtkontakt mit ONS154 und Dönitz befahl beide Rudel zum Angriff. Noch in der selben Nacht fuhr *U356* die erste Attacke. Zweimal unterlief sie den Konvoi und schoss vier Schiffe zu Wracks. Die Eskorten antworteten, indem sie *U356* versenkten, doch das sollte ihr einziger Erfolg bleiben. Tags darauf sandte *U225* den Tanker *Scottish Heather* auf Grund, der eben eine Korvette betankte. Am 28. kreisten 13 U-Boote den Konvoi ein und an einem einzigen Punkt wurden gleich vier gesichtet, die sich in einer Linie näherten. Mindestens fünf der Boote drangen ein, das Gemetzel ging weiter. Innerhalb von nur zwei Stunden fanden sie neun Opfer.

Der nächste Tag verlief ereignislos und der Konvoi erhielt Unterstützung von zwei Zerstörern, die allerdings tags darauf aus Treibstoffmangel umkehren mussten. Am 31. Dezember stieß der Zerstörer *HMS Fame* zur Gruppe und nahm sich des Konvois an. Die Schlacht hatte 14 Schiffe, aber nur ein U-Boot gekostet.

Am Höhepunkt der Kämpfe um ONS154 lief TM1 von Trinidad aus, sein Ziel: Gibraltar. Er bestand aus neun Öltankern und wurde von einem Zerstörer und drei Korvetten nur unzureichend gedeckt. Bletchley Park entdeckte ein Rudel von sechs U-Booten, die zwischen den Azoren und Madeira patrouillierten und Zielen wie TM1 auflauerten. Das

Rudel hatte keine Ahnung, welch lohnendes Ziel sich näherte, da der B-Dienst keinerlei auf Funkverkehr beruhende Informationen lieferte. So war es purer Zufall, der *U514* am 3. Januar den Konvoi entdecken ließ. Kurz darauf wurde der Konvoi angewiesen, nach Einbruch der Dunkelheit scharf nach Süden abzudrehen. Bletchley Park konnte nicht helfen, da die Rotoreinstellungen für Enigma am Mittag desselben Tages geändert worden waren und man die Signale nicht dechiffrieren konnte. Der Eskortenkommandant, Commander Richard Boyle, entschied, den Ratschlägen des Tracking Room nicht zu folgen. Boyles Entscheidung beruhte auf den Wetterprognosen. Einige Schiffe mussten auf See aufgetankt werden, und das Wetter versprach auf der ersten Route besser zu sein. Unter diesen Umständen wäre das Auftanken viel leichter zu bewerkstelligen: Boyle behielt den ursprünglichen Kurs.

Spätabends griff *U125* an und traf den Tanker *British Vigilance* so schwer, dass dieser in einem Feuerball explodierte. Als sich *U125* unbehelligt davonmachte, verlor man den Kontakt zum Konvoi, doch ein Geniestreich Dönitz' sorgte dafür, dass TM1 nicht lange unentdeckt blieb. Für den Fall, dass der Konvoi nicht abdrehen sollte, kreuzte ein U-Boot-Rudel auf dem letzten bekannten Kurs des Konvois. Am 8. Januar wurde Dönitz' Voraussicht belohnt. *U381* hatte Kontakt und forderte vier Boote zur Unterstützung an. In der Nacht versenkte *U436* mit einer einzigen Torpedosalve zwei Tanker und zog sich zurück, nachdem sie von den Eskorten beschädigt worden war. Im Anschluss wiederholte *U552* das Kunststück, diesmal traf es die Tanker *Norvik* und *Minister Wedel*. Etwas mehr als eine Stunde später fiel die *Empire Lytton U442* zum Opfer. Innerhalb der nächsten drei Tage versenkte das Rudel 77 % der Konvoischiffe sowie einen unabhängigen Frachter, der den U-Booten rein zufällig in die Quere gekommen war.

Die Desaster von ON154 und TM1 sorgten für jede Menge Gesprächsstoff beim Treffen zwischen dem britischen Premier Winston Churchill und US-Präsident Franklin D. Roosevelt am 14. Januar in Casablanca. Obwohl Torch ein durchschlagender Erfolg gewesen war, bestand kein Zweifel darüber, dass die Ereignisse ab November im Atlantik einen schweren Rückschlag bedeuteten. Die Konferenz verlief ruhig und – zum Ärger von Admiral Ernest King – kam man überein, die Kräfte im Atlantik zu verstärken. Obwohl dies vor allem im Interesse der Briten lag, entbehrte der Plan nicht einer gewissen Logik. Roosevelt war sich voll bewusst, dass es die Verluste im Schiffsverkehr äußerst

UNTEN: Ein torpedierter Tanker in Vollbrand. Trotz der ungeheuren Intensität des Feuers gelang es seiner Besatzung, die Flammen unter Kontrolle zu bringen und das an der Seite des Schiffes klaffende Loch provisorisch zu dichten. Der Tanker wurde in die Vereinigten Staaten geschleppt und instand gesetzt.

schwer machen konnten, in Europa eine zweite Front zu eröffnen. Stalin beklagte fortwährend die mangelnde militärische Präsenz der Westmächte auf dem europäischen Festland, sodass sich Roosevelt gezwungen sah, der Schlacht im Atlantik mehr Aufmerksamkeit zu schenken. Wollte man das Blatt wenden, wären laut Churchill 65 Eskorten, ein Dutzend Geleitträger und so viele Liberators wie nur irgend möglich erforderlich. Einige Liberators sollten vereinbarungsgemäß in Neufundland stationiert werden, um die Lücke in der Luftüberwachung zu schließen. Noch zeichnete sich aber keine plötzliche Wende im Kriegsglück der Alliierten ab, da Admiral King der Sache anscheinend nicht ganz dieselbe Dringlichkeit zumaß. So dauerte es doch länger als erhofft, bis man mit vereinten Kräften zuschlagen konnte. Die zukünftigen Eskorten blieben im Pazifik, die Liberators bombardierten weiterhin Nordafrika.

Die Reorganisation

Eine erste Umstrukturierung zeichnete sich ab, als die Royal Canadian Navy (RCN) von der Royal Navy Verstärkung erhielt. Leider hielten die Briten die Kanadier für ziemlich ineffizient – ein Urteil, das sich später milderte, als man etwas mehr Zeit zum Nachdenken fand. Die Gründe für diesen „Mangel an Durchschlagskraft" waren leicht zu finden. Die RCN war im Lauf des Kriegs stark gewachsen, was zu einer bedenklichen Ausbildungssituation führte, sodass man die Mannschaften nicht ausreichend auf ihre Einsätze auf See vorbereiten konnte. Zusätzlich mussten sich die Kanadier, ging es um neue Technologie, immer ganz hinten anstellen: Hochfrequenz-Peilung (HF/DF), Typ-271-Radar und andere wichtige Geräte zur U-Boot-Ortung kamen nur langsam an, was spätestens dann schwer wog, wenn die Konvois einer Attacke begegneten. Der Umstand, dass jene Konvois, die von der RCN

RECHTS: Eskorten der Royal Canadian Navy geleiten die ihnen anvertrauten Schiffe in den Hafen. Die RCN hatte bei Kriegsbeginn zahlreiche Schwierigkeiten, die vor allem darauf beruhten, dass ihr Schiffsbestand bunt zusammengewürfelt und schlecht für die U-Boot-Abwehr ausgestattet war, und dass unerfahrene Besatzungen ohne jedes Training in eine heftig tobende Schlacht geworfen wurden. Sobald man diese Probleme in den Griff bekommen hatte, leistete die RCN einen nahezu unschätzbar wertvollen Beitrag zum Sieg in der Schlacht um den Atlantik.

LINKS: Die Besatzung eines getroffenen U-Boots drängt auf die Brücke und bereitet sich auf die Aufgabe ihres Bootes vor. Dieser Anblick wurde immer vertrauter, da der Zoll, den Eskorten und Flugzeuge von den U-Booten forderten, immer höher wurde.

geleitet wurden, einige der katastrophalsten Verluste erlitten, untermauerte die Theorie. Die RCN-Eskorten wurden außerdem den schnellsten Konvois zugeteilt, um die Zeitspanne zu verringern, in der sie der U-Boot-Gefahr ausgesetzt waren. Doch nichts konnte die Verdienste schmälern, die sich die RCN-Eskorten in der Schlacht im Atlantik erwerben sollten. Sir Percy Noble sagte später, dass es die kanadische Marine war, die das Problem der Atlantikkonvois gelöst habe. Je bedeutender die Rolle wurde, die die Royal Navy in der Schlacht spielte, umso näher rückte die Krise.

Besseres Wetter ließ die weltweiten Verluste an Schiffstonnage im Januar 1943 auf 261.000 t zurückgehen. TM1 war ein ziemlicher Schlag gewesen, doch im Nordatlantik wurde nur ein einziger Konvoi, HX222, angegriffen, er verlor nur ein Schiff. Die Atempause währte kurz – am 29. wurde HX224 entdeckt. Nach drei Tagen hatte sich ein Rudel zum Angriff formiert und drei Schiffe versenkt. Im Gegenzug wurde *U265* von einer Flying Fortress des Coastal Command aufgebracht. Das war ein geringfügiger Zwischenfall, doch ein Geretteter verriet, dass ein anderer Konvoi, SC118, auf derselben Route folgen sollte. Dem schickte Dönitz 20 Boote entgegen. Überdies erlitt Bletchley Park einen seiner entmutigenden kurzzeitigen Aussetzer, da man noch immer nicht mit den vier Rotoren der Enigma klarkam. Dem nicht genug, ging vom norwegischen Frachter *Vannik* durch Unachtsamkeit eine „Schneeflocke" los, eine Leuchtrakete, die man 32 km weit sehen konnte: der perfekte Wegweiser für die U-Boote.

Am Morgen des 4. Februar kreisten die Wölfe den Konvoi ein. Im ersten Anlauf versenkte der Zerstörer *Vimy* unter Lieutenant-Commander Richard Stannard VC *U187*, die er mit HF/DF geortet hatte. Am Nachmittag hatten die Deutschen diesen kleinen Rückschlag überwunden, fünf U-Boote hatten Kontakt. Zwar verhinderte schwere Luftunterstützung am 5. jede Attacke, doch in der Nacht vom 6. zum 7. Februar schlugen die U-Boote zu. *U402* unter Siegfried von Forstner versenkte sechs Schiffe in vier Stunden (was Forstner das Ritterkreuz einbrachte). Die Luftunterstützung kehrte bei Tagesanbruch zurück und eine Fortress der No. 220 Sqn versenkte *U624*; *U609* wurde das Opfer der Freien Französischen Korvette *Lobelia*. Allerdings kam auch Forstner wieder und versenkte in der Nacht vom 7. sein siebentes Schiff. Als der Kampf am 9. Februar endete, hatte SC118 13 Schiffe verloren, drei U-Boote waren versenkt, vier schwer beschädigt worden – eine der härtesten Schlachten bisher.

Admiral Hortons Hauptsorge war, dass die ungewöhnlich große Eskorte (einschließlich fünf Zerstörer) nichts ausrichten konnte. Die Schlussfolgerung: Die Eskorten brauchten gemeinsames Training. Während sich die einen um die Verluste von SC118 sorgten, war Dönitz, der Ende Januar Admiral Erich Raeder als Befehlshaber der gesamten deutschen Marine abgelöst hatte, betroffen über die Schäden an seinen U-Booten.

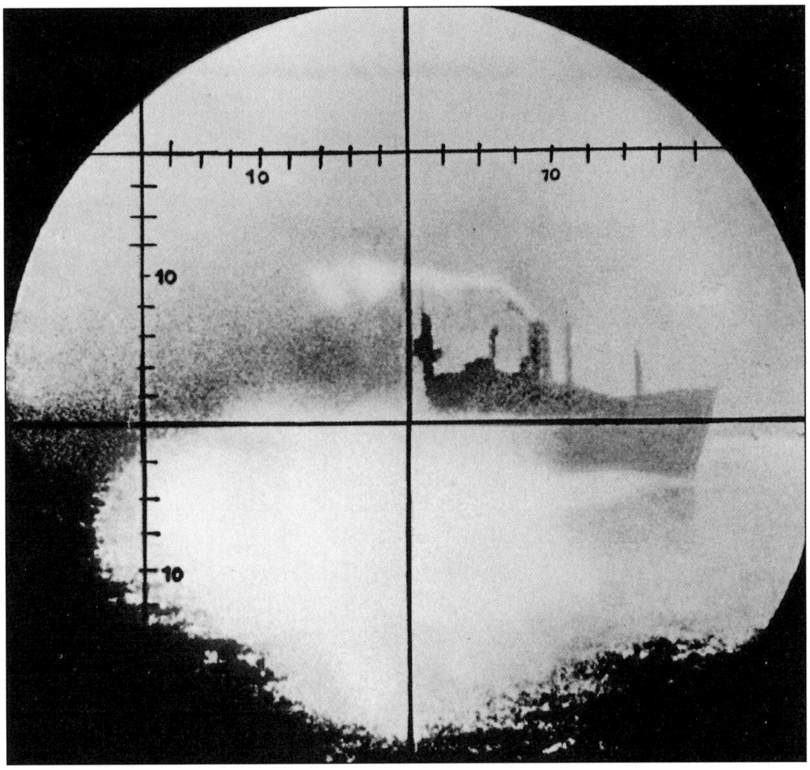

OBEN: Ein Handelsschiff im Moment des Angriffes, gesehen durch das Zielperiskop des attackierenden U-Boots.

UNTEN: Die *SS Kemmedine* sinkt, nachdem sie von einem U-Boot torpediert wurde. Obwohl die Alliierten nach und nach Oberhand in der Schlacht gegen U-Boote gewannen, blieben Szenen wie diese noch 1942 und 1943 ein alarmierend gewöhnlicher Anblick.

Der zweite große Angriff im Februar galt ON166, der von der US-Eskortgruppe A3 unter Captain Paul R Heineman auf dem Kutter *Spencer* der US-Küstenwache geleitet wurde. Heineman hatte einen weiteren Kutter der Coast Guard und fünf Korvetten der RCN und der RN unter sich, mit durchwegs erfahrenen Kapitäten - ein Glück in Anbetracht der folgenden Ereignisse. Abgefangene Funksignale (diesmal vom Abhördienst der Luftwaffe und nicht vom B-Dienst) verrieten die Position des Konvois, und wie üblich wurde ihm ein Rudel entgegengeschickt. Dönitz versammelte 21 U-Boote, die am 21. Februar angriffen. Es begann gar nicht gut, die *Spencer* versenkte *U225*. Tags darauf sank *U606*, hauptsächlich aufgrund eines schlecht verschlossenen Lukendeckels. Die Crew konnte das Boot an die Oberfläche bringen, wo es von der *USCG Campbell* gerammt wurde, die dabei selbst Schaden nahm. *U606* trieb längere Zeit über Wasser, wobei sich die Mannschaft mit Champagner und Wurst die Zeit bis zu ihrer Rettung vertrieb. Außerdem erhielt der mehr als unbeliebte Erste Offizier von einem der Männer einen wohlgezielten Schlag auf die Nase. Dies erweckt allerdings einen falschen Eindruck von der Effektivität der Eskorten. Bevor *U606* sank, waren ihren Torpedos drei Schiffe zum Opfer gefallen. Trotz der erfahrenen Eskorte verlor der Konvoi 14, beinahe ein Viertel seiner Schiffe. Bei einer weniger geschickten Eskorte hätte die Bilanz noch düsterer ausgesehen. Die Verluste wogen schwer, und im März kam es noch schlimmer.

Mitten im Kampf

Ihren Höhepunkt erreichte die Schlacht mit dem Angriff auf vier Konvois in Folge - SC121, HX228, SC122 und HX229. Wieder stand die *Spencer* mitten im Getümmel, als Eskorte für SC121. Diesmal stand Heineman ein weniger starker Geleitzug bei - zwar hatte er einen Zerstörer, aber nur vier Korvetten. Der Konvoi erstreckte sich über 11 km und war somit schwer zu verteidigen. Noch dazu war das Wetter so schlecht, dass das Radar der Eskorten nicht mehr funktionierte; drei hatten ein defektes Asdic. Zwei Wolfsrudel aus insgesamt 24 Booten lauerten SC121 auf, sieben weitere kreuzten in der Nähe. Das Schlechtwetter machte es auch den U-Booten schwer, auf Patrouillenlinie zu bleiben, sodass der Konvoi vorerst unbehelligt vorbeizog. Das Rudel wurde umgruppiert und der Konvoi beschattet. In der Nacht vom 6. zum 7. März stellten *U566* und *U230* Kontakt her und versenkten ein Handelsschiff. In einem Sturm Stärke 10 verlor man den Konvoi, bekam aber am 8. März wieder Kontakt mit ihm. In den folgenden drei Tagen gingen zwölf weitere Schiffe auf Grund.

Aufgrund der Anwesenheit der Wolfsrudel wurde HX228 nach Süden umgeleitet, doch die Anweisungen wurden abgefangen und ein Rudel lief ihm entgegen. HX228 wurde am 10. März von *U336* ausgemacht. Anders als SC121 war dieser Konvoi von Eskortgruppe B3 mit vier Zerstörern und fünf Korvetten unter Commander A.A. Tait außerordentlich gut bedeckt. Außerdem hatte sich die American Carrier Support Group TU 24.4.1 (auch bekannt als Escort Group 6) dem Konvoi angeschlossen. Diese Einheit bestand aus dem Flugzeugträger *USS Bogue* und zwei Zerstörern. Der Sturm verhinderte allerdings anfangs ein Eingreifen der *Bogue* zur Verteidigung des Konvois.

Die Schlacht begann, als *U336* über HF/DF geortet und vertrieben wurde. *U444* hielt Kontakt, und am 10. März ermöglichten ihre Signale *U221* den Angriff. Sie versenkte zwei Schiffe. Innerhalb von Stunden waren auch *U336*, *U86*, *U406* und *U757* zur Stelle, zwei weitere Schiffe gingen verloren. Eines der Opfer war die *Brant County*, ein Munitionstransport: Die Explosion riss den Frachter entzwei und beschädigte *U757*. Von diesem Moment an wendete sich das Blatt gegen die Eskorten. Commander Tait in der *HMS Harvester* sichtete *U444* über Wasser und griff an. Das U-Boot konnte abtauchen, doch Tait zwang es mit seiner Wasserbomben-Attacke an die Oberfläche. Sobald *U444* auftauchte, wurde sie von Tait gerammt. Bei dem Zusammenstoß schrammte das U-Boot den Kiel der *Harvester* entlang und verkeilte sich in den Schrauben des Zerstörers. *U444* kam frei und trieb im Meer, doch die Freie Französische Korvette *Aconit* stampfte herbei, rammte und versenkte das Boot.

Im Lauf des Vormittags gaben die beschädigten Schrauben der Harvester ihren Geist auf, das Schiff stand still. *U432* erspähte die Wehrlose und sandte sie auf Grund. Das Schiff nahm den heldenhaften Tait und fast die gesamte Crew mit sich. Als die Mannschaft der *Aconit* den Rauch der sinkenden *Harvester* sah, eilte sie herbei, bekam Asdic-Kontakt und deckte *U432* mit Wasserbomben ein. Das U-Boot wurde an die Oberfläche gezwungen und von der Korvette unter Feuer genommen. Auch das machte *U432* noch kein Ende, sodass die *Aconit* beidrehte und sie mit einem Rammstoß versenkte. Am 12. März wurde das Wetter etwas besser, die Flugzeuge der *Bogue* konnten starten und die U-Boote unter Wasser halten. Die Ankunft weiterer Flugzeuge des Coastal Command machte neuerliche Attacken der U-Boote viel zu gefährlich, die Kämpfe wurden eingestellt. Vier Frachter und ein Zerstörer waren gesunken, zwei U-Boote versenkt, zwei schwer beschädigt.

OBEN: Eine Wasserbombe, nach einem Kontakt mit einem U-Boot freigegeben, explodiert. Diese Explosion sieht zwar beeindruckend aus, aber so das U-Boot bereits in größerer Tiefe gewesen sein sollte, als jene, auf welche der Zünder der Bombe eingestellt war, konnte es den schlimmsten Auswirkungen entkommen. Allerdings hatten viele Eskortenkapitäne so etwas wie einen sechsten Sinn für die richtige Einstellung der Explosionstiefe entwickelt.

Der Höhepunkt

So heftig die Schlachten um SC121 und HX228 geführt wurden, im Vergleich zu den Kämpfen um SC122 und HX229 erscheinen sie fast harmlos. SC122 verließ New York am 5. März im Schutz der Eskortgruppe B5 unter R. C. Boyle auf dem Zerstörer *Havelock*. Boyle kommandierte einen Zerstörer der US Navy, fünf Korvetten, eine Fregatte und einen Trawler. HX229 stach am 8. März in See, geleitet von Eskortgruppe B4.

Abgehörte Funksignale gaben Dönitz die Möglichkeit, SC122 mit acht Booten zu erwarten, gefolgt von einem neu formierten Rudel aus 18 Einheiten. Elf Boote nahmen sich HX229 an. Nach einigen Problemen mit dem Wetter führte *U653* die acht Boote der Gruppe Raubgraf an den Konvoi heran – allerdings nicht an SC122, der im Sturm an dem Rudel vorbeigezogen war, sondern an HX229. In der Nacht fielen drei, am nächsten Morgen weitere fünf Frachter den Wölfen zum Opfer. Gruppe Stürmer traf mit ihren 18 Booten am 17. ein und trug weiter zu den Schwierigkeiten des Konvois bei. Als auch noch SC122 im Kampfgebiet eintraf und die Rudel mit zusätzlichem „Kanonenfutter" versorgte, geriet die Sache fast außer Kontrolle. Trotz der heillosen Verwirrung des U-Boot-Hauptquartiers wussten die U-Boote ihre unverhoffte Chance zu nützen. *U338* versenkte vier Schiffe aus SC122 mit fünf Torpedos und fand im Lauf des Tages ein fünftes Opfer. Mittags sanken zwei Frachter aus HX229 – die Konvois schienen den Rudeln wehrlos ausgeliefert. So schwer die Verluste bereits wogen, und obwohl es noch keineswegs den Anschein hatte, blieb den Konvois doch die totale Katastrophe erspart – dank des Coastal Command.

Änderungen im Coastal Command

Am 5. Februar ersetzte Air Marshal Sir John Slessor, der es bis zum Oberkommandierenden der R.A.F. bringen sollte, Sir Philip Joubert als Befehlshaber. So wie Horton beim Western Approaches, brachte Slessor frischen Wind in das Coastal Command und scheute wie sein Vorgänger keine Mühe, die Arbeit fortzusetzen. Obwohl es so gut wie an allem mangelte, konnte man fast das ganze Jahr 1942 hindurch Erfolge gegen die U-Boote verbuchen.

Die Bedrohung durch die Attacken des Coastal Command im Golf von Biskaya war so angewachsen, dass Dönitz dringend nach einer Lösung suchte. Man musste die U-Boote rechtzeitig vor den herannahenden

UNTEN: Ein U-Boot-Fahrer klettert zurück auf die Brücke, nachdem er den durch einen Angriff der Alliierten hervorgerufenen Schaden inspiziert hat. Die Besatzung trug wegen der Hitze im Boot immer nur Shorts und Unterhemden.

OBEN: Teile eines East-Coast-Konvois, November 1942, vom Bug eines als Eskorte laufenden Zerstörers gesehen.

Flugzeugen warnen, sodass sie abtauchen konnten. Die Lösung bot die französische Firma Metox mit Geräten zur Ortung von Radarsignalen. Diese gingen umgehend in Produktion und wurden sofort behelfsmäßig montiert. Die Empfangsantenne wurde, an einem einfachen Holzkreuz befestigt, in einer Halterung am Kommandoturm angebracht. Sobald das U-Boot auftauchte, hatte einer der Männer an Deck zu eilen und die Konstruktion in den Sockel zu stecken. Trotz dieser wenig eleganten Lösung erwies sich Metox als wirksames Frühwarnsystem und meldete rechtzeitig jedes Herannahen eines mit ASV ausgestatteten Flugzeugs.

So sehr den U-Boot-Skippern das Gerät gefiel, seine Unausgereiftheit machte sie noch nicht ganz glücklich, mussten sie doch vor jedem Tauchgang Metox auch wieder abbauen. Zudem verfing sich der Draht, der die Antenne mit der Empfangseinheit verband, nur allzu gern am Lukendeckel und führte so zu Verzögerungen beim Tauchgang oder dazu, dass Wasser eindrang, weil die Luke nicht dicht genug geschlossen war.

Die Alliierten begegneten Metox mit der Entwicklung von ASV III, das mit 10 cm Wellenlänge arbeitete und von Metox nicht geortet werden konnte. Doch das Problem lag, wie so oft, bei den Ressourcen. Wieder wurde erst einmal das Bomber Command mit dem neuen Radar ausgestattet, dem H2S-Set. Die Ausrüstung verdankt ihren Namen dem trockenen Humor der Wissenschaftler, denn ein Führungsoffizier antwortete auf die Frage nach der Effektivität von Radar zur Bodenüberwachung: „Es stinkt." So nannte man die Ausrüstung nach der Formel für Schwefelwasserstoff. Die Radaranlagen wurden in den Vereinigten Staaten produziert, sodass alle Liberators, die – langsam, aber doch – von den Fertigungsstraßen in britische Dienste kamen, damit ausgerüstet wurden. Noch weit wichtiger war: Das Coastal Command erhielt endlich mehr Liberators. Und das rettete HX229 und SC122 vor der völligen Vernichtung.

SC122 UND HX 229

Das Coastal Command, so lange durch die immer schleppendere Versorgung seiner No. 120 Sqn mit Flugzeugen behindert, sah sich plötzlich im Besitz von sogar zwei Geschwadern. Zwei der in Nordirland stationierten Liberators erreichten SC122 am 17. März und zwangen die U-Boote den ganzen Tag unter Wasser. Ein weiteres Flugzeug gab HX229 Deckung und hatte dabei einiges zu

OBEN: Zwei U-Boote werden an der Oberfläche von einem Flugzeug der Alliierten überrascht. Das Boot zur Rechten scheint knapp dem direkten Treffer durch eine Wasserbombe entgangen zu sein.

tun: *U221* und *U608* wurden heftig durchgeschüttelt und, als sie alle ihre Wasserbomben verbraucht hatte, griff die Maschine ein nicht identifiziertes U-Boot mit seinen Bordkanonen an. Die Liberator konnte etwa 18 Stunden in der Luft bleiben.
Während der Wachablöse verloren HX229 und in der Nacht SC122 je zwei Schiffe; Doch es war fast ausgestanden, danach wurden nur mehr drei Frachter Beute der U-Boote, die einander über die Gefahr aus der Luft informierten. Etwa ein Dutzend zog sich zurück. Am Nachmittag des 18. stieß die *HMS Highlander* zu HX229. Bis zum Morgen des 19. März machten weder die schwimmenden noch die fliegenden Eskorten ein U-Boot aus, und da hatten die Konvois bereits die Western Approaches erreicht, wo die Mittelstrecken-Flugzeuge des Coastal Command die Bedeckung verstärkten und dabei *U384* auf Grund sandten.

Das Resultat der Kämpfe konnte man im U-Boot-Hauptquartier nur bejubeln. Von 90 Frachtern waren 22 versenkt worden, auf Kosten eines einzigen U-Boots, das den Eskorten nicht in die Hände fiel. Nach einer einzigen Schlacht lagen 146.000 t Fracht auf dem Meeresgrund. Die Admiralität war verzweifelt. Trotz aller Vorkehrungen durch Langstrecken-Flugzeuge, Konvois und Eskortengruppen schienen die Deutschen auf dem besten Weg, die Verbindung zwischen England und Amerika zu kappen. In 20 Tagen waren 95 Schiffe gesunken. Und dies vor dem Hintergrund einer Konferenz, in der besorgte Militärs nach Lösungen suchten, wie man die Konvois vor den immer rasenderen Attacken schützen könnte. Sollte keine Antwort gefunden werden, fürchtete man, auch den Krieg zu verlieren.

Antworten werden gefunden

Gleich zu Beginn schockierte Admiral King die Konferenz mit der Aussage, er werde alle Einheiten der US Navy von der Transatlantik-Route abziehen. Ein kanadisches Einsatzkommando sollte im Nordwesten operieren, beginnend mit Mai. So unwillkommen Kings Nachricht war, hatte sie weniger Bedeutung als vielleicht angenommen wurde. Professor Blackett eröffnete der Konferenz, dass eine Streitmacht von etwa 200 VLR-Maschinen mindestens 400 Schiffe ausreichend bedecken könne. Wie bereits erwähnt, hatte das Coastal Command bereits zwei Liberator-Geschwader, ein drittes wurde eben aufgestellt. Die Kanadier operierten ganz ohne Luftunterstützung und jede einzelne US-Liberator, die nicht im Pazifik gebraucht wurde, war ständig auf Bombenflug –

entweder gegen Deutschland selbst oder gegen Ziele in Nordafrika. Die Vereinbarung von Casablanca, 80 VLR-Maschinen an den Atlantik zu verlegen, war unterlaufen worden, hauptsächlich von King, der seine Flugzeuge im Pazifik zurückhielt. Sein Widerstand hätte auch weiterhin verhindern können, dass die Flugzeuge den Atlantik erreichten, doch er wurde ausgebremst. Roosevelt setzte sich über King hinweg und beorderte 60 Liberators der US Navy in den Nordatlantik. Außerdem sollten 75 Flugzeuge der USAAF zur U-Boot-Abwehr abgestellt und die Lieferungen an die R.A.F. ausgeweitet werden, sodass bald 120 Liberators zur Verfügung stehen würden. Die ersten 20 Flugzeuge der massiven Aufrüstungskampagne trafen in den letzten zehn Maitagen ein. Zu guter Letzt hatte sich die Kluft über dem Atlantik nun doch geschlossen.

Gleichzeitig suchte die Admiralität nach Gründen für das Scheitern des Konvoisystems. Die Zahl unabhängiger Schiffen war so sehr zurückgegangen, dass die U-Boote hier kaum mehr Ziele fanden. Ob sie wollten oder nicht, sie mussten Konvois angreifen, und da sich nur mehr wenige mit der Suche nach allein laufenden Schiffen aufhielten, konnten sie sich zu großen Rudeln zusammenrotten und die Konvois ernsthaft in Schwierigkeiten bringen. Die Antwort lag in der Luftüberwachung. Nur so konnte man den Feind unter Wasser zwingen, mit all den daraus folgenden Problemen für wirksame Operationen. Als hilfreich erwies sich dabei nicht nur die steigende Zahl an VLR-Maschinen, sondern auch die lang ersehnte Ankunft von Geleitträgern. Der große taktische Erfolg der Deutschen über SC122 und HX229 zeichnete ein irreführendes Bild der Lage. Die Katastrophenstimmung der Alliierten erwies sich als ebenso fehl am Platz, wie der Jubel der Deutschen verfrüht war.

Schon der April brachte erste Anzeichen dafür, das die U-Boot-Gefahr gebannt werden könnte. Zwischen 4. und 7. April wurde HX231 mit 61 Frachtern angegriffen. Commander Peter Gretton in der Fregatte *HMS Tay* führte Eskortgruppe B7 mit noch einem Zerstörer und vier Korvetten. Obwohl der Konvoi klein und nur ein Schiff mit HF/DF ausgestattet war, schlug B7 den Angriff ab. Nach einer HF/DF-Peilung versenkte Gretton *U635*; eine Liberator der No. 86 Sqn reklamierte *U632* für sich; die Luft- und See-Eskorten beschädigten vier Boote schwer, sodass sie den Heimathafen anlaufen mussten. Keine bescheidene Antwort für nur drei verlorene Schiffe. Und im Mai bekamen die U-Boote noch weniger Grund zu lachen.

Am 29. April entdeckten sie ONS5 und der Konvoi geriet in die Fänge des größten Rudels des gesamten Kriegs, nicht weniger als 40 U-Boote im Verband. Ein Schiff sank in der Nacht, doch die wahren Kämpfe begannen erst am 4. Mai. Sechs Schiffe gingen auf Grund, die Rettungstrawler hatten die ganze Nacht über Überlebende zu bergen. Tags darauf versenkte eine Canso der RCAF (die kanadische Catalina) *U630* im Fahrwasser des sturmgebeutelten Konvois. Am Abend fielen die U-Boote ein. Noch sieben Frachter

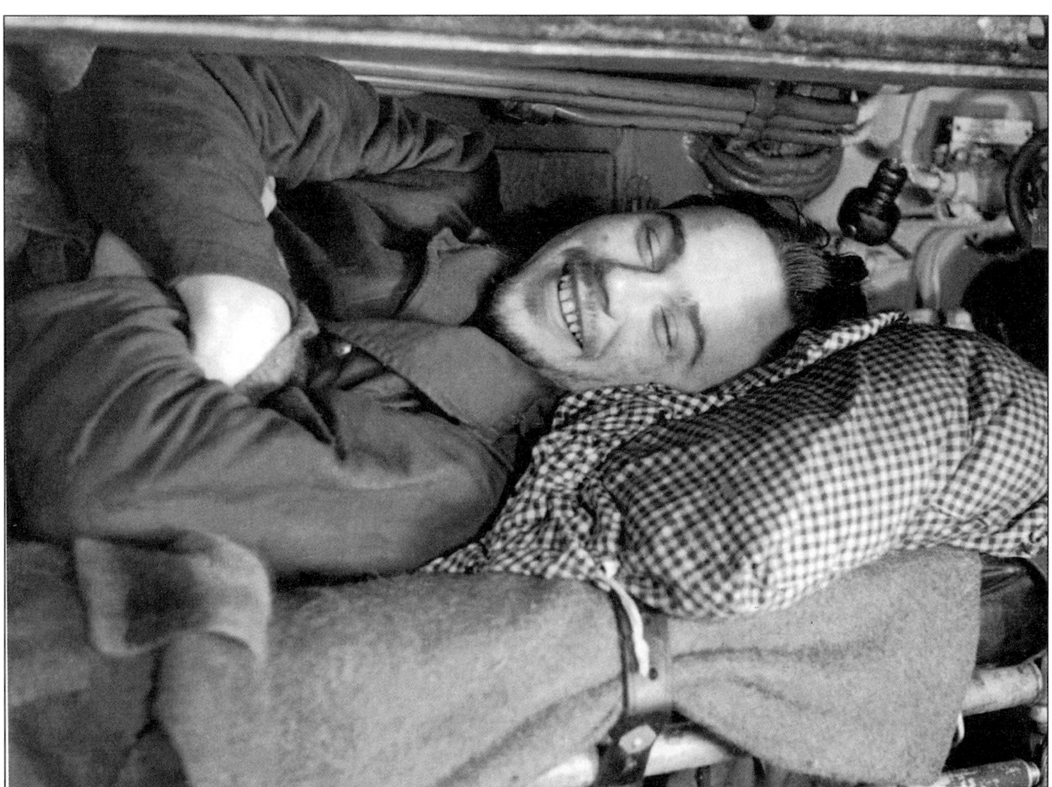

LINKS: Trotz der wahrlich unbequemen Bedingungen scheint dieser U-Boot-Fahrer wenig mehr als ein Kopfkissen und etwas Ruhe zu brauchen, um einigermaßen glücklich zu sein.

RECHTS: *USS Duncan* war ein Zerstörer der Gearing-Klasse, die bei Langstrecken-Konvois zum Einsatz kam. Die Gearings waren extrem effektive Schiffe, die bis in die 70er Jahre Dienst taten. Die *Duncan* wurde nach dem Krieg stark modifiziert und erst 1973 außer Dienst gestellt. Einige Schwesterschiffe standen sogar noch länger im Einsatz, manche von ihnen wurden an die Seestreitkräfte befreundeter Staaten übertragen.

wurden versenkt, doch ebenso viele U-Boote beschädigt. Am Morgen des 5. sandte die *HMS Pink U192* auf Grund, alle Vorstöße der U-Boote wurden abgewehrt. Nach Einbruch der Dunkelheit sanken nochmals vier Handelsschiffe, doch langsam gewannen die Eskorten die Oberhand. *HMS Loosestrife* stellte *U638* an der Oberfläche und hielt auf das U-Boot zu. *U638* verschwand in den Wellen, die *Loosestrife* brachte das abtauchende U-Boot mit Wasserbomben zum Absaufen. Die *HMS Vidette* schoss *U125* mit ihrem nach vorne feuernden Hedgehog in Stücke. *U531* wurde von der *HMS Oribi* gerammt und sank. Nebel fiel ein, doch die Slup *HMS Pelican* ortete *U438* mittels ASV und versenkte sie. Um 9.15 Uhr am 6. Mai brach das Hauptquartier die Attacke ab. Zwölf Frachter waren versenkt worden, aber die U-Boot-Flotte hatte einen tödlichen Schlag erhalten. Keine einzige Eskorte war gesunken oder auch nur schwerer beschädigt worden, aber acht U-Boote untergegangen, zwei davon bei einem Zusammenstoß, und weitere fünf so schwer getroffen worden, dass sie in erbärmlichem Zustand gerade noch den Hafen erreichten.

Bletchley Park bestätigte die Effizienz der Eskorten: Die U-Boot-Skipper waren zu strenger Pflichterfüllung ermahnt worden. Die Zuversicht der schon recht abgebrühten Eskorten nahm noch zu, als ihnen die steigende Zahl von VLR-Flugzeugen und Trägern endlich die geeigneten Mittel in die Hand gab, der Bedrohung durch U-Boote ein Ende zu machen.

Am 16. Mai erreichte HX237 mit nur drei Schiffen weniger den Zielhafen, das Geleit

USS DUNCAN

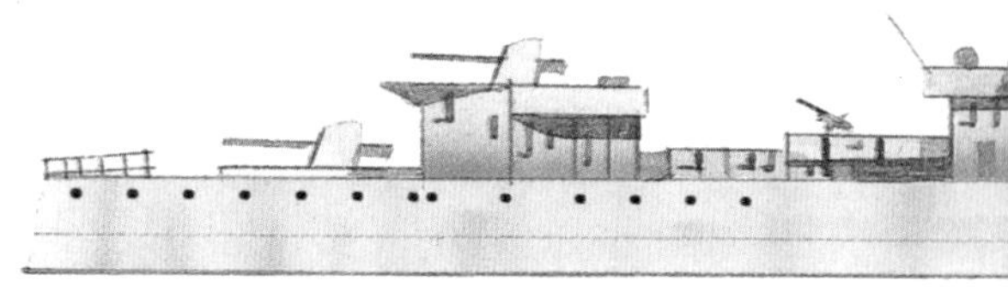

RECHTS: Der Hedgehog (Igel) erhielt seinen Namen wegen seines Aussehens, wenn er mit Anti-U-Boot-Bomben gespickt war. Er war ein einfacher, aber effektiver Röhrenmörser und konnte mit 24 Bomben bestückt werden, die entweder in einem elliptischen (Mark 10 Hedgehog) oder einem runden Muster (Mark 11) vor das Geleitschiff gefeuert wurden. Seine Bomben verwendeten Aufschlagzünder, sodass nur direkte Treffer etwas bewirkten. Trotzdem erwies sich das System als effektiv.

HEDGEHOG

Reichweite:	228 - 256 m
Eigengewicht:	13.054 kg
Sinkgeschwindigkeit:	7,6 m/s
Feuerrate:	1 pro 3 min.
Ladung:	30 kg

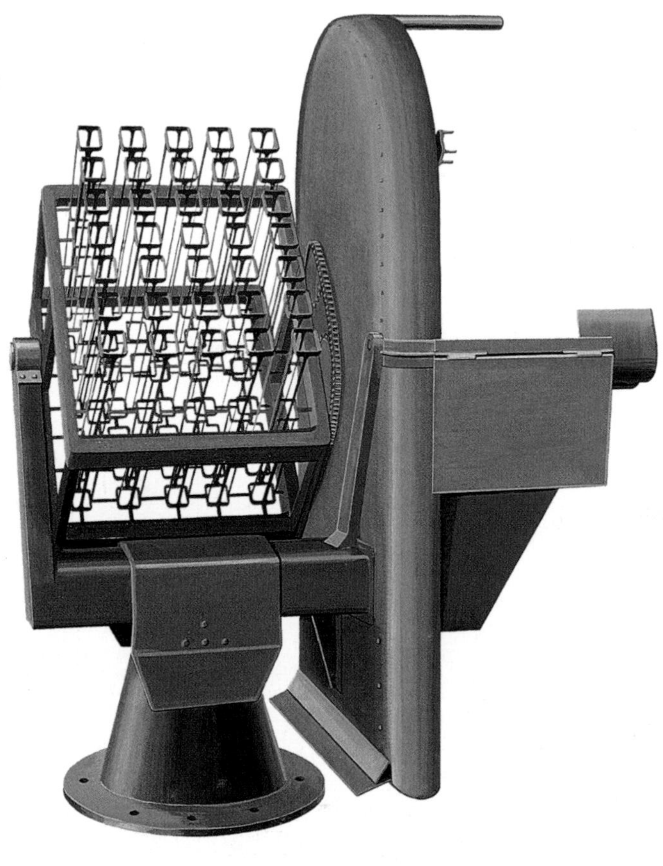

Nation:	USA	**Bewaffnung:**	sechs 127-mm-Geschütze; drei 40-mm-Vierfach-Kanonen und sechs Torpedorohre
Besatzung:	350	**Antrieb:**	Doppelwelle, Turbinen
Wasserverdrängung:	3.606 Tonnen	**Reichweite:**	5.556 km
Abmessungen:	120 x 12,5 x 5,8 m	**Leistung:**	35 Knoten

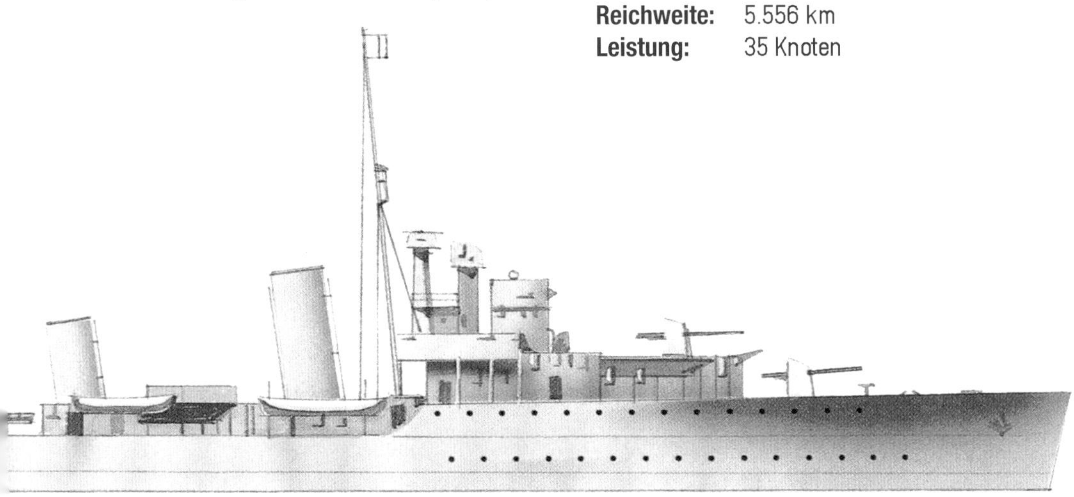

LINKS: Die Besatzung eines Boots vom Typ VII besteigt die Schlauchboote, nachdem ihr U-Boot durch einen Angriff schwerst beschädigt worden ist.

TINTAGEL CASTLE

Nation: Großbritannien
Besatzung: 120
Antrieb: Dreifachexpansions-Dampfkessel
Wasserverdrängung: 1.060 Tonnen
Reichweite: 6.910 km bei 15 Knoten
Abmessungen: 76,8 x 11,2 x 3,05 m
Leistung: 16,5 Knoten
Bewaffnung: ein 102-mm-Mehrzweckgeschütz; zwei Zwillings- und sechs einfache 20-mm-Kanonen. Squid-AS-Werfer und 15 Wasserbomben

OBEN: Die beschränkten Fähigkeiten der Korvetten der Flower-Klasse führten zum Bau verbesserter Korvetten, der Castle-Klasse. Bei den Castles beseitigte man nicht nur viele Mängel der Flower-Klasse, man stattete sie auch mit Squid-Werfern für Wasserbomben aus. Da die Castles nicht die Geschwindigkeit erreichten, um mit den Fregatten der Royal Navy mithalten zu können, setzte man sie meist in homogenen Eskortengruppen ein.

hatte *U89*, *U186* und *U456* versenkt, *U402* und *U223* schwer beschädigt. Das Rudel gab viel für fast nichts. Der nächste bemerkenswerte Konvoi war SC130, eskortiert von B7 unter dem einzigartigen Peter Gretton. Gretton informierte den Kommodore des Konvois, Captain Forsythe, dass er keinerlei Aufschub dulden könne, da er unmittelbar nach seinem Eintreffen in Großbritannien heiraten werde. Forsythe konterte, er selbst sei an diesem Tag zu einem Golfspiel verabredet. Obwohl Forsythe Gretton gerne half, liegt der Verdacht nahe, dass er seine Golfpartie als das wichtigere der beiden Ereignisse sah.

SC130 geriet in eine Nebelbank und wäre mit einem Eisberg kollidiert, was nur die Warnung der aufmerksamen Mannschaft des Zerstörers *Vidette* verhinderte. Als nächstes Hindernis machten sowohl Bletchley Park als auch das HF/DF des Konvois ein Rudel von 33 U-Booten aus. Der 18. Mai brachte keinen Hinweis, und in der nächsten Nacht peilte die *HMS Duncan* via HF/DF ein U-Boot an, doch es tauchte rechtzeitig ab und entkam weit entfernt. Bei Tagesanbruch trafen Liberators der No. 120 Sqn ein und meldeten, dass es rund um den Konvoi von U-Booten nur so wimmle. Im Lauf der nächsten zwölf Stunden versuchten die U-Boote immer wieder, in den Konvoi einzubrechen, und liefen doch nur den Eskorten in die Arme. *U381* versuchte es einmal zu oft. Die *Duncan* und die *HMS Snowflake* stürzten sich auf den Feind, das U-Boot versank in einem Bombenhagel aus dem Hedgehog der *Snowflake*.

Im Lauf des Tages fügte die 1st Escort Group der Verteidigungslinie einen Kutter und drei Fregatten hinzu. Doch die U-Boote griffen unbeirrt weiter an. Ein tödliches Vorgehen: *U954* wurde von einer Liberator aufgebracht, *U209* von den Eskorten versenkt, eine Hudson der No. 269 Sqn schickte *U273* auf Grund. Am 20. überraschte eine weitere Liberator *U258* über Wasser. Auch sie wurde ein Raub der Wellen. Am Morgen des 21. Mai zogen sich die U-Boote zurück. Sie hatten nicht nur kein Schiff aus SC130 versenkt, ja nicht einmal Gelegenheit gehabt, einen einzigen Torpedo abzufeuern. Im Gegenzug hatte man fünf Boote verloren, unter den Gefallenen auch Dönitz' Sohn Peter.

Gretton schaffte es noch rechtzeitig zur Kirche. Über Forsythes Golfpartie fehlt ein Bericht, aber wahrscheinlich hat er sie genossen. Ob den beiden Männern damals schon klar war, welchen Schlag sie der U-Boot-Waffe versetzt hatten, ist fraglich.

Offensive in der Biskaya

Nicht nur die VLR-Maschinen feierten einen Erfolg nach dem anderen, auch die Flugzeuge im Golf von Biskaya gewannen langsam die Oberhand. Seit der Einführung des Zentimeterwellenbereich-Radars blieb Metox stumm, sodass Dönitz seine Skipper anweisen musste, den Golf unter Wasser zu durchkreuzen. Allerdings mussten sie auch tagsüber ihre Batterien aufladen und dazu auftauchen. Sollten das U-Boot dabei von einem Flugzeug angegriffen werden, hatten die Männer nach Dönitz' Befehlen zurückzuschießen und die Sache auszukämpfen. Vielleicht hatte ihn der Erfolg von Peter Cremer zu dieser Order verleitet, der im März die Wellington, die seine *U333* über Wasser überraschte, vom Himmel holte. Dönitz ließ die FLAK seiner Flotte noch weiter verstärken, was nicht nur zu tödlichen Duellen zwischen Flugzeugen und U-Booten führte, das Leben wurde im Allgemeinen härter. Sieben U-Boote wurden im Mai vom Coastal Command aufgebracht. Es war ein schwerer Monat, an dessen Ende Dönitz bereits die Zeichen an der Wand erkannte.

SIEG

Waren die Aussichten im März 1943 auch noch so trüb gewesen, jetzt stand der Admiralität all die Ausrüstung zu Verfügung, um die U-Boot-Gefahr zurückzuschlagen. Der U-Boot-Waffe fehlten zwei wichtige Grundlagen – Land- und Luftunterstützung. Gemeinsam mit den Eskorten zwangen die Flugzeuge die U-Boote, auf Tauchfahrt zu bleiben, wo sie weit weniger Schlagkraft entwickelten. Dabei waren sie keineswegs *die* Wunderwaffe, sondern der letzte noch fehlende Teil einer erfolgreichen U-Boot-Abwehr. Eingebunden in ein System aus entschlossenen Eskorten, täglich aktuellen Informationen von Bletchley Park, gezielter Einsatzforschung und immer besserer Technik, hatten Flugzeuge letztlich das Blatt zugunsten der Alliierten gewendet. Bis 22. Mai 1943 galten 31 U-Boote als vermisst, das U-Boot-HQ versuchte verzweifelt, sie zu erreichen. Am 24. Mai wandte sich Dönitz über Funk an seine Kommandanten. Ihr Kampf, meinte er, würde immer härter, doch allein die U-Boot-Flotte könnte den Feind offensiv bekämpfen. Niemand geringerer als die Deutsche Nation sähe in ihnen ihre beste Waffe. Der Ausgang des Krieges, so Dönitz, läge auf ihren Schultern, im Erfolg oder Untergang in der Schlacht im Atlantik.

Doch noch am selben Tag beorderte er die gesamte Flotte aus dem Nordatlantik in ruhigere Gewässer südlich der Azoren. Seinen Ausführungen zum Trotz wusste er bereits, was seinen kampfbereiten Männern noch verborgen blieb. Sie hatten verloren.

UNTEN: Ein Walboot einer Fregatte der Royal Canadian Navy geht an seinem Mutterschiff längsseits, nachdem er Überlebende eines U-Bootes geborgen hat, das bei einem Angriff auf den Konvoi versenkt worden war.

7. KAPITEL

DIE LETZTE ABRECHNUNG: JUNI 1943 BIS MAI 1945

Die Niederlagen im Mai 1943 zeigten, dass die U-Boote für Deutschland nicht mehr die kriegsentscheidende Waffe waren. Doch es blieb Grund genug zur Sorge.

Der Sieg gegen die U-Boote im Mai 1943 gelang nicht, weil plötzlich genügend Liberators zur Verfügung standen, er war das Ergebnis einer ununterbrochenen, über drei Jahre und neun Monate geführten blutigen Schlacht. Obwohl man gewonnen hatte, konnte man sich keinesfalls darauf verlassen, dass dies ab nun so bleiben würde. Man musste diese Überlegenheit noch zwei weitere Jahre bewahren. Die Alliierten waren allerdings in einer glücklichen Lage, weil es ihnen im Juni 1943 gelang, die U-Boot-Flotte veraltet aussehen zu lassen. Luftgestütztes Radar ließ die Überwasserfahrten für U-Boote als Alternative wegfallen und die Boote vom Typ VII und IX hatten weder die Geschwindigkeit noch die Ausdauer, um erfolgreich unter Wasser zu operieren. Weder konnten sie Konvois aufspüren noch sich dicht genug an deren Fersen heften. Natürlich war kein Flugzeug der U-Boot-Abwehr bei jedem Angriff erfolgreich, aber es reichte schon, wenn sie ein aufgetauchtes U-Boot entdeckten: Das zum Abtauchen gezwungene Boot hatte kaum noch Chancen auf einen Angriff.

LINKS: Morgendämmerung über einem Atlantikkonvoi, 1944. Seit sich U-Boote, für maximale Schlagkraft, auf Nachtattacken konzentrierten, bedeutete der Tagesanbruch, dass die Bedrohung durch Angriffe nachließ. Trotzdem war Wachsamkeit nötig.

TYP XXI

Nation: Deutschland
Stapellauf: April 1944 (erstes der Klasse)
Besatzung: 57
Antrieb: Diesel-/Elektromotoren
Abmessungen: 76,7 x 6,62 x 6,2 m

Wasserverdrängung: 1.621 Tonnen aufgetaucht, 1.819 Tonnen abgetaucht

OBEN: Der Typ XXI war ungleich stärker als alle Vorgänger, er sollte die Zeit überbrücken, bis Boote mit geschlossenen Wasserstoffperoxyd-Motoren, eine Entwicklung von Professor Walter (die weit längere Unterwasser-einsätze möglich gemacht hätten), einsatzreif wären.

UNTEN: Der Typ XVII mit Walters geschlossenem Wasserstoffperoxyd-Motor für lange Tauchfahrten. Zum Glück für die Alliierten verhinderten Probleme bei der Entwicklung des Antriebs, dass der Typ je aus dem Versuchsstadium kam.

Daher gewann das technologische Wettrüsten zwischen U-Booten und Flugzeugen an Intensität: Die Deutschen produzierten U-Boote, die unter Wasser effektiver waren, die Alliierten setzten alles daran, um zu verhindern, dass diese U-Boote zu einer ernsten Bedrohung werden konnten. Zwar sollte den Deutschen die Entwicklung des ersten „echten" U-Bootes, dass auch in Tauchfahrt effektiv war, gelingen, aber zu spät. Durch die ununterbrochenen Angriffe der Alliierten gerieten die U-Boote immer mehr ins Hintertreffen, egal, wie fortschrittlich sie auch sein mochten.

Dönitz war aber überzeugt, die Lösung dieser Probleme zu kennen: Ein U-Boot, das mit Hochgeschwindigkeit in Tauchfahrt lief. Schon 1936 hatte sich Professor Helmut Walter mit der Idee eines Wasserstoffperoxyd-Motors beschäftigt, dessen Einsatz es unnötig gemacht hätte, dass ein U-Boot zum Laden der Batterien auftauchte. Dönitz war von der Erfindung höchst beeindruckt gewesen und machte beim Oberkommando Druck, die Entwicklung zu unterstützen. Wie immer bestand die Schwierigkeit im Mangel an Mitteln. Zum einen behinderte der dringliche Bedarf an Überwassereinheiten, zum anderen der radikale Ansatz von Walters Vorschlägen deren Umsetzung.

Dönitz vergaß diese Motoren nie und bemühte sich 1942 um eine Wiederbelebung des Projekts. Er erklärte, dass ein U-Boot mit dem neuen Antrieb alle bisher getroffenen Abwehrmaßnahmen unwirksam machen würde. Damit mag er etwas übertrieben haben, da die Alliierten ihr Unterwasser-Ortungssystem Asdic sowie ihre Wasserbomben ebenfalls verbessert hatten – gemeinsam mit den Hedgehogs boten sich doch einige Möglichkeiten der Gegenwehr. Schlimm genug, dass Seeflugzeuge gegen

TYP XVII

Nation: Deutschland
Stapellauf: September 1943 (erstes der Klasse)
Besatzung: 19
Antrieb: Diesel- und geschlossener Walterantrieb
Abmessungen: 41,5 x 3,4 x 4,25 m

Wasserverdrängung: 312 Tonnen aufgetaucht, 357 Tonnen abgetaucht

Leistung: 15,6 Knoten aufgetaucht, 17,6 Knoten abgetaucht
Bewaffnung: sechs 533-mm-Torpedorohre; vier 20-mm- oder vier 30-mm-Kanonen

die neuen Boote nichts mehr ausrichten könnten, wodurch das Leben der Konvois viel schwerer würde. Admiral Erich Raeder war überzeugt, im Juni 1942 bestellte man 180 Boote mit den neuen Walter-Antrieben. Die Entwicklung der Motoren zur Praxisreife war jedoch alles andere als einfach, sodass der erste Auftrag im November 1942 storniert werden musste. Damit war das Projekt aber nicht am Ende, man stellte Geld für weitere Experimente zur Verfügung. Allerdings war klar geworden, dass die Entwicklung noch geraume Zeit in Anspruch nehmen würde und es etwas voreilig gewesen war, sofort 180 Boote zu ordern.

Das neue Boot mit Walters Antrieb war jedoch nicht der einzige Lösungsansatz, erste Entwürfe für Boote vom Typ XXI und Typ XXIII kamen im Juni 1943 vom Reißbrett. Diese hatten keinesfalls die überragenden Unterwasser-Eigenschaften, wie man sie Walters Entwurf zuschrieb, trotzdem war ihre Leistung beeindruckend. Frühere U-Boote waren meist nur mit konstanter Geschwindigkeit unter Wasser gelaufen, Typ-XXI- und XXIII-Boote konnte abgetaucht entweder für 90 Minuten 18 Knoten erreichen oder mit 12 bis 14 Knoten bis zu zehn Stunden auf Fahrt bleiben. Diese Modelle waren vielversprechend, hatten aber einen großen Haken. Der Produktionsplan für die neuen Entwürfe sah die ersten beiden Typ-XXI-Boote nicht vor Ende 1944 die Hallen verlassen, eine Serienfertigung vor 1945 war undenkbar, der Typ würde nicht vor 1946 einsatzfähig sein. Dönitz war entsetzt. Es gab, soviel war klar, ein entscheidendes Problem bei der Beschaffung: Die gesamte Produktion, außer für die Marine, stand unter der Kontrolle von Albert Speer, dem

OBEN: Ein fertiges U-Boot auf der Gleitbahn. Das deutsche U-Boot-Bauprogramm war nicht in der Lage, den Anforderungen der U-Boot-Flotte gerecht zu werden. Obwohl man Boote mit revolutionär neuer Technik entwickelte, kamen diese zu spät, um auch nur irgendeine Auswirkung auf den Kriegsverlauf zu haben.

Reichweite: aufgetaucht 3.450 km
Leistung: 9 Knoten aufgetaucht, 21-25 Knoten abgetaucht
Bewaffnung: zwei 533-mm-Torpedorohre

OBEN: Admiral Dönitz (links) und Albert Speer im Mai 1945. Dönitz war der Meinung, das U-Boot-Bauprogramm würde die besten Erfolge zeitigen, wenn es unter Speers Kontrolle gestellt würde. Trotz größter Anstrengungen aber waren zum Zeitpunkt dieser Aufnahme die U-Boote und mit ihnen ganz Deutschland bereits geschlagen.

Reichsminister für Bewaffnung und Produktion. Bisher hatte die Marine ihre Sonderstellung gehütet, nun aber erkannte Dönitz ihren Nachteil. Mit Hitlers Zustimmung übertrug er alle laufenden Marineaufträge an Speer – mit dramatischen Konsequenzen.

Speer beauftragte mit der Aufsicht über das Marinebauprogramm Otto Merker, der entschlossen zu arbeiten begann. Merkers Lösungsansatz war simpel: Da die Ursache für die Verzögerung bei den Werften lag, würde man die U-Boote nicht dort bauen. Sie sollten in Fabriken im Binnenland gefertigt und in Segmenten an die Küste transportiert werden, wo sie endmontiert und ausgerüstet würden. Damit müssten die Werften nicht erweitert werden und der Aufwand für die Fertigung der Typ-XXI-Boote wäre drastisch verringert. Anders als beim ersten, zeitaufwändigen Plan, wäre Boot eins bereits 1944 einsatzfähig, genügend kampfbereite Boote für eine erfolgreiche Kampagne könnten für Herbst garantiert werden. Weiters sollte man den Bau der veralteten Typen stoppen und nur noch Boote vom Typ XXI und XXIII fertigen.

Theoretisch war dieser Plan genial, die Praxis weit davon entfernt. Speer und Merker hatten die Bombenangriffe nicht bedacht, die zu erheblichen Produktionsunterbrechungen führten. So ließ das sechstägige Bombardement Hamburgs ab 25. Juni 1943 Speer fürchten: Noch sechs solcher Angriffe, und die deutsche Rüstungsproduktion käme völlig zum Erliegen. Für die U-Boote war schon dieser einzige schlimm genug:

RECHTS: Diese Reihe halbfertiger U-Boote entdeckten die Alliierten im Hafen von Bremen, nach der Besetzung Deutschlands. Die Szene wiederholte sich, wenn auch in kleinerem Maßstab, in mehreren anderen Werften.

TYP XXIII

Nation:	Deutschland	**Wasserverdrängung:**	232 Tonnen aufgetaucht, 256 Tonnen abgetaucht
Stapellauf:	April 1944 (erstes der Klasse)	**Abmessungen:**	34,1 x 3 x 3,75 m
Besatzung:	14	**Reichweite:**	aufgetaucht 2.500 km bei 12 Knoten
Antrieb:	Diesel-/Elektromotoren	**Leistung:**	10 Knoten aufgetaucht, 12,5 Knoten abgetaucht
		Bewaffnung:	zwei 533-mm-Torpedorohre

OBEN: Der Typ XXIII war ein Küstenboot, das wie der Typ XXI (eine Hochseevariante) größere Batterien hatte, die es ermöglichten, weit länger als je zuvor unter Wasser zu bleiben. In den letzten Kriegstagen bereiteten diese Boote den Alliierten einige Sorge, weil sie mehrere Schiffe versenken und straflos entkommen konnten.

Die Werft von Blohm und Voss war schwerst beschädigt worden, die Produktion verzögerte sich um mindestens vier Wochen und es war offensichtlich, dass jeder weitere Angriff das U-Boot-Bauprogramm beenden würde, bevor es richtig angelaufen war. Daher befahl Merker umgehend den Bau einer großem U-Boot-Fabrik in der Nähe Bremens, die Einrichtungen für Unterwassertests unter Dach haben sollte. Aber diese Maßnahme brauchte Zeit. Auch war man, um die U-Boote von den Fabriken zur See zu bringen, auf das ausgedehnte Kanalnetz angewiesen, und das stand im Herbst 1944 unter schwerem Beschuss. Am 23. September 1944 griffen Lancasters der No. 617 Sqn das Aquädukt des Dortmund-Ems-Kanals an und beschädigten es so schwer, dass der Verkehr eingestellt werden musste. Nach angestrengten Reparaturarbeiten war der Kanal Anfang November wieder befahrbar. Das Bomber Command kehrte zurück und zerstörte ihn aufs Neue. Diese Schäden hatten zur Folge, dass Dönitz niemals genügend U-Boote erhalten sollte, um die Situation im Atlantik zu wenden. Aber die Flugzeuge spielten nicht nur mit Angriffen auf die deutsche Infrastruktur bei der Eindämmung der U-Boot-Gefahr eine Rolle.

Flugzeuge versus U-Boote

Seit Sommer 1943 waren die alliierten Flugzeuge gegenüber U-Booten im Vorteil. Vor allem weil die neuen U-Boote, die ihren Stand weit schwerer gemacht hätten, nur langsam eingeführt werden konnten, zogen sie aus eigener neuer Ausrüstung erheblichen Nutzen. In der Schlacht um Konvoi HX237 wurde *U266* am 13. Mai durch eine Liberator der No. 86 Sqn mit einer „Mark 24"-Mine versenkt. Die Mark 24 war eigentlich keine Mine, sondern ein Torpedo, „Fido" genannt, der durch den Strahl des U-Boot-Propellers gesteuert sein Ziel fand. Obwohl die Mine erst in Entwicklung stand, konnte dieser Erfolg weniger als 24 Stunden später wiederholt werden, als eine Catalina der VP-84 die gleiche Waffe gegen *U657* einsetzte.

Am Tag bevor Dönitz seine Niederlage in der Atlantikschlacht eingestehen musste, griff eine Swordfish vom Geleitträger *HMS Archer U752* mit Raketen an. Obwohl die Raketen noch ziemlich unpräzise waren und unter der Wirkung der Schwerkraft litten, setzte der Pilot drei seiner acht Projektile punktgenau ins Ziel. Die Druckhülle riss, *U752* tauchte auf, um die Swordfish durch FLAK-Feuer zu vertreiben, und fand den Doppeldecker in Begleitung einer auf dem Träger stationierten Grumman Wildcat, die das Boot unter Feuer nahm. Der Kapitän wurde getötet, die Besatzung gab ihr Schiff auf.

Im Lauf des Jahres setzte man immer häufiger Raketen ein. Im Kampf gegen Panzer beim Einmarsch in die Normandie berühmt geworden, machten die Projektile auch gegen U-Boote eine gute Figur. Sie waren das Mittel, mit dem man U-Boote angreifen konnte, ohne in Schussweite ihrer immer weiter reichenden und hervorragenden FLAK zu geraten und der Grund, warum auch die Bristol Beaufighter gegen U-Boote fliegen konnte. Die Beaufighter war die tragende Säule der Jagdgruppen des Coastal Command im Golf von Biskaya und bewährte sich seit Ende 1941 bei Angriffen auf Überwassereinheiten bestens. Ab 1944 würde ihr die De Havilland Mosquito, das wohl

OBEN: Eine Sunderland GR V der No. 201 Squadron startet 1945 in Lough Erne, Nordirland, zu einer weiteren Patrouille.

vielseitigste Flugzeug des II. Weltkriegs, zur Seite stehen.

Sie flog, wie die Beaufighter, primär Angriffe gegen Schiffe, mit Raketengeschossen bestückt wurde sie aber auch zur höchst effektiven Waffe gegen U-Boote. Die wichtigste Version war die FB VI mit einer 20-mm-Kanone und 7,7-mm-Maschinengewehren, neben der später auch die FB XVIII flog, die mit dem 57-mm-Mollins-Geschütz (basierend auf der sechspfündigen Panzerabwehrkanone der Armee) ausgestattet war. Die FB XVIII wurde nur in kleiner Zahl produziert, da man dem Bau der konventioneller bewaffneten FB VI, für die bei allen R.A.F.-Kommandos höchster Bedarf bestand, Priorität gab. Die FB XVIII hatte durch den heftigen Rückstoß des Geschützes auch einige Strukturprobleme. Trotzdem war sie überwältigend. Die kontinuierliche Weiterentwicklung solcher Flugzeuge verschaffte dem Coastal Command große Vorteile, die am Höhepunkt der Schlachten in der Biskaya schnell deutlich werden sollten.

Krieg im Golf

Jene U-Boote, welche die Niederlage gegen die Konvoieskorten überlebt hatten, wurden im Juni 1943 in einer neuen Gruppe zusammengefasst und erhielten den Auftrag,

RECHTS: Eine Beaufighter feuert ihre Raketengeschosse auf ein aufgetauchtes Ziel, ohne in dessen Schussweite gelangen zu müssen. Man sagt, dass eine volle Salve von acht Projektilen dieselbe Feuerkraft wie die Breitseite eines Kreuzers hatte.

sich auf ein Gebiet etwa 970 km westlich der Azoren zu konzentrieren. Das Coastal Command nützte die Atempause im Nordatlantik, um den nächsten Zug der U-Boote zu erahnen. Sir John Slessor konzentrierte aus eigener Initiative rund 70 Flugzeuge zur Verstärkung der Patrouillen über den Transitrouten der U-Boote. Dönitz war sich der Bedrohung durch die Flugzeuge bewusst und befahl, den Golf von Biskaya in Gruppen zu durchqueren. Die Anweisung, in der Nacht auf Tauchfahrt zu bleiben und nur tagsüber kurz aufzutauchen, um die Batterien zu laden, blieb aufrecht. Er wollte die U-Boote ihre FLAK gegen die Flugzeuge richten lassen. Die konzentrierte Feuerkraft mehrerer Boote wäre für angreifende Maschinen eine ernste Gefahr gewesen.

Am 1. Juni wurde *U418* auf dem Heimweg von einer Beaufighter entdeckt und mit Raketenprojektilen versenkt. Den U-Booten, die in See stachen, erging es fürs erste besser. Die Ju 88 wurden sehr aktiv, am 2. Juni wurde eine Sunderland der No. 461 Sqn von nicht weniger als acht Flugzeugen angegriffen. Der Kampf dauerte fast eine Stunde und wurde zum Beweis der legendären Zähigkeit der Sunderland: Ihre Besatzung schoss drei der Angreifer ab, die Maschine flog, obwohl sie einen Motor verloren und schwere Treffer abbekommen hatte, nach Cornwall zurück und landete sicher. Um dieser neuen Gefahr zu begegnen, flogen die Beaufighters gemeinsam mit einem Mosquito-Geschwader des Fighter Command Patrouillen über dem Golf. Die Beaufighter hatte bereits demonstriert, dass sie der Ju 88 überlegen war, und die Mosquito war noch besser. Die aggressive Patrouillentätigkeit beider Geschwader dämpfte den Enthusiasmus der Luftwaffe deutlich, die Arbeit der Anti-U-Boot-Patrouillen wurde leichter.

Ab 5. Juni wurden mehrere U-Boote gesichtet und angegriffen. Dabei verlor man zwei Flugzeuge, ohne ein U-Boot zu versenken. Diese Zahlen verbergen aber, dass die Besatzungen der U-Boote dabei schwer dezimiert wurden. So befahl Dönitz, nur mehr zum Laden der Batterien aufzutauchen. So sie aber von einem Flugzeug entdeckt würden, sollten die Boote immer noch zurückschlagen und nicht abtauchen.

Am 20. Juni traf die 2nd Escort Group, unter Captain F. J. „Johnnie" Walker auf der Slup *Starling*, im Gebiet ein, um die Patrouillen des Coastal Command zu unterstützen. Man wollte die „Milchkühe" abfangen, die zum besonderen Angriffsziel geworden waren, weil sie den deutschen U-Booten mehr Reichweite verschafften. Die Idee stammte von der US Navy, die eine Gelegenheit suchte, die detailgenauen Entschlüsselungsergebnisse von Bletchley Park auszunutzen. Anfangs gab es einigen Widerstand, die Briten wollten keinesfalls preisgeben, dass man die Signale der Deutschen laufend las. Der Plan wurde durch Einführung eines Tarnschemas unter Einbeziehung der Patrouillenflugzeuge gerettet. Die Anwesenheit der Flugzeuge sollte den Eindruck erwecken, reguläre Patrouillen hätten durch Zufall die U-Boote ausgemacht. Am 11. Juni erhielten die Tanker *U118* und *U460* eine Nachschubanforderung von *U758*. Die Nachricht wurde routinemäßig abgefangen und gab genügend Hinweise für einen Angriff. Task Force 21.12 mit der *USS Bogue* stach in See, ihre Flugzeuge machten *U118*

UNTEN: Der Minenleger vom Typ XB, *U118*, kam auch als Behelfstanker zum Einsatz. Als *U118* am 12. Juni 1943 in dieser Rolle im Einsatz war, wurde sie von einem Flugzeug der *USS Bogue* an der Oberfläche überrascht und durch einen energisch geführten Wasserbombenangriff gesprengt und vernichtet.

U118

Nation:	Deutschland	**Abmessungen:**	89,8 x 9,2 x 4,11 m
Stapellauf:	September 1941	**Reichweite:**	aufgetaucht 34.400 km bei 12 Knoten
Besatzung:	52	**Leistung:**	16,5 Knoten aufgetaucht, 7 Knoten abgetaucht
Antrieb:	Diesel-/Elektromotoren	**Bewaffnung:**	zwei 457-mm-Torpedorohre; ein bis vier 20-mm-Kanonen, ein 37-mm- und ein 105-mm-Geschütz. Minen
Wasserverdrängung:	1.763 Tonnen aufgetaucht, 2.177 Tonnen abgetaucht		

USS BOGUE

Nation:	Vereinigte Staaten	**Leistung:**	18 Knoten
Stapellauf:	1942	**Bewaffnung:**	zwei 127-mm-Geschütze; vier 40-mm-und zwölf 20-mm-Kanonen
Besatzung:	890	**Flugzeuge:**	bis zu 28 meist 12 Grumman TBF Avenger und 12 Grumman F4F Wildcat
Wasserverdrängung:	11.000 Tonnen		
Abmessungen:	151,1 x 34 x 7,92 m		

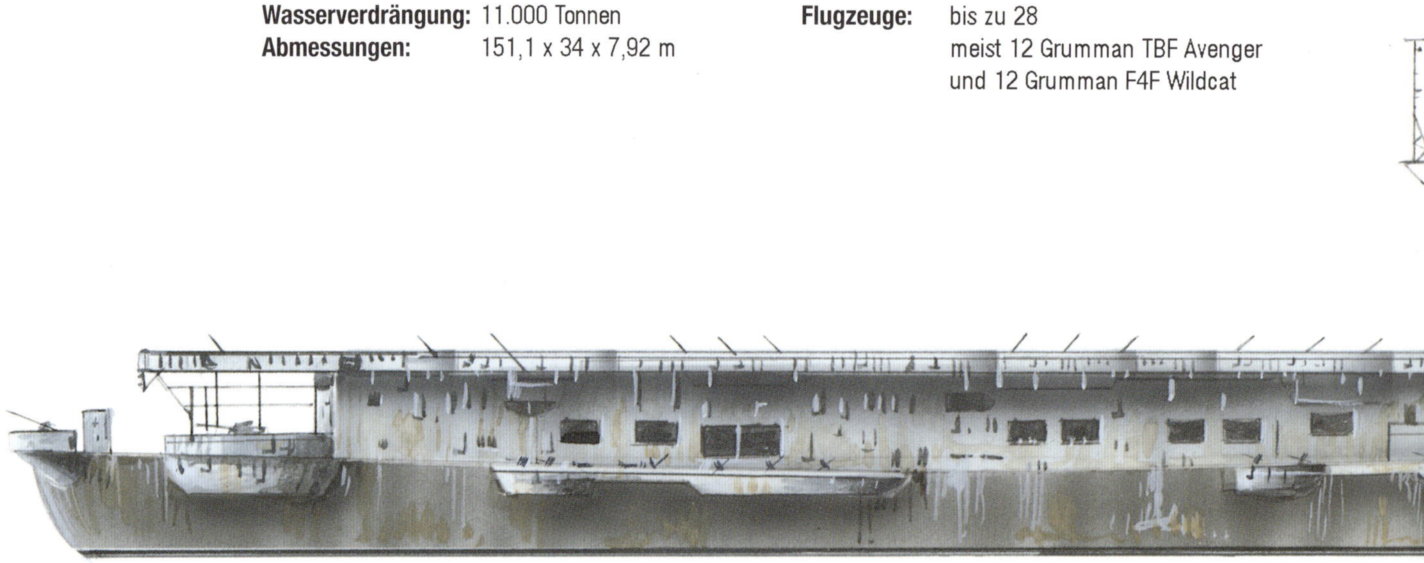

UNTEN: *U464* liegt längsseits. Der Typ-XIV-Tanker wurde im August 1942 von einer Catalina des US-Navy-Patrouillengeschwaders VP-73 versenkt. Zwei U-Boot-Fahrer waren verloren, 53 andere aber wurden gerettet.

genau dort aus, wo sie dem Geheimdienst zufolge am Nachmittag des 12. sein sollte. Neun Flugzeuge griffen *U118* an, die in einem Bomben- und Wasserbombenhagel explodierte. Walker schlug als nächster zu.

Ein Flugzeug entdeckte *U119* und leitete Walker am 24. Juni in den Golf von Biskaya. Ausgehend von der letzten bestätigten Sichtung hatte er bald Asdic-Kontakt, pflasterte *U119* mit Wasserbomben zu und rammte und versenkte sie, als sie auftauchte. Damit waren die Leiden der Tanker noch nicht zu Ende. Wieder verriet ein abgefangener Funkspruch einen Befehl Dönitz', der zehn Typ-IX-Boote sowie *U487* zur Betankung in den Indischen Ozean sandte. Vier Träger sollten sie aufspüren. Am frühen Abend des 13. Juli versenkte ein Flugzeug der *USS Core* den

LINKS: Der Geleitträger ***USS Bogue*** entstand gemeinsam mit 20 weiteren Einheiten auf Basis der Rumpfkonstruktion eines Handelsschiffes. Elf von ihnen gingen als „Attacker"-(Angreifer) -Klasse an die Royal Navy, die übrigen dienten bei der USN. Die Flugzeuge der ***Bogue*** zeichneten für die Zerstörung von 13 U-Booten verantwortlich.

Tanker. Noch sieben „Milchkühe" waren übrig, und bald nur noch sechs.

Am 24. Juli sichtete eine Wellington der No. 172 Sqn *U459*, nicht infolge geheimdienstlicher Vorinformation, sondern aufgrund eines zufälligen Radarkontakts. Die schwere FLAK von *U459* bestand aus einer 37-mm-und zwei 20-mm-Kanonen, einer 20-mm-Vierlings-Flak sowie zwei schweren Zwillings-Maschinengewehren. Als die Wellington mit Flying Officer W. H. T. Jennings am Steuer angriff, flog sie in einen Abwehrfeuerhagel, obwohl die U-Boot-Besatzung völlig überrascht wurde und keine Gelegenheit hatte, die 20-mm-Vierlingsflak zu montieren. Jennings wurde bei dem Angriff verwundet oder getötet, und die Wellington - vielleicht, vielleicht auch nicht von dem Schwerverletzten gesteuert - knallte in die Seite des U-Boots. Unter den Trümmern, die auf dem Deck des Bootes landeten, waren drei Wasserbomben, die die Besatzung sofort über Bord warf. Diese waren aber, wie üblich, auf eine Explosionstiefe von 7,62 m eingestellt, daher wäre es zwingend notwendig gewesen, dass *U459* das Gebiet mehr als nur schnell verlassen hätte. Das konnte sie aber nicht, da sie beschädigt war. So geriet sie in die Druckwelle der Wasserbomben. *U459* war bewegungsunfähig.

Der überlebende zweite Mann der Wellington versuchte erst, die Aufmerksamkeit der Deutschen zu erregen, gab jedoch auf, als er sah, dass das U-Boot außer Kontrolle war. Er war glücklich, das Dröhnen von Motoren zu hören. Eine weitere Wellington, von der No. 547 Sqn, machte *U459* aus und griff an. Deren Abwehrfeuer war weit schwächer als beim ersten Angriff, sieben Wasserbomben konnten platziert werden. Die Explosionen rissen *U459* aus dem Wasser, das Boot sank langsam und die Mannschaft gab es auf. Wahrscheinlich hat sein Kommandant, Georg von Wilamowitz, nicht realisiert, dass sein Boot todgeweiht war, als er die

LINKS: Mannschaften der ***HMS Starling*** beugen sich über die Reling, um nach Trümmern eines U-Boots zu suchen, das sie soeben angegriffen hatten.

U461 TYP XIV

Nation:	Deutschland	**Reichweite:**	aufgetaucht 12.350 km bei 10 Knoten
Stapellauf:	November 1941	**Leistung:**	14,4 Knoten aufgetaucht; 6,2 Knoten abgetaucht
Besatzung:	53		
Antrieb:	Diesel-/Elektromotoren	**Last:**	vier Torpedos; 423 t Treibstoff
Wasserverdrängung:	1.688 t aufgetaucht; 1.932 t abgetaucht	**Bewaffnung:**	zwei 37-mm- und ein 20-mm- oder 37-mm-Geschütz, vier 20-mm-Zwillingskanonen und eine einzelne 20-mm-Kanone
Abmessungen:	67,1 x 9,35 x 6,51 m		

OBEN: Eine wertvolle „Milchkuh" vom Typ XIV, *U461*, wurde am 30. Juli 1943 im Golf von Biskaya versenkt, nachdem sie an der Oberfläche festgenagelt und gemeinsam mit *U504* und *U462* von mehreren Flugzeugen des Coastal Command angegriffen worden war. Dönitz' Befehl, dass sich U-Boote dem Kampf mit Flugzeugen zu stellen hatten und nicht abtauchen sollten, besiegelte das Schicksal von *U461*: Mehrere Flugzeuge griffen sie gleichzeitig an und deckten sie so lange mit Wasserbomben ein, bis sie zerstört war. Nur ein Viertel der Besatzung entkam dem Tod.

Sprengladungen verteilte. Sie explodierten sofort, als *U459* zum letzten Mal unter die Wellen glitt, und töteten den Skipper.

Die Gefahr aus der Luft regte Dönitz zu einem Versuch an, das man als „Flak-Boot" bezeichnen könnte. *U441* wurde schwerst bewaffnet, mit zwei 20-mm-Vierlings-Flaks und einem 37-mm-Geschütz. Die Besatzung des Bootes ergänzte man nicht nur mit Kanonieren, man sandte auch Wissenschaftler an Bord, die aufdecken sollten, wie die Flugzeuge U-Boote aufspürten. Das Unternehmen von *U441* endete am 12. Juli desaströs. Das U-Boot wurde ausgemacht, aber nicht von einer Patrouille. Drei Beaufighters der No. 248 Sqn tauchten auf und *U441* nahm den Kampf auf. Auch den Beaufighters fehlte es nicht an Waffen, jede hatte vier 20-mm-Kanonen, und so begannen sie mit koordiniertem Beschuss. Die Schützen von *U441* wurden in einem Hagel von Kanonenfeuer gefangen, alle Offiziere getötet oder verwundet. Zum Glück hatte *U441* einen Arzt an Bord, der das Kommando übernahm. Er befahl einen Nottauchgang und brachte das Boot nach Brest zurück. Einige Ju 88 wurden zu Hilfe gesandt, zwei von ihnen von den Beaufighters abgeschossen. Das bedeutete das Ende der Idee, ein U-Boot als Flak-Falle auszurüsten. An seiner Vision, dass eine Gruppe von U-Booten den Kampf an der Oberfläche aufnehmen könnte, hielt Dönitz aber fest. Die Fortsetzung der Kampagne gegen die Tanker sollte ihn aber bald davon befreien.

Am 30. Juli lief eine Gruppe von elf Booten, darunter die Tanker *U461* und *U462*, durch den Golf von Biskaya. Um etwa 9.00 Uhr entdeckten die Wachen eine Sunderland. Sie hielt sich außer Reichweite der Geschütze, die Funker der U-Boote bemerkten heftigen Funkverkehr und erkannten, dass sie die Position der Boote meldete. Vorsicht wäre angebracht und ein Tauchgang angemessen gewesen, die Boote folgten aber den Befehlen und tauchten nicht.

Tatsächlich hatte eine Liberator der No. 53 Sqn die U-Boote gesichtet, aber ihre Meldung war falsch interpretiert worden. Die Sunderland war nur die erste von mehreren Maschinen, die auf den Alarm, dass U-Boote entdeckt worden wären und Unterstützung nötig sei, reagierte. Sie wurde von einer Ju 88 vertrieben, aber der deutsche Jäger musste wegen Treibstoffmangels abdrehen. Die Sunderland kehrte mit der Liberator der No. 53 Sqn und einer neu hinzugekommenen amerikanischen Liberator zurück. Die drei Flugzeuge kreisten, während sie miteinander Kontakt aufnahmen, um ihr Vorgehen abzustimmen. Dies misslang. In diese etwas konfuse Situation geriet eine Halifax der No. 502 Sqn: Sie ignorierte die Etikette und ging sofort zum Angriff über.

Ihre Wasserbomben verfehlten das Ziel, schreckten aber die U-Boot-Fahrer auf. Eine weitere Halifax und unmittelbar danach eine Sunderland der No. 461 Sqn mit Flight Lieutenant Dudley Marrows kamen an. Die zweite Halifax mit Flying Officer August van Rossum griff ebenfalls an, verfehlte *U462* aber beim ersten Anflug. Rossum kehrte sofort zurück, ging tiefer, flog nochmals an und erzielte einen Treffer. Während dies die

U441 TYP VIIC

Nation:	Deutschland	**Reichweite:**	aufgetaucht 12.038 km bei 12 Knoten
Stapellauf:	Dezember 1941	**Leistung:**	17,2 Knoten aufgetaucht; 7,6 Knoten abgetaucht
Besatzung:	44		
Antrieb:	Diesel-/Elektromotoren	**Bewaffnung:**	fünf 533-mm-Torpedorohre; ein 88-mm-Geschütz; eine 20-mm-Kanone; bis zu 39 Minen
Wasserverdrängung:	761 Tonnen aufgetaucht; 865 Tonnen abgetaucht		
Abmessungen:	67,1 x 6,2 x 4,8 m		

OBEN: *U441*, ein Typ-VIIC-Boot, wurde als „Flak-Falle“ getestet. Sie sollte sich auf der Oberfläche sehen lassen und Duelle mit Jägern austragen. Das Experiment schlug fehl, das Boot wurde von Beaufighters mit Bomben belegt, der Schiffsarzt musste das Kommando übernehmen und das Boot in den Heimathafen führen.

Mannschaft von *U461* kurz ablenkte, attackierten die beiden Liberators und Marrows Sunderland dieses Boot. Starkes Abwehrfeuer zwang beide Liberators abzubrechen, jene der No. 53 Sqn musste Treffer einstecken. Da sich *U461* auf die Liberators konzentrierte, entschied sich Marrows für eine Tiefflugattacke und gab vollen Schub. Die Schützen des Flugboots überzogen das Deck von *U461* mit einem wahren Feuersturm, der viele U-Boot-Fahrer verwundete oder tötete. Marrows gab seine Wasserbomben etwas rechts oberhalb des U-Boots frei, das war das Ende von *U461*. Sie soff auf der Stelle ab und nahm drei Viertel der Besatzung mit.

Während Marrows wendete, um das Ergebnis zu betrachten, flog Rossum den nächsten Angriff auf *U462* und platzierte noch mehr Bomben. Tatsächlich hatte schon der zweite Angriff das U-Boot tödlich getroffen, die letzten Bomben versetzten ihm nur noch den Gnadenstoß. *U504* tauchte klugerweise ab, aber da erschien Captain Walkers Eskortengruppe auf dem Plan und begann, *U504* noch während des Schnelltauchgangs zu bombardieren. Danach setzte Walker sein ursprüngliches Konzept um: Eines der Schiffe sollte das U-Boot mit Asdic verfolgen und die übrigen in die besten Angriffspositionen leiten. Sodann würde das zweite Schiff einen Wasserbombenteppich legen. *U504* wurde über zwei Stunden gejagt und dann genau auf diese Art zerstört.

Der Verlust der Tanker war ein schwerer Schlag für die Deutschen, ihr Glück im Golf war zu Ende. Im Juni/Juli gingen 54 U-Boote

UNTEN: Auch dieses Boot blieb im Feuer feindlicher Flugzeuge aufgetaucht und kämpfte. An Deck einige Mann der Besatzung.

OBEN: Turm und Brücke eines U-Boots starren vor Flugabwehrgeschützen. Abgesehen von jener kurzen Phase, in der der Befehl galt, das Feuer angreifender Flugzeuge, so irgendwie möglich, zu erwidern, versuchten die U-Boot-Kommandanten immer abzutauchen, und nicht ihre Geschütze sprechen zu lassen.

verloren, alle bis auf zehn durch Flugzeuge. Sechs davon waren Tanker. Da *U489* am 4. August auf ihrer ersten Feindfahrt sank, schrumpfte die Zahl verfügbarer Tanker auf nur drei, von denen einer im Dock lag. Diese Tatsache zwang Dönitz, einige seiner Typ-IX-Boote als Tanker einzusetzen. Dank Enigma bekamen die Alliierten davon Wind und setzten ihre Angriffe gegen diese Ziele fort. Drei Behelfstanker wurden im August versenkt, gemeinsam mit zwei Booten, die gerade dabei waren, Treibstoff zu übernehmen. Die Rufe nach den neuen Booten vom Typ XXI und Typ XXIII - wen wundert's - wurden immer lauter.

Neue U-Boot-Technologien

Die Typ-XXI-Boote mussten trotz großer Ausdauer unter Wasser immer noch ihre Batterien aufladen. Die Lufthoheit der Briten machte dies zu einer Einladung zum Desaster, Alternativen taten Not. Abhilfe versprach ein Behelf, den Professor Helmut Walter perfektioniert hatte, obwohl er nicht seine Erfindung war: der Schnorchel. Der Entwurf eines niederländischen Marinesoldaten aus 1927 fiel den Deutschen 1940 in die Hände, als sie Holland überrannten. Das Prinzip war unglaublich einfach: Durch ein Zweiweg-Ventilsystem konnte das U-Boot unter Wasser „atmen" und Abgase ausstoßen. Niemand hatte sich die Mühe gemacht, das System zu perfektionieren, bis die Bedrohung aus der Luft nahezu unerträglich wurde. Der Schnorchel war auch kein narrensicheres System, die Ventilkappe verlegte leicht und schnitt die Luftversorgung ab. Daher war dieses Gerät nur nach sorgfältiger Schulung zu verwenden. Korrekt bedient, schenkte der Schnorchel selbst älteren U-Booten ein längeres Einsatzleben, da sie patrouillierenden Flugzeugen entgingen.

Der Schnorchel blieb nicht das einzige neue Gerät. Die U-Boot-Flotte hatte nie die Unterstützung der Einsatz- oder anderer Forschung genutzt, bis es zu spät war. Jene

Geräte aber, die man jetzt, verspätet, entwickelte, waren beeindruckend. Am schnellsten sah man Ergebnisse bei einem neuen Radar-Ortungsgerät, der Hagenuk-Wanze, und einem akustisch gesteuerten Torpedo, dem Zaunkönig. Die Wanze war vor allem wichtig, weil das U-Boot-HQ den Verdacht hegte, dass Metox wie ein Sender wirkte, den die britischen Flugzeuge entdecken und angreifen konnten. Diese Angst wurde durch ein Verhör eines R.A.F.-Piloten nicht gerade gemildert. Als dieser das besondere Interesse seiner Befrager an Peilsystemen, die ein Ziel anhand von Emissionen fanden, bemerkte, erfand er prompt die Mär, dass Flugzeugbesatzungen nie ihr ASV einsetzten, da sie nur den Wellen von Metox zu folgen brauchten. Beinahe hätte er seine brillante Fehlinformation mit der Übertreibung zunichte gemacht, dass die Wellen aus 145 km Entfernung entdeckt werden könnten, aber die Besorgnis des Führungsstabs war so groß, dass man seiner Geschichte grundsätzlich glaubte. Am 14. August stellte man die Verwendung von Metox ein.

Der Zaunkönig-Torpedo, den Alliierten als „GNAT" bekannt und für den Angriff auf Eskorten entworfen, war wichtig, weil Dönitz die U-Boote in ihr angestammtes Einsatzgebiet zurücksandte: den Nordatlantik.

ONS18 UND ON202

In der zweiten Septemberwoche 1943 wurden ONS18 und ON202 mit gemeinsam 69 Schiffen zu Zielen eines Rudelangriffs. Am 19. September versenkte eine Liberator der No. 10 Sqn RCAF *U341* und eröffnete damit die Schlacht. Das Rudel griff am 20. um 3.00 Uhr an und riss zwei Frachter. Die Fregatte *Lagan* wurde durch einen GNAT so schwer beschädigt, dass sie in den Heimathafen geschleppt werden musste. Die beiden Konvois waren einander so nahe gekommen, dass ihnen Admiral Horton befahl, sich zu vereinigen, um die Eskorten bestmöglich zu nutzen. In Kombination mit den allgegenwärtigen Liberators erreichte man so, dass es bei Tag keine weiteren Verluste gab. Bei Einbruch der Dunkelheit kamen die U-Boote wieder, mit mehr Erfolg. Die GNATs versenkten den Zerstörer *St. Croix* und die Korvette *Polyanthus*.

Die nächsten beiden Tage brachten dichten Nebel, der sich am Ende des 22. September lichtete, die Angriffe gingen weiter. Liberators beschädigten *U270* und *U377*, beide mussten zu ihrer Basis zurückkehren. *U229* wurde durch HF/DF angepeilt und vom Zerstörer *Keppel* gerammt. In dieser Nacht versenkte ein Zaunkönig den Zerstörer *Itchen*, auch vier Handelsschiffe gingen auf Grund. Der Nebel kehrte am nächsten Tag zurück, die Schlacht ging zu Ende. Horten war ob so vieler Verluste ernsthaft besorgt, aber das Gegenmittel war nah, aus einem Fehler heraus. Man hatte eine codierte Nachricht, die von wandernden FAT-Torpedos sprach, missverstanden und glaubte, es wäre von akustischen Torpedos die Rede, obwohl die Deutschen solche noch lange nicht einsetzen konnten. Zur Abwehr schleppte man eine Lärmquelle nach, die FOXER. Die kanadische Variante hieß CAT. Ihr Geräusch klang wie eine summende Säge, ein – unbeabsichtigt, aber durchaus erwünscht – für U-Boot-Fahrer enervierender Ton. FOXER war nicht perfekt, die Eskorten mussten langsam laufen, aber höchst effektiv.

UNTEN: Ein U-Boot setzt den Schnorchel ein, um seine Batterien aufladen zu können, ohne völlig auftauchen zu müssen. Diese Einrichtung ermöglichte es den U-Booten, unter Wasser zu bleiben, sodass die Gefahr von Luftangriffen sank. Zwar ragte der Schnorchel aus dem Wasser, aber er war nicht groß genug, um auf den luftgestützten Radaranlagen dieser Zeit ein Signal auszulösen.

Dönitz war anfangs überzeugt, dass GNAT seinen U-Booten neue Hoffnung geben werde, die ersten Erfolge waren eindrucksvoll. Zum Pech für die U-Boote wiederholten sie sich aber nicht. Die Versuchung zu glauben, dass die Torpedos immer ihr Ziel träfen, war groß, und meist wurde jede Detonation als Erfolg registriert. Damit ignorierte man aber, dass FOXER im Großen und Ganzen gut arbeitete und die meisten, wenn auch nicht alle Torpedos anlockte, auch wenn es einige Diskussion über die wahren Zahlen gibt. Konkret bedeutete dies, dass allein in der ersten Oktoberwoche die Versenkung von sechs Zerstörern gemeldet wurde, obwohl man nur einen getroffen hatte. Die Briten reagierten anfangs irritiert und wollten schon die Wirkungslosigkeit der GNAT aufdecken, doch man hatte eine bessere Idee. Warum sollte man die Deutschen wissen lassen, das ihre „Wunderwaffe" gar nicht so wunderbar war? Besser man beließe sie in dem Irrglauben an eine Waffe, die man überlisten konnte, und hielte sie dadurch von der Entwicklung neuer Techniken ab.

Im September gingen deutlich weniger U-Boote verloren. Das lag aber daran, dass sie

LINKS AUSSEN: Ein U-Boot erliegt den gemeinschaftlichen Anstrengungen eines Flight von Grumman Avangers eines US- Geleitträgers. Seit Flugzeuge die Konvois begleiteten, hatten sich ihre Chancen gegenüber Unterseebooten entscheidend verbessert.

OBEN: Eine Nahaufnahme des Schnorchels von *U3008*, einem Boot vom Typ XXI. Der Schnorchel der Typ-XXI- Boote war, anders als bei früheren Typen, teleskopisch und wurde mittels Elektromotoren aus einem speziellen Gehäuse ausgefahren.

weit häufiger unter Wasser liefen, wodurch sich die Verluste alliierter Konvois in ähnlichem Ausmaß reduzierten: Im September und Oktober gingen nur neun Schiffe verloren. Im Oktober suchten neue Rudel vergeblich nach Konvois, diese wurden dank Bletchley Park immer umgeleitet. Aber die Verluste der U-Boote stiegen, 26 wurden versenkt. Am 16. November beugte sich Dönitz dem Unvermeidlichen und zog seine Kräfte zum zweiten Mal von den Konvoirouten ab. Später sagte er, es sei klar gewesen, dass die U-Boote nur mehr das Rückzugsgefecht verlängern konnten. In den letzten beiden Monaten des Jahres 1943 erreichten 72 Konvois ihre Bestimmungsorte, ohne dass auch nur ein einziges Schiff einem U-Boot zum Opfer fiel. Und das Jahr 1944 sollte noch schlechter für die U-Boote werden.

1944

Für die Alliierten war 1944 von enormer Bedeutung. Offensichtlich würde bald eine zweite Front eröffnet, und der Tracking Room war sich bewusst, dass U-Boote jede Invasion Europas ernsthaft behindern könnten. Auch Dönitz sah die Wirkung seiner U-Boote und befahl, mit größtem Einsatz zu kämpfen (auch wenn er keine Selbstmord-Missionen anordnete, wie manche Autoren behaupten). Aber es gab Probleme: Erstens wussten die Deutschen nicht, wann es zur Invasion käme, wodurch die maximale Zahl an Booten fast unmöglich in Bereitschaft zu halten war. Zweitens gab es, wie immer, das Coastal Command. Sir John Slessor hatte im Zug einer Rotation neue Aufgaben erhalten, Air Chief Marshal Sir Sholto Douglas folgte ihm nach. Er sah die Hauptaufgabe seines neuen Kommandos darin, „die Flasche zu verkorken" – die U-Boote von der Invasionsflotte fernzuhalten. Dafür standen ihm 29 Geschwader der No. 19 Group zur Verfügung, darunter einige Einheiten des Fleet Air Arm. Zusätzlich lagen die No. 15 und 18 Group bereit, um jeden plötzlichen Einfall der in Norwegen stationierten U-Boote in den Ärmelkanal zurückzuschlagen.

Die Flugzeuge hielten die U-Boote ständig unter Druck, was dadurch erleichtert wurde, dass die Deutschen keinerlei Geheimdienstinformation hatten. Als die Invasionsflotte mit der Kanalquerung begann, lagen die U-Boote in der Biskaya und in Norwegen in ihren Häfen und hatten keine Chance zu intervenieren. Die norwegischen Boote liefen verspätet aus, sieben ohne Schnorchel gingen zwischen den Scilly Inseln und der Küste vor Devon, England, in Position, neun mit Schnorchel bezogen vor der Insel Wight Stellung. Die übrigen liefen im Golf von Biskaya Patrouille. Von den ersten sieben Booten wurden vier versenkt, drei schwerst beschädigt, zwei von ihnen alte Feinde des Coastal Command. Am frühen Morgen des 8. Juni kreuzte eine Liberator der No. 224 Sqn unter Flying Officer Moore den Weg von *U629* und versenkte sie. 20 Minuten später, die Besatzung freute sich noch ihres Erfolgs, sandte sie *U373* hinterher. Alles in allem lässt sich das Los der schnorchellosen Boote kurz zusammenfassen: keine Erfolge, schwere Verluste. Am 12. Juni zog man sie ab.

Den Booten mit Schnorchel ging es etwas besser, doch ihre Bilanz blieb trüb. Sie schadeten wenig und hatten kaum Einfluss auf die Invasion. Die Bodentruppen rückten in Frankreich unbarmherzig vor. Anfang August mussten die U-Boote ihre Basen im Golf von Biskaya evakuieren. Von 36 dort stationierten Booten wurden zwölf im Golf versenkt, zwei im Ärmelkanal, und sechs versenkten sich selbst. Die leichten Kriegsschiffe, die sie begleiteten, wurden abgeschlachtet, 55 wurden Opfer von Flugzeugen und Überwassereinheiten. Für jedes alliierte Schiff bezahlte man mit zwei U-Booten, eine Verlustrate von 51,2 %. Das Jahr 1944 charakterisierte eine weitere ernste Niederlage im U-Boot-Krieg.

Das Ende

Das Jahr wurde für die U-Boote nur deswegen nicht zum völligen Desaster, weil die Zahl der Sichtungen durch Feindflugzeuge abnahm, vor allem wegen der großflächigen Einführung des Schnorchels. Eine Entwicklung, die die Alliierten besorgt machte. Ihre Strategie zur U-Boot-Abwehr stützte sich auf den Einsatz von Flugzeugen mit Leigh Lights und/oder Radar in Verbindung mit Eskorten, die mit Radar, HF/DF und Asdic ausgerüstet waren. Durch den Schnorchel verloren die Flugzeuge viel an Wirkung. Auch das Wissen um in Fertigung stehende Hochgeschwindigkeits-U-Boote mit besseren Unterwassereigenschaften gab Anlass zu Alarm. Da die Boote auf Tauchfahrt auch auf Funkkontakt verzichteten, verlor Bletchley Park eine wichtige Informationsquelle, überdies verhinderte die Funkstille ein Aufspüren durch HF/DF-Peilung. Daher war der Tracking Room oft auf Schätzungen angewiesen, die Präzision seiner Angaben sank.

Ab September operierten die U-Boote in britischen Heimatgewässern, ihre Präsenz zeigte ab November Wirkung. Die Zahl der Zwischenfälle mit U-Booten stieg, die Ortungsmöglichkeiten waren in Küstennähe

OBEN: Etwas andere Opfer - britische Soldaten werden von einem Zerstörer gerettet, nachdem ihr Transporter von einem U-Boot versenkt worden war. U-Boote versuchten nur selten, Truppentransporter zu versenken, Lastschiffe hatten im Tonnagekrieg Vorrang.

LINKS: Ein im Bau befindliches Boot vom Typ XXI. Es wurde im Mai 1945 von den Alliierten entdeckt, als sie die Docks von Bremen inspizierten.

U320

Nation: Deutschland
Stapellauf: Dezember 1941
Besatzung: 44
Antrieb: Diesel-/Elektromotoren
Wasserverdrängung: 761 Tonnen aufgetaucht; 865 Tonnen abgetaucht
Abmessungen: 67,1 x 6,2 x 4,8 m
Reichweite: aufgetaucht 12.038 km bei 12 Knoten
Leistung: 17,2 Knoten aufgetaucht; 7,6 Knoten abgetaucht
Bewaffnung: fünf 533-mm-Torpedorohre; ein 88-mm-Geschütz; eine 20-mm-Kanone; bis zu 39 Minen

OBEN: *U320* vom Typ VIIC/41 war eine verbesserte Version eines Typ-VIIC-Boots. Dank einer verstärkten Hülle konnte diese Variante tiefer tauchen als andere Boote des Typs. *U320* wurde am 7. Mai 1945 durch eine Catalina der No. 210 Squadron, R.A.F., versenkt und war damit das letzte Boot, das in diesem Krieg verloren ging.

RECHTS: Belastungsprobe - die Arbeit eines U-Boot-Fahrers im Maschinenraum.

schlecht, da alle Geräte für den Einsatz auf hoher See optimiert waren. Zum Glück für die Alliierten begann aber auch diese Offensive etwas zu spät. Boote vom Typ XXI und XXIII fanden einige Opfer und erregten Besorgnis, konnten aber keinen Einfluss auf die Kriegslage gewinnen. Die Wehrmacht war überall auf dem Rückzug, die Alliierten stießen von zwei Seiten auf das Dritte Reich vor. Das Ende nahte. Schnell. Zwar konnten die U-Boote von Norwegen aus sogar noch

im April 1945 mit einiger Stärke operieren, aber auch nichts ändern. Sie versenkten zwar in britischen Heimatgewässern zehn Frachter und zwei Eskorten, bezahlten dafür aber mit 23 Booten. Alliierte Bomben stürzten ihre Basen ins Chaos und erzwangen die Verlegung ins Baltikum. Hier zerstörten in den letzten fünf Kriegswochen verschiedenste Flugzeuge 83 U-Boote. Die Kräfte des Coastal Command erhielten Unterstützung durch mit Raketen bestückte Typhoons der 2nd Tactical Air Force, die reiche Ernte unter den unglücklichen U-Booten machten. Als letztes Boot, das verloren ging, wurde *U320* am 7. Mai 1945 von einer Catalina so sehr beschädigt, dass sie zwei Tage später sank.

Dönitz wechselte noch einmal die Position. Diesmal erwartete ihn kein Marineamt, er wurde anstelle Hitlers, der sich am 30. April selbst gerichtet hatte, zum Reichsführer. Es gab keine Hoffnung auf Sieg. Am 4. Mai erhielten die U-Boote Befehl, die Feindseligkeiten einzustellen, am selben Tag erklärte die Deutsche Wehrmacht in einer schlichten Zeremonie auf der Lüneburger Heide gegenüber Field Marshal Bernard Montgomery ihre Kapitulation. Am 8. Mai 1945 war der Krieg in Europa vorüber.

Schlussbilanz

Trotz Dönitz' Hoffnungen gewannen die U-Boote den Krieg für Deutschland nicht. Hinter dieser schlichten Tatsache stehen viele Gründe. Es gab niemals genügend Boote, um Konvois mit der nötigen Konzentration anzugreifen. Die Arbeit der großen Rudel am

Höhepunkt des U-Boot-Kriegs zeigt, was man hätte erreichen können, wären genügend Einheiten vorhanden gewesen, um die Verteidigung zu überwältigen. Die Weigerung der Briten, sich schon in Friedenszeiten auf Eskorten zu konzentrieren, wäre sie teuer zu stehen gekommen, aber als endlich genug U-Boote verfügbar waren, hatte sich das Blatt schon gewendet. Der Kriegseintritt der USA machte gigantische Schiffsbaukapazitäten verfügbar, wodurch der Tonnagekrieg kaum mehr zu gewinnen war. Technischer Fortschritt, mehr Eskorten und die Zusammenarbeit zwischen See- und Luftstreitkräften erschwerte die Aufgaben der U-Boot-Besatzungen, was zur Niederlage führte, als die Verteidigung zu stark wurde.

Winston Churchill verwendete gern den Begriff „U-Boat" im Gegensatz zu „Submarine", ein eindeutig negativer Begriff; und zwar so erfolgreich, dass dieses Wort heute noch bei Menschen aus Ländern der Alliierten Allianz Beklemmungen und Ängste auslöst. Dadurch wird aber die Wahrheit verdeckt: Auf beiden Seiten kämpften tapfere Männer. Die U-Boot-Fahrer wussten, dass sie kaum Überlebenschancen hatten, wenn sie überrascht und ihr Boot schwer beschädigt wurde. Seeleute und Eskortenmannschaften erwarteten dasselbe Schicksal, sollte ihr Schiff einem U-Boot zum Opfer fallen. Auf jene, die den sinkenden Schiffen entkamen, wartete meist entweder ein langsamer Tod in der rauen See oder ein schneller Abschied in bitterer Kälte. Die Atlantikschlacht war die längste fortwährende Schlacht des II. Weltkriegs. Grimmig und blutig, war sie für den Ausgang des Krieges entscheidend. Viele ihrer Protagonisten haben kein genau bekanntes Grab, keinen Ort des Gedenkens, keinen Grabstein, der an ihr Schicksal erinnert. Trotzdem dürfen sie nicht vergessen werden; ihr Requiem soll der Hinweis sein, dass sie das weitere Schicksal der Welt mitbestimmten. Die Bedeutung der Wolfsrudel, Frachter und Eskorten sowie all jener, die in diesen kolossalen Kampf verwickelt waren, ist unbestreitbar.

UNTEN: Ein Boot vom Typ XXI bei Kriegsende, die Besatzung hat auf Deck Aufstellung genommen. Anders als Tausende ihrer Kameraden hatten diese Männer Glück: Sie überlebten.

REGISTER

Kursive Zahlen beziehen sich auf Abbildungen.

BIBLIOGRAFIE

J. M. Bourne, *Britain and the First World War* (Edward Arnold)
John Terraine, *Business in Great Waters* (Mandarin)
Clay Blair, *Hitler's U-Boat War 1939-1942: The Hunters* (Weidenfeld and Nicolson)
Clay Blair, *Hitler's U-Boat War 1942-1945: The Hunted* (Weidenfeld and Nicolson)
V. E. Tarrant, *The U-Boat War 1914-1945* (Cassell)
Peter Padfield, *War Beneath the Sea: Submarine Conflict 1939-1945* (John Murray)
S. W. Roskill, *The War At Sea 1939-1945, Volume I: The Defensive* (HMSO)
S. W. Roskill, *The War At Sea 1939-1945, Volume II: The Period of Balance* (HMSO)
Jak P. Mallmann Showell, *U-Boat Command and the Battle of the Atlantic* (Conway)